Kritik des Nationalismus

AF638935

Thorsten Mense

Kritik des Nationalismus

Reihe
theorie.org

Schmetterling Verlag

Bibliografische Informationen der Deutschen Nationalbibliothek
Die Deutsche Nationalbibliothek verzeichnet diese Publikation in der Deutschen Nationalbibliografie; detaillierte bibliografische Daten sind im Internet über http://dnb.d-nb.de abrufbar.

Schmetterling Verlag GmbH
Libanonstr. 72a
70184 Stuttgart
www.schmetterling-verlag.de
Der Schmetterling Verlag ist Mitglied von aLiVe, der assoziation Linker Verlage.
ISBN 3-89657-643-7
2., überarbeitete und erweiterte Auflage 2023
Printed in Bulgaria
Alle Rechte vorbehalten
Satz und Reproduktionen: Schmetterling Verlag
Druck: Multiprint, Kostinbrod

Inhalt

Vorwort zur 2. Auflage

Wir leben in einer Zeit globaler Gleichzeitigkeit. Selten war dies so eindrücklich zu beobachten wie im Zuge der COVID-19-Pandemie, die ab Frühjahr 2020 die Welt erfasste. Zum einen zeigte die rasante Ausbreitung des Coronavirus, wie eng und untrennbar die Weltregionen und alle Menschen in ihnen miteinander verbunden sind. Zum anderen erschuf die Pandemie eine weltweite kollektive Erfahrung, die es so zuvor noch nicht gegeben hatte. Eigentlich, so könnte man meinen, der perfekte und längst überfällige Anlass, Nationalismus im Denken und in der Politik zu überwinden. Doch die Pandemie führte weder zu einem neuen Ausmaß internationaler Kooperation oder transnationaler Solidarität noch zur Ausbreitung eines kosmopolitischen Bewusstseins. Die Reaktionen auf die Coronakrise waren von rassistischen Schuldzuweisungen und Anrufungen der nationalen Solidarität bestimmt. Grenzen wurden dichtgemacht und mit mafiösen Methoden sicherten sich die konkurrierenden Nationalstaaten auf dem Weltmarkt Zugang zu medizinischer Ausrüstung und Impfstoffen. Die nationale Ordnung der Welt wird, so viel ist klar, auch nach der Pandemie fortbestehen. Mehr noch, in ihrer Folge wird sich die Weltmarktkonkurrenz weiter verschärfen und durch sie der Nationalismus weiter an Kraft gewinnen.

In den sechs Jahren seit Erscheinen der deutschen Erstausgabe dieses Buches gab es weitere Entwicklungen, an denen man sehen konnte, dass die Ära des Nationalismus keineswegs auf ihr Ende zugeht: Nach einer mehrjährigen nationalistischen und rassistischen Kampagne für den Austritt aus der Europäischen Union (Brexit) verließ Großbritannien im Jahr 2020 den Staatenbund. In Europa und darüber hinaus war zugleich ein massiver Aufstieg des rechtsautoritären Milieus zu beobachten, vielerorts gelang es rechtspopulistischen und neofaschistischen Parteien mit einem aggressiven Nationalismus Millionen von Menschen für sich und «ihr» Land zu gewinnen – und gegen andere aufzubringen. In Deutschland zog im Herbst 2017 die rechtsradikale Alternative für Deutschland (AfD) mit 12,6 Prozent der Stimmen in den Bundestag ein, fast sechs Millionen Menschen stimmten für ihre rassistische und nationalistische Agenda. Eine Agenda, mit der bereits kurz zuvor Donald Trump in den USA Erfolg hatte: «Make America Great Again» und «America First» waren die Parolen, mit denen er zum Präsidenten gewählt wurde. In Brasilien, dem viertgrößten Staat der Erde, gewann der Neofaschist Jair Bolsonaro ein Jahr später mit dem Slogan «Brasilien über alles» die Präsidentschaftswahlen. Zeitgleich zu den Wahlsiegen von Trump und Bolsonaro eskalierte in Katalonien ein weiteres Mal der Konflikt mit dem spanischen Zentralstaat wegen eines Referendums über die Unabhängigkeit der Region. Während der Aufstieg von Trump und Bolsonaro wie auch der nationalistischen Parteien in Europa Teil einer globalen autoritären Revolte von rechts ist, manifestiert sich der Nationalismus in Katalonien auch unter linken, progressiven Vorzeichen. Und wenn auch die Kampagne für den Brexit vor allem von rechten Kräften getragen wurde, hatten sich dort bisweilen ebenso linke Gruppen unter dem Motto Lexit für den EU-Austritt stark gemacht. So offenbarte sich in der jüngsten Konjunktur des Nationalismus ein weiteres Mal seine Flexibilität und Widersprüchlichkeit, seine Anziehungskraft für rechte wie linke Bewegungen.

Parallel dazu hat das europäische Grenzregime ein Ausmaß an Brutalität und Menschenverachtung erreicht, was noch vor wenigen Jahren undenkbar schien. Mittlerweile umgeben fast 1000 Kilometer Zäune und Mauern die EU, meterhoch mit Stacheldraht, Kameras und Bewegungsmeldern ausgerüstet, bewacht von Grenzschützer:innen, die Hilfesuchende mit Gewalt an der Einreise hindern. Jede Woche ertrinken oder erfrieren Menschen auf der Flucht nach Europa, die europäischen Nationalstaaten gehen zum Schutz ihrer Grenzen wortwörtlich über Leichen. Im Februar 2022 trat dann in Europa der Nationalismus durch die russische Invasion in der Ukraine auch wieder in Form eines Krieges auf die politische Bühne. Dabei zeigte er einerseits seine aggressive und gewalttätige Seite, indem Russlands Präsident Wladimir Putin der Ukraine absprach, überhaupt eine Nation zu sein und den Krieg damit rechtfertigte, die angeblich natürliche Ordnung – mit der Ukraine als Teil Russlands – wiederherzustellen. Anderseits bewies er auf der ukrainischen Seite ein weiteres Mal seine Fähigkeit zur Mobilisierung der Massen. Man konnte quasi in Echtzeit dabei zusehen, wie sich dort – zusammengehalten durch den gemeinsamen Feind und die Verteidigung gegen den russischen Angriff – die nationale Identität formierte und ausbreitete und viele Menschen dazu brachte, für «ihre» Nation in den Krieg zu ziehen.

Sechs Jahre können eine lange Zeit sein. So sollten in dieser Neuauflage nicht nur neue Entwicklungen des Nationalismus Platz finden. Auch würde ich manches heute anders schreiben, manche Schwerpunkte anders setzen. Im Rahmen der Möglichkeiten habe ich versucht, die Überarbeitung auch hierfür zu nutzen. Trotzdem ist das hier vorliegende Buch weiterhin als Momentaufnahme zu lesen, sowohl meiner persönlichen Auseinandersetzung mit dem Thema als auch der Diskussionen über Nation und Nationalismus. Und es soll als Fortführung dieser Debatten gelesen werden, mit dem Ziel, Nationalismus irgendwann zu etwas Besserem hin zu überwinden. Diese Debatte kann nur global geführt werden, jede Kritik am Nationalismus muss den Anspruch haben, den eigenen nationalen Boden des Denkens zu verlassen.

Leipzig, im Winter 2023

1. Einleitung

***W**elche Nationalität haben Sie? – Ich bin Trinker.* Rick Blaines Antwort auf die Frage des deutschen Nazis Major Strasser im Film *Casablanca* hat es zu großer Bekanntheit gebracht und ist mittlerweile ein gerne verwendetes Motiv auf Transparenten und Aufklebern, die sich gegen Nationalismus wenden. Und wer kennt sie nicht, die obligatorische Frage: «Woher kommst du?» Überall wartet sie bereits, sei es am Strand oder in der kleinen Dorfkneipe, sobald man sich außerhalb des Staates bewegt, der den eigenen Pass herausgegeben hat, oder wenn man eine andere Hautfarbe hat als die Mehrheitsbevölkerung. Hinter dem Filmzitat steckt aber weitaus mehr als nur eine zynische Antwort auf den Wahn nationaler Identität, der sich zu jener Zeit als ganz konkrete Bedrohung manifestierte. Die Antwort «Ich bin Trinker» ist viel aussagekräftiger als die angefragte nationale Verortung, denn sie verweist auf die tatsächlichen Lebensumstände, auf die die Frage nach der Herkunft eigentlich abzielt. Aber der oder die Fragende will nicht die soziale Herkunft herausfinden, sondern sein bzw. ihr Gegenüber *national* einordnen. Dahinter steht die Vorstellung, dass die nationale Zugehörigkeit deine Essgewohnheiten, deine sportlichen Interessen und den größten Teil der eigenen Persönlichkeit bestimmt – eben deine «Identität» ist. «Ein Mensch braucht eine Nationalität, so wie er eine Nase und zwei Ohren haben muss», schrieb Ernest Gellner bereits 1991, und daran hat sich bis heute nichts geändert.

«Du bist Deutschland!», «Wir sind Papst!» (Bild) und wenn «aus 80 Millionen ein Team wird» (Bitburger), gibt es kein Entrinnen mehr. Jeder Mensch ist Teil einer bzw. «seiner» Nation, ob er dies will oder nicht. Bei Flugzeugunglücken wird man zuerst über die Toten der eigenen Nation informiert, so als ob man nahe Angehörige verloren hätte. Die sogenannte nationale Identität gilt als unverzichtbare Grundkonstante des menschlichen Fühlens und Handelns, der Pass als einzig legitimer Nachweis der eigenen Existenz. Menschen werden nicht als Individuen beurteilt, katalogisiert, diskriminiert oder mit Rechten versehen, sondern in erster Linie als Teil ihrer Nation und Angehörige einer spezifischen Kultur. Die Vorstellung einer Welt aus

Völkern und Nationen prägt die Wahrnehmung der Menschen ebenso wie die Institutionen moderner Staatlichkeit. Auf dem Weltmarkt handeln *National*staaten mit multi*nationalen* Unternehmen, die Vereinten *Nationen* bestimmen die Inter*nationale* Politik. Weltmeisterschaften werden von *National*mannschaften bestritten, es gibt *National*fahnen und *National*feiertage.

Offenbar haben weder die Millionen Tote der beiden Weltkriege noch die brutale Erfahrung des Nationalsozialismus noch die wissenschaftliche Dekonstruktion nationaler Mythen der Hegemonie des Nationalen etwas anhaben können. Nationalismus scheint aufklärungsresistent zu sein. Auch von der sogenannten Globalisierung zeigt sich die nationale Weltordnung unbeeindruckt: Obwohl die Möglichkeiten grenzüberschreitender Kommunikation und transnationaler sozialer Beziehungen noch nie so groß waren wie heute, ging diese Zunahme «globaler Gleichzeitigkeit» (Detlev Claussen) keineswegs mit einem Abbau national begrenzter Wahrnehmung einher. Ganz im Gegenteil ist global eine Hinwendung zu kulturellen, ethnischen und nationalen Identifikationsmustern festzustellen. Und auch die These vom Bedeutungsverlust des Nationalstaates angesichts der fortschreitenden Globalisierung wurde in den 2010er Jahren sowohl in der Finanz- als auch ganz besonders in der Flüchtlingskrise ein weiteres Mal auf eindrucksvolle Weise widerlegt. Die durchweg national bestimmte Krisenpolitik als Antwort auf durchweg internationale Phänomene hat all jene Erwartungen zunichte gemacht, Europa könnte als supranationales Gebilde den Nationalstaat ersetzen. Stattdessen werden wieder überall eifrig Grenzzäune gebaut und im Land der Krisengewinnerin Deutschland schaut man abfällig auf die «faulen Griechen» hinab. Ein Blick in die Nachrichten verbannt die Idee des Kosmopolitischen als übergeordnetes Identifikationsmuster täglich aufs Neue ins Reich der Utopie.

Szenenwechsel: Berlin 2010, Fußballweltmeisterschaft der Männer. Ein sogenannter Fahnenstreit bewegt die Gemüter. Im Berliner Stadtteil Neukölln hängt eine überdimensionale Deutschlandfahne an einem Wohnhaus herunter, hundert Quadratmeter groß bedeckt sie die komplette Front. Und zieht den Zorn derjenigen auf sich, die dem mit der Fußballweltmeisterschaft verbundenen Wahn nationaler Symbolik etwas entgegensetzen wollen. Mehrfach wird sie abgerissen, mehrfach wieder aufgehängt. Das Interessante an der Geschichte ist: Der Besitzer der Fahne ist gebürtiger Libanese, der in den 1970er Jahren nach Deutschland gekommen ist. Die längste Zeit besaß er nicht die deutsche Staatsbürgerschaft und damit auch nicht die gleichen Rechte wie die Mehrheitsbevölkerung. Schnell gab es den Vorwurf, dass die Linksradikalen im Ergebnis nichts anderes getan hätten, als das, was sie am institutionellen Rassismus der Bundesrepublik kritisieren: einem «Nicht-Deutschen» die Mitgliedschaft in der Nation verweigern. Natürlich wird dabei der Umstand ignoriert, dass die Motivation der Aktivist:innen nicht seine nicht-deutsche Herkunft war (von der sie wahrscheinlich noch nicht einmal wussten). Der Fall offenbart aber die Schwierigkeiten antinationaler Kritik, gerade wenn sie praktisch werden soll. Und er zeigt, dass alte Schablonen, die an der verkürzten Gleichsetzung von Schwarz-Rot-Gold mit Rassismus und Neonazismus festhalten, längst überholt sind und die postmigrantische Realität der deutschen Gesellschaft ignorieren. Anstatt die Kritik den veränderten Verhältnissen anzupassen, in der längst nicht mehr nur «arische» Bio-Deutsche die deutsche Fahne schwenken, wird die Realität zu oft alten Mustern angepasst. Das Beispiel verweist zugleich auf eine in der Kritik oft vernachlässigte Eigenschaft des Nationalismus: seine Ambivalenz und Widersprüchlichkeit. Die Idee der Nation und der Nationalismus vereinten von Beginn an Ausgrenzung und Gleichberechtigung, Zwang und Emanzipation in sich. Das Aufhängen der Fahne kann in diesem Fall auch als Akt des Empowerments angesehen werden, als offensive Handlung eines Ausgegrenzten, der für sich das Recht reklamiert, Teil der Nation zu sein. Antirassistische Gruppen standen schon des Öfteren vor dem Dilemma, dass bei Flüchtlingsprotesten die Illegalisierten ihrerseits Deutschlandfahnen auspackten, um Gleichberechtigung einzufordern. Das Konzept der Nation – ganz besonders in seiner deutschen Ausprägung – steht aber eben auch für Ausgrenzung, Diskriminierung und Gewalt. Besonders eindrücklich zeigte sich dies zu Beginn der 1990er Jahre, als in Folge der Vereinigung der beiden deutschen Staaten über Jahre hinweg in Pogromen und mit massiver rassistischer Gewalt deutlich gemacht wurde, wer nach Meinung vieler Deutscher nicht zum «Volk» gehört. Die Massenbewegung Pegida (Patriotische Europäer gegen die Islamisierung des Abendlandes) und ihre Ableger veranschaulichten Mitte der 2010er Jahre in ihrer diffusen Vermischung rassistischer, reaktionärer und totalitärer

Motive das Fortleben jenes Bildes einer deutschen Nation, das der ehemalige Berliner Finanzsenator Thilo Sarrazin (SPD) mit seinem völkischem Endzeitroman *Deutschland schafft sich ab* bereits ein paar Jahre zuvor vorweggenommen hatte. 2017 zog dann die Alternative für Deutschland (AfD) in den Bundestag ein, mit ihrem völkisch-nationalistischen Programm konnte sie fast sechs Millionen Wählerstimmen gewinnen.

Nation und Nationalismus sind elementare Bestandteile der herrschenden Verhältnisse und als solche müssen sie Gegenstand linker Kritik sein. Trotz seiner historischen Massengräber und der ihm immanenten Gewalttätigkeit lässt sich jedoch nicht bestreiten, dass Nationalismus während der letzten zwei Jahrhunderte zugleich Motor des Fortschritts, der Modernisierung und Demokratisierung war und sich, wie Benedict Anderson betont, «seit dem Zweiten Weltkrieg jede erfolgreiche Revolution in *nationalen* Begriffen definiert»[1] hat. Die antikolonialen Kämpfe in Afrika und Asien fanden im Namen der Nation statt, Partisan:innen und Antifaschist:innen verteidigten ihre Nation gegenüber dem deutschen Faschismus und sozialrevolutionäre Bewegungen in Lateinamerika traten gegen diktatorische Regimes für die nationale Befreiung ein. Vor allem die Frage, ob und inwieweit Kämpfe um nationale Befreiung und das Konzept der Nation an sich als emanzipatorische Bezugspunkte gelten können, ist schon immer eines der großen Streitthemen innerhalb der Linken gewesen und die Diskussion hält bis heute an. Während in Deutschland «nationalistisch» eine Kategorie zur Bestimmung (extrem) rechten Denkens ist und auch in linken Diskursen so verwendet wird, gilt «nationalistisch» in vielen Teilen der Welt, insbesondere in Ländern mit einer Geschichte kolonialer Unterdrückung, als linke Selbstbezeichnung und antiimperialistische Strategie emanzipatorischer Kämpfe. Hierzulande werden antinationale Demonstrationen durchgeführt und ein nicht kleiner Teil der radikalen Linken will die Nation am liebsten gleich abschaffen. Nicht weit entfernt gehen in Katalonien und im Baskenland Antirassist:innen und Hausbesetzer:innen hingegen *für* ihre Nation auf die Straße, fordern Einsprachigkeit und nationale Selbstbestimmung in einer «freien Welt der freien Völker». Nationalismus als genuin rechtes oder linkes Phänomen abzutun, geht also offensichtlich an der Realität vorbei. Nationalismus führte sowohl zur Befreiung als auch zum

1 Anderson 1988: 12. Herv. i. Orig.

Massenmord, zur kollektiven Einforderung gleicher Rechte als auch zur Verweigerung derselben Rechte gegenüber anderen Kollektiven. Nicht selten vereinte er all diese Aspekte an Ort und Stelle.

Die Idee der Befreiung steckte dabei von Beginn an im Nationalismus. Die ersten nationalen Bewegungen waren (auch) revolutionäre und für damalige Verhältnisse emanzipatorische Bewegungen. In der französischen und nordamerikanischen Revolution, den Ursprungsorten des modernen Nationalismus, bestand das Konzept der Nation darin, Untertan:innen unabhängig von Herkunft und Stand zu gleichen und freien Subjekten zu machen, die sich im freiwilligen Zusammenschluss eine rationale politische Ordnung geben. Der zweite Nationalstaat auf dem amerikanischem Kontinent (Haiti) ging Anfang des 19. Jahrhunderts gar aus einem Aufstand schwarzer Sklav:innen hervor und war das Produkt einer sozialen Revolution gegen die französische Kolonialherrschaft. Aber auch die deutschnationale Bewegung, die als Musterbeispiel des völkischen Nationalismus gilt, vertrat ihrer Ansicht nach einen «Befreiungsnationalismus», der gegen die französische «Fremdherrschaft» gerichtet war.

Die Idee der Nation für die demokratische Transformation der Gesellschaft wurde in Europa im Laufe des 19. Jahrhunderts von kulturalistischen und rassistischen Grenzziehungen im Namen der Nation verdrängt. Aber auch der revolutionäre Nationalismus war nie rein demokratischer Natur. Alleine schon durch den Ausschluss der Frauen aus dem Projekt der Nation hatte es zu Beginn auch eine zutiefst antidemokratische Schlagseite. Der Nationalismus der bürgerlichen Revolutionen – sowohl in Frankreich als auch bei den lateinamerikanischen Befreiungsbewegungen des 19. Jahrhunderts – war zugleich Herrschaftsstrategie, um tiefgreifendere soziale Revolutionen zu verhindern. Und wie bereits die Einrichtung der Nation im Sinne der Volkssouveränität nicht nur demokratische Errungenschaft, sondern zugleich notwendige Begleiterscheinung der Ausbreitung des Kapitalismus und Herausbildung der bürgerlichen Gesellschaft war, entsprachen auch die antikolonialen Kämpfe um nationale Befreiung den Bedingungen der Weltmarktkonkurrenz.

Die Widersprüchlichkeit und Komplexität des Nationalismus wurde sowohl von seinen Befürworter:innen als auch von seinen Gegner:innen die längste Zeit ignoriert. An den Diskussionen zeigt sich, dass nicht nur weiterhin Uneinigkeit in Bezug auf Nationalismus herrscht, sondern offenbar auch mangelndes theoretisches Verständnis, was dieser eigentlich ist. Trotz vielfältiger publizierter Kritik, die beschreibt, was das Gefährliche am Nationalismus ist, gibt es wenig kritische oder linke Literatur, die versucht den Nationalismus *an sich* zu erklären. Kritik aber kann nur wirksam werden, wenn sie ihren Gegenstand fassen kann. Eine mögliche Ursache für das schwache theoretische Fundament in der Kritik könnte der Umstand sein, dass Nationalismus zu den wenigen Themen gehört, bei denen man nicht Marx zu Rate ziehen kann. Er hat nie eine ausgearbeitete Theorie dazu entworfen, sondern sich darauf verlassen, dass der internationale Charakter des Kapitals schon von alleine dem Nationalismus den Garaus machen werde. Marx umging das Problem der Nation, «indem er ‹Gesellschaft› sagte und sich´s leicht machte», wie Horkheimer in den 1950er Jahren bemerkte.[2] Tom Nairn geht noch einen Schritt weiter und sieht im Nationalismus das «historische Versagen des Marxismus».[3] Dieses Versagen besteht m. E. in zweifacher Hinsicht: erstens in der Verkennung der spezifischen Eigendynamik und ideologischen Eigenständigkeit des Nationalismus. Kaum eine andere Aussage von Marx und Engels wurde seit ihrer Niederschrift 1848 so umfassend widerlegt wie der bekannte Satz des Kommunistischen Manifests: «Die Arbeiter haben kein Vaterland». Die Arbeiter – und Arbeiterinnen – haben auf den historischen Schlachtfeldern ebenso wie bei rassistischen Pogromen immer wieder deutlich gemacht, dass sie ganz offensichtlich doch glauben, ein Vaterland zu haben. Zweitens ist der Nationalismus historisch weitaus erfolgreicher gewesen als die kommunistische Bewegung, was die Mobilisierung der Massen und das Erreichen seiner Ziele betrifft. «Nirgendwo ist es gelungen, die Mehrheit der Erniedrigten und Beleidigten für eine reine Idee wie etwa die ‹klassenlose Gesellschaft› zu gewinnen», stellt Detlev Claussen fest.[4] Der Motor des historischen Fortschritts war nicht der Klassenkampf, sondern der Nationalismus. Die große Frage ist: warum? Dieses Buch will versuchen, diese theoretische Lücke etwas kleiner zu machen und einen Beitrag zur Diskussion zu leisten. Einen Beitrag zu einer linken Kritik am Nationalismus,

2 Horkheimer 1959/60 [1988]: 154
3 Nairn 1978: 7
4 Claussen 2011: 180

die auf der Höhe der Zeit ist und seinen vielfältigen und oft widersprüchlichen Erscheinungsformen gerecht wird.

Dafür wird in diesem Buch der Fokus auf das Verhältnis von Befreiung und Unterdrückung im Nationalismus gelegt. Anhand der Geschichte revolutionärer Nationalbewegungen und des linken Nationalismus soll hier eine Kritik des Phänomens entwickelt werden, die in der Lage ist, Nationalismus zu erklären, anstatt ihn bloß als falsches Denken und ausgrenzende Praxis zu denunzieren. Zugleich ist Nationalismus – ob man das nun gutheißt oder ablehnt – auch ein wichtiger Teil linker Bewegungsgeschichte, die jedoch meist ausgeblendet wird. Der größte Teil der deutschsprachigen Publikationen, die sich explizit mit der Problematik Linke und Nation auseinandergesetzt haben, stammt aus Anfang bis Mitte der 1990er Jahre, als die Gesellschaften des Ostblocks dessen Zusammenbruch mit nationalistischem Eifer und völkischer Gewalt zu kompensieren versuchten.[5] In den vergangenen 20 Jahren hat die Publikationsdichte zu dem Thema stark abgenommen, die Auseinandersetzung findet – wenn überhaupt – in vereinzelten Beiträgen statt. Im Internationalismus-Buch aus der theorie.org-Reihe[6] werden die inhaltlichen Auseinandersetzungen um nationale Befreiungskämpfe in Gänze ausgespart. Zuletzt erschien 2009 *Linke und Nation*[7], eine Zusammenstellung klassischer Texte linker Theoretiker:innen zur sogenannten nationalen Frage. Bis zum heutigen Tag steht das 1998 erschienene Buch *Postfordistische Guerilla* von der Gruppe Demontage[8] in seiner spezifischen Auseinandersetzung mit dem Thema nationale Befreiung alleine dar. Auch das vorliegende Buch wurde nicht mit dem Anspruch geschrieben, die gesamte Geschichte nationaler Befreiungsbewegungen nachzuerzählen. Stattdessen sollen anhand von Beispielen die Ambivalenz des Nationalismus und die Widersprüchlichkeiten einer linken Parteinahme für die Nation aufgezeigt werden.

Zwangsläufig werden auf den kommenden Seiten diverse Aspekte wenig oder kaum beleuchtet werden. Ohne Zweifel hätten manche Themen mehr Platz und Raum verdient, und zum Glück gibt es Autor:innen, die sich dieser angenommen

5 Eine Literaturübersicht findet sich bei Bleiber 1996.
6 Hierlmeier 2002
7 Bollinger 2009
8 Gruppe Demontage 1998

haben. So kommt das Verhältnis von Staat und Nation zwar immer wieder vor, aber es steht nicht im Hauptfokus. Das liegt zum einen daran, dass dieses Thema eigene Bücher füllen würde. Zum anderen wird eine Kritik, die Nationalismus ausschließlich funktional aus der (national-)staatlichen Ordnung ableitet und ihn nur als Herrschaftsinstrument des bürgerlichen Staates betrachtet, dem komplexen Phänomen nicht gerecht. Auch die ideologischen Verknüpfungn von Nationalismus mit Rassismus, Antisemitismus und Antifeminismus werden hier nur als Unterkapitel behandelt (ohne sie damit als Nebenwidersprüche abzutun). Desgleichen soll in diesem Buch nicht die Diskussion um die Spezifik des deutschen Nationalismus geführt werden. Zwar stimmt der Autor Marx und Engels voll und ganz zu, die in der *Deutschen Ideologie* schrieben: «Wenn die nationale Borniertheit überall widerlich ist, so wird sie namentlich in Deutschland ekelhaft.» Aber erstens ist die Betonung einer völkischen Tradition, wie sie gegen Deutschland gerne ins Spiel gebracht wird, ein Element des Nationalismus – und nicht der Kritik an ihm. Und zweitens geht es in dem vorliegenden Buch um eine Kritik am Nationalismus an sich. Eine Kritik, die seine teutonisch-völkische Variante ebenso trifft wie die positive Bezugnahme auf das «Selbstbestimmungsrecht der Völker». Eine Kritik, die auch dann greift, wenn während der Fußball-WM ein aggressiver «multikultureller» *Schland*-Mob durch die Straßen zieht. Eine Kritik, die vor allem Erklärungsansätze geben kann, warum die Menschen all das überhaupt tun: für die Nation auf die Straße gehen, ihr Handeln und Denken nach ihr ausrichten, für sie arbeiten, für sie sterben und vor allem: für sie töten.

2. Kritische Nationalismustheorien

Die meisten Abhandlungen über Nationalismus – und dieses Buch macht da keine Ausnahme – beginnen mit der Feststellung, dass es wenige Phänomene gibt, über die in der wissenschaftlichen Diskussion so großer Dissens herrscht. Die Debatten in der Nationalismusforschung seien vor allen Dingen «diffus», so der bekannte Nationalismusforscher Anthony D. Smith. Sie bestünden noch nicht einmal nur im Streit bestimmter Theorien, die übrigens Tom Nairn zufolge alle «an dieser Klippe genauso Schiffbruch erlitten wie der Marxismus»[9]. Die Debatten zeichnen sich vielmehr aus durch «fundamentale Uneinigkeit bezüglich der Definitionen von Schlüsselbegriffen, weit auseinander gehende Erzählungen der Nation und konkurrierende Darstellungen, wie sich die Dinge in Zukunft gestalten werden»[10]. Eine Darstellung all der theoretischen Ansätze wäre daher nicht nur wenig zielführend, sondern würde zugleich den Rahmen des Buches sprengen. Im Folgenden werden stattdessen die wichtigsten Ansätze kritischer Nationalismustheorien zusammenfassend dargestellt.

2.1. Zwischen Dekonstruktion und Marxismus

Wie einleitend erwähnt, ist das Thema Nationalismus gewissermaßen ein blinder Fleck in der klassischen marxistischen Theoriebildung. Marx und Engels haben sich nie damit systematisch beschäftigt (was auch der spezifischen Zeit ihrer Schaffensphase geschuldet sein könnte, in der Nationalismus noch nicht die heutige Bedeutung erlangt hatte). In marxistischen Kreisen drehte sich dann die Diskussion in der Regel um die Frage, ob die oppositionellen nationalistischen Bewegungen, sei es im Europa des 19. Jahrhunderts oder in den nationalen Befreiungskämpfen des 20. Jahrhunderts, Bestandteil der sozialistischen Weltrevolution und Verbündete im Klassenkampf seien. Meistens wurde diese Frage mit *ja* beantwortet. Der bis heute ein-

9 Nairn 1978: 7
10 Smith 2010: 3

flussreichste kritische Zugang zum Nationalismus wurde stattdessen aus einer historischen Perspektive formuliert (auch wenn keineswegs alle Autor:innen Historiker:innen waren).

Lange Zeit herrschte auch in den Wissenschaften ein essentialistisches Verständnis von Nationen vor, also eine Vorstellung, in der diese anhand von vermeintlich objektiven Kriterien (Sprache und Kultur, Abstammung und Herkunft, Geschichte und Mythos) als naturgegebene, vorpolitische Einheiten bestimmt wurden. Forscher:innen arbeiteten sich an Typologisierungen von «Völkern» ab, schrieben ganze Enzyklopädien über vermeintliche Mentalitäten, Eigenschaften und Merkmale verschiedener Bevölkerungsgruppen und Historiker:innen (re-)produzierten nationale Gründungsmythen mit wissenschaftlichem Anstrich. Es ist kein Zufall, dass sich die Geschichtswissenschaft in Europa im ersten Viertel des 19. Jahrhunderts als Disziplin etablierte, also zu der Zeit, als überall eifrig nationale Mythen geschaffen wurden. Auf diese Weise wurden Konflikte ethnisiert und anthropologisch erklärt, die nationalistische Sicht auf die Welt wurde ebenso wie daraus resultierende Forderungen rückwirkend wissenschaftlich legitimiert. Nationen – die unzähligen Konflikte zwischen ihnen, die massenhafte Identifikation mit ihnen und die Opferbereitschaft für sie – wurden nicht hinterfragt, sondern als naturgegeben angesehen. Nationalismus wurde mit der Existenz von Nationen erklärt, oder wie Tom Nairn ironisch kommentierte: «Das Geheimnis des Waldes seien also die Bäume.»[11]

Dabei hatte der Soziologe Max Weber bereits Anfang des 20. Jahrhunderts in seinem Werk *Wirtschaft und Gesellschaft* die essentialistischen Vorstellungen von Nation, Volk und Ethnie kritisiert.[12] Es gebe keine haltbaren Kriterien zur Bestimmung dieser vermeintlich natürlichen Einheiten, so Weber, der die Kollektivbezeichnungen folgerichtig in Anführungszeichen setzte. Das einzig Objektive an ihnen sei der «subjektive Glauben an eine Abstammungsgemeinschaft», auf dem sich alle diese kollektiven Identitäten gründeten.[13] Webers soziologische Kritik

11 Ebd.: 10.

12 Weber 1922

13 Interessant und zugleich widersprüchlich ist die Tatsache, dass Weber selbst im deutschen Nationalismus äußerst aktiv war. Er verteidigte den Imperialismus und die deutsche Weltmachtpolitik und in politischen Reden vertrat er selbst bisweilen sowohl rassistische als auch völkisch-nationalistische Ansichten.

blieb lange ungehört. Erst ab den 1980er Jahren konnten kritische Theorien und Ansätze, die das Ziel verband, das völkische Alltagsverständnis zu dekonstruieren, an Einfluss gewinnen. Zu den bekanntesten Autor:innen jener Generation der neueren kritischen Nationalismustheorie zählen Benedict Anderson, Eric Hobsbawm und Ernest Gellner. Ihre Werke – *Die Erfindung der Nation. Zur Karriere eines folgenreichen Konzepts* (Anderson 1988), *Nationen und Nationalismus. Mythos und Realität seit 1780* (Hobsbawm 1991) sowie *Nationalismus und Moderne* (Gellner 1991)[14] – stellen bis heute die Grundlagenliteratur der Nationalismusforschung dar und besitzen angesichts der globalen Vorherrschaft des Nationalen weiterhin bedeutendes kritisches Potenzial. Ihnen gemeinsam ist der Fokus auf die sozial konstruierte Basis der Nation und die Dekonstruktion der nationalen Mythen. Aus einer meist historischen Perspektive arbeiteten sie die Nationwerdung und Einrichtung der nationalen Weltordnung auf. Die Ergebnisse dieser kritischen Nationalismusforschung können wie folgt zusammen gefasst werden:

- **Die Nation ist ein Produkt der Moderne.** Die Vorstellung der modernen Nation entwickelte sich erst ab Ende des 18. Jahrhunderts im Rahmen der Amerikanischen und Französischen Revolution. Die Idee entstand im Übergang zur Moderne in enger Verbindung mit Industrialisierung, Säkularisierung und der Ausbreitung der kapitalistischen Produktionsweise.
- **Die Nation ist eine gesellschaftliche Konstruktion.** Nation ist keine objektiv bestimmbare Gemeinschaft, sondern eine bestimmte Vorstellung einer spezifischen sozialen Ordnung und eine Kategorie kollektiver Subjektivität. Sie besteht in erster Linie aus der geteilten Überzeugung bzw. aus dem kollektiven Bewusstsein, Teil der Nation zu sein («nationale Identität»).
- **Nation ist das Produkt von Nationalismus.** Nationalismus ist nicht Ausdruck oder kollektiver Wille einer überindividuellen und vorpolitischen Gemeinschaft, sondern Vorbedingung und Grundlage der Existenz einer Nation als imaginierte Gemeinschaft.

14 Im Original: Benedict Anderson: *Imagined Communities. Reflections on the Origin and Spread of Nationalism* (1983), Eric Hobsbawm: *Nations and Nationalism since 1780. Programme, myth, reality* (1990), Ernest Gellner: *Nations and Nationalism* (1983)

Den Zusammenhang von Nationalismus und Moderne haben die genannten Autoren dabei aus verschiedenen Perspektiven betont. Gellner zum Beispiel beschreibt die Herausbildung von Nationen als ein Phänomen der modernen bürgerlichen Gesellschaft, das den Übergang von feudal-agrarischen zu industriell-kapitalistischen Gesellschaften notwendigerweise begleitete. Damit argumentiert Gellner ähnlich dem Marxismus, von dem er sich aber stets abgegrenzt hat. Im Gegensatz dazu beziehen sich Hobsbawm (und auch der weniger bekannte Nairn) in ihrer Analyse explizit auf die marxistische Gesellschaftsheorie. Anderson wiederum betont vor allem die neuen Möglichkeiten der Kommunikation, die sich durch die Etablierung einer einheitlichen Landessprache und die Ausbreitung des Buchdrucks ergeben hätten und die für die Herausbildung einer kollektiven nationalen Identität und die moderne Vorstellung von Gemeinschaft notwendige Bedingung gewesen seien. Anderson verfolgt keinen explizit gesellschaftskritischen Ansatz. Zwar beschreibt er in seinem Buch *Die Erfindung der Nation* die Gewalttätigkeit des Nationalismus und bezeichnet die Nation als «kümmerliche Einbildung der jüngeren Geschichte», jedoch steht er dem Phänomen keineswegs so kritisch gegenüber, wie die meisten der Autor:innen, die sich später auf ihn beriefen. «I must be the only one writing about nationalism who doesn't think it ugly», erklärte Anderson 2009 in einem Interview, in dem er zugleich sein Verhältnis zu seiner Nationalismustheorie mit dem eines Vaters zu seiner Tochter verglich, die groß geworden und mit dem Busfahrer durchgebrannt sei. Trotzdem ist Anderson einer der bekanntesten Vertreter kritischer Nationalismustheorien und seine (de-)konstruktivistische Analyse kann als der kleinste gemeinsame Nenner der Nationalismusforschung bezeichnet werden.

Aus dem Umfeld des Postmarxismus und der *cultural studies* kamen noch weitere Veröffentlichungen hinzu, die zwar oftmals allgemeiner «kollektive Identitäten» und ausgrenzende Praktiken behandeln, hierdurch jedoch auch wichtige Beiträge zur Kritik an Nation und Nationalismus leisteten. Hervorzuheben sind hier Stuart Hall (einer der wenigen nicht-weißen Theoretiker:innen, die Gehör fanden) sowie Etienne Balibar und Immanuel Wallerstein. Der Verdienst der genannten Autoren liegt insbesondere darin, den Zusammenhang von Rassismus und Nationalismus eingehender beschrieben und das Zusammenspiel von Macht, Herrschaft und kollektiver Identität in den Fokus gerückt zu haben. Dabei stellten sie sich nicht nur dem Abstammungsglauben entgegen, sondern auch vor allem den kulturalistischen und ethnizistischen Ansätzen in ihrer eigenen Wissenschaftsdisziplin. Balibar und Wallerstein gehen in ihrem Werk *Rasse, Klasse, Nation. Ambivalente Identitäten* von der marxistischen Gesellschaftsanalyse aus, erweitern diese jedoch um Ansätze aus den *postcolonial* und *cultural studies*.[15] Den Zusammenhang von Nationalismus und Kapitalismus arbeiten sie dabei nicht nur historisch, sondern gesellschaftstheoretisch auf und wenden sich gegen eurozentrische Zugänge. Dementsprechend betonen sie die Bedeutung des Kolonialismus in der Entwicklung des Nationalismus, sowohl in seiner europäischen imperialistischen Variante als auch bezüglich der antikolonialen Befreiungsbewegungen.[16] Balibar und Wallerstein, letzterer wurde vor allem für seine Weltsystemtheorie bekannt, setzen dabei den Nationalismus in Verbindung mit den strukturell ungleichen Zentrum-Peripherie-Beziehungen, in denen das dominante kapitalistische Zentrum von der Unterentwicklung der globalen Peripherie lebt.

Nairn folgt ebenfalls der (marxistischen) Analyse, nach der die ungleiche Entwicklung ein notwendiges Charakteristikum des Kapitalismus sei. Er sieht dabei den Nationalismus der Peripherie als notwendiges Instrument der nachholenden Entwicklung, zu dem die Befreiungsbewegungen quasi aus ihrer Situation heraus gezwungen wurden.[17] Die ehemals abhängigen Länder hingen aufgrund der Kolonialherrschaft in der kapitalistischen sowie gesellschaftlichen (d.h. hier im Hinblick auf die Institutionen der Moderne) Entwicklung weit hinterher. Der dortige Nationalismus habe nach Nairn die Funktion gehabt, zur Moderne aufzuschließen, er war sozusagen ein Umweg oder eine «Abkürzung» auf dem Weg dorthin. Dass die bürgerlich-demokratische Phase dabei übersprungen wurde, habe zu einer stärkeren Gewichtung des Nationalismus in den Befreiungskämpfen geführt, der sich anstelle von (nicht vorhandenen) libe-

15 Balibar/Wallerstein 1990

16 Für eine postkoloniale Perspektive auf Nation und Nationalismus siehe auch Chatterjee 1993

17 Dies übertrug er auch auf die Situation in Europa, was dazu führte, dass er vor allem in späteren Schriften die schottische Unabhängigkeitsbewegung unterstützte, da er die staatliche Unabhängigkeit als notwendige Voraussetzung für die Einrichtung des Sozialismus sah.

ralen Traditionen auf Kultur, Romantik und Mythen gründete.[18] Wallerstein beschreibt die Verknüpfung von Nationalismus und Moderne aus einer anderen Perspektive: Nationalismus und die dazugehörige Konstruktion von Völkern, Ethnien und Rassen diene *global* dem Erhalt und der Rechtfertigung der ungleichen Zentrum-Peripherie-Beziehungen sowie *national* der ethnischen Segmentierung des Arbeitsmarktes und damit rassistischer Ausgrenzung und Diskriminierung.

Was die neueren marxistischen Zugänge zu Nationalismus eint, ist ihre Uneinigkeit. Von einer gemeinsam vertretenen marxistischen Nationalismustheorie kann kaum die Rede sein. Möglicherweise liegt das, wie Balibar anmerkt, aber auch einfach an der «Regel [...], daß zwei ‹Marxisten› unfähig sind, den gleichen Begriffen die gleiche Bedeutung zu geben».[19]

2.2. Grenzen der Kritik, Grenzen der Aufklärung

Seit Andersons Buch bezieht sich die Kritik am Nationalismus meist auf den gesellschaftlich konstruierten Charakter der Nation. Die Nation sei nur eine Fiktion, eine Einbildung, in Wahrheit existiere sie gar nicht. Der Fokus der Kritik auf diesen Punkt ist aber in zweierlei Hinsicht problematisch. Erstens ist die Nation keineswegs einfach eine Erfindung, wie die misslungene deutsche Übersetzung des Buches *Imagined Communities* von Anderson nahelegt. Die Nation ist nämlich trotz ihres historischen Ursprungs als gesellschaftliches Konstrukt eine soziale Realität, die sich im Alltag eines jeden Menschen manifestiert und greifbar wird. Sie bloß als Erfindung abzutun, ist bei näherer Betrachtung eine äußerst schwache Kritik, schließlich sind die Grenzen und hunderttausende Kriegsgräber ebenso real wie die Fahne am Rathaus, der kollektive Freudentaumel bei Weltmeisterschaften und Olympiaden sowie das Formular, das uns nach unserer Nationalität fragt. «Wir vergessen die Zeichen des Nationalismus, die wir heute noch gesehen haben, und beginnen zu glauben, dass der Nation-Komplex im Ver-

18 Die von Nairn hervorgehobene Bedeutung von Mythos und Kultur im antikolonialen Befreiungsnationalismus sehe ich differenzierter. Siehe dazu Kapitel 8.

19 Balibar/Wallerstein 1990: 16

schwinden begriffen ist, seit wir seinen Konstruktcharakter erkannt haben», beklagt Hakan Gürses die «Amnesie», die sich infolge des Dekonstruktivismus verbreitet habe.[20] Die Nation lässt sich daher besser als «reale Fiktion» (Detlev Claussen) beschreiben. Die zweite Schwachstelle einer Kritik, die sich auf dem Verweis auf die fiktive Basis der Nation ausruht, besteht in dem Umstand, dass sich der größte Teil der Menschheit von den aufklärerischen Ambitionen dahinter nicht beeindrucken lässt. Auch wenn die Kritik in ihrem Kern richtig ist, prallt sie offenbar am nationalistischen Bewusstsein ab, ohne auch nur die kleinste Delle zu hinterlassen. «Warum aber gerade die Nation, ein historisch gesehen junges und veränderliches Produkt gesellschaftlicher Entwicklung, von den meisten Menschen als eine natürliche und alternativlose Ordnungskategorie empfunden wird, ist eine nicht leicht zu beantwortende Frage, die dem theoretischen Denken schmerzhaft die Grenzen der Aufklärung bewusst machen kann.»[21]

Hobsbawm, Anderson, Gellner und andere haben viel zum Verständnis des Nationalismus beigetragen. Schlüssig legen sie dar, dass Nation historisch ein gesellschaftliches Konstrukt darstellt, dass zudem äußerst jung ist. In ihrer Analyse der Entstehung der Nation als ein Prozess der sozialen und politischen Organisation haben sie detailliert die Mythen der nationalen Geschichtsschreibung dekonstruiert und die Entstehungsbedingungen der nationalen Weltordnung aufgezeigt. Jedoch hat die kritische Nationalismusforschung ein großes Manko: Sie analysiert Nationalismus vor allen Dingen historisch als einen Prozess der sozialen und politischen Organisation (legt also den Fokus auf das *nation building*), kann aber seine fortwährende Bedeutung sowohl als Ordnungsprinzip als auch als Bewusstseinsform nicht hinreichend erklären. Diese Schwachstelle zeigt sich unter anderem daran, das die meisten Autor:innen von einem Bedeutungsverlust des Nationalen angesichts fortschreitender Globalisierungstendenzen ausgegangen sind. Eine Annahme (oder Hoffnung), die sich übrigens wie ein roter Faden durch die linke Theoriebildung zu Nationalismus – von Marx über Hobsbawm und Balibar bis hin zu Hardt und Negri – zieht und die mit jeder Abschiebung aufs Neue zunichte gemacht wird.

20 Gürses 2004
21 Claussen 2000: 179

Eine der Ursachen für die fehlende Reichweite der kritischen Nationalismustheorien liegt in der Nichtbeachtung der subjektiven Seite des Nationalismus. «Besonders auffällig ist», bemerkt Stefan Breuer, «daß zwar immer wieder formelhaft die Konstruktion der Nation durch die Nationalisten beschworen wird, die Nationalisten selbst aber auf eigentümliche Weise abwesend sind».[22] Dabei geht es selbstverständlich nicht darum, Nationalist:innen die Definition von Nation und Nationalismus zu überlassen – ein aussichts- und sinnloses Unterfangen. Aber die Anziehungskraft des Nationalen, die bekanntlich bis zur Aufopferung des eigenen Lebens für das «Konstrukt» reicht, lässt sich nur begreifen, wenn man die gesellschaftlichen Praktiken in die Theorie mit aufnimmt. Die Vernachlässigung dieser außerakademischen Realität findet sich ebenso in der marxistischen Theoriebildung, wie hier an zwei Erklärungsansätzen kurz skizziert werden soll. Zum einen lässt sich oftmals eine rein funktionalistische Ableitung der nationalen Weltordnung aus der Ökonomie finden. Hierbei wird sich gerne auf Marx selbst bezogen, der die Nation als notwendige Begleiterscheinung der Herausbildung der bürgerlichen Gesellschaft charakterisiert hat. Ohne Frage gab und gibt es einen engen Zusammenhang von Kapitalismus und Nationalismus und damit objektive Gründe und Notwendigkeiten für die Herausbildung und den Fortbestand von Nationen und Nationalstaaten.[23] Ein ökonomischer Determinismus, also «die Ökonomie im Sinne eines metaphysischen Prinzips zu verwenden, das wie ein Generalschlüssel zu jeder Frage die Antwort schon parat hat»[24], kann aber viele Elemente des Nationalismus (ebenso wie andere gesellschaftliche Phänomene) nicht oder nur unzureichend erklären. Denn Nationalismus besitzt auch eine sehr emotionale Seite. Er ist oftmals von Irrationalität, Gefühlen und Affekten geprägt. Durch den Nationalismus zieht sich eine innere Widersprüchlichkeit, die sich rational nur bis zu einem gewissen Punkt auflösen lässt. Und er entspricht auch nicht zwingend immer der kapitalistischen Logik. Dort, wo sich der Nationalismus vermeintlich gegenläufig zum Kapitalismus und seinen Anforderungen entwickelt, scheitern jene Erklärungsansätze. Auf der anderen Seite gibt es die Kritik am Nationalismus, die ihn nur als Folge und

22 Breuer 2005: 13
23 Dazu mehr in Kapitel 5.
24 Demirović 2004: 480

Herrschaftsinstrument des bürgerlichen Staates betrachtet und das Phänomen zu einem bloßen weiteren Baustein einer materialistischen Staatskritik verkürzt. Bereits die Existenz unzähliger nicht-staatlicher nationalistischer Bewegungen und sogenannter «Nationen ohne Staaten» zeigt die Grenzen solcher Theorien auf. Vor allem aber werden auch hier die konkreten Individuen und ihr nationalistisches Denken und Handeln vernachlässigt. Das Bewusstsein ist zweifelsohne – wie Marx dargelegt hat – von den gesellschaftlichen und damit aktuell kapitalistischen Verhältnissen geprägt, vorstrukturiert und bis zu einem gewissen Maße auch bestimmt, aber «für das Verständnis der Gesellschaft ist [...] nicht allein entscheidend, *dass* die Menschen ihr materielles Leben reproduzieren. Für die kritische Theorie der Gesellschaft ist vor allem das *Wie* von Bedeutung, die Art und Weise der materiellen Reproduktion, der gesellschaftlichen Gliederung, in der sie sich vollzieht, der sozialen Widersprüche und der die Reproduktion durchziehenden Kämpfe.»[25] Hierin besteht also die noch zu bearbeitende Aufgabe der kritischen Nationalismusforschung: die andere, subjektive Seite des Nationalismus, die sozialpsychologische Ebene von nationaler Identität mit in die Kritik aufzunehmen.

In der hier folgenden Kritik des Nationalismus werden die bekannten Theorien der kritischen Nationalismusforschung daher um ideologiekritische Ansätze erweitert. Auf diese Weise soll der Charakter des Nationalismus als ideologisches Erklärungs- und Deutungsmuster gesellschaftlicher Veränderungen beschrieben werden. Dahinter steht das Ziel, der fortdauernden Wirkmächtigkeit des Nationalismus ebenso wie seiner Widersprüchlichkeit und Ambivalenz gerecht zu werden, dieses moderne Phänomen verstehen und nicht nur historisch, sondern auch gesellschaftstheoretisch erklären zu können.

Eine stringente Beschäftigung mit Nation und Nationalismus aus ideologiekritischer Perspektive hat bisher nicht stattgefunden. Von Max Horkheimer sind nur Fragmente und Notizen bekannt, die zum größten Teil in der Gesprächssammlung *Späne* veröffentlicht wurden.[26] Bei Theodor W. Adorno taucht das Thema immer wieder, aber zumeist nur punktuell auf. Ausführlicher geht er nur in seiner Vorlesung *Zur Lehre von der Ge-*

25 Ebd.: 481f. Herv. i. Original
26 Horkheimer 1988

schichte und von der Freiheit darauf ein.[27] In den letzten zwanzig Jahren wurden jedoch diverse erkenntnisreiche Einzelschriften veröffentlicht, in denen versucht wird, Nationalismus und Ethnizität[28] mit Hilfe der Ideologiekritik zu untersuchen und zu beschreiben.[29] Im Folgenden werden diese Erklärungsansätze zusammengeführt und ergänzt, um den ideologischen Charakter herauszuarbeiten, in dessen Rahmen sich verschiedenste Varianten des Nationalismus entfalten können. Denn Nationalismus ist weder nur ein Instrument zur Unterdrückung und Diskriminierung anderer noch ein rein verbindendes Element im Kampf für demokratische Rechte. Er war und ist stets beides. Daher muss es «Aufgabe einer Theorie des Nationalismus sein, beide Pole des Dilemmas zu umspannen».[30]

27 Adorno 1964a. Dies ist eine der wenigen Veröffentlichungen, in denen Adorno explizit die Nation erwähnt. Für eine kritische Beschäftigung mit Nationalismus als Prozess moderner Vergesellschaftung sind jedoch auch andere Werke Adornos von Bedeutung.

28 Da ethnische und nationale Identifikation auf vielen Ebenen gleiche und sich ergänzende Funktionen erfüllen, werden hier Schriften hinzugenommen, die den Zusammenhang von Moderne und Ethnizität beschreiben. Dies ist also nicht begrifflicher Ungenauigkeit geschuldet, sondern der Tatsache, dass beide Kategorien aufeinander aufbauen und erst in Abgrenzung zur jeweils anderen Kategorie ihren Sinn entfalten können.

29 Diese Literatur besteht zum größten Teil aus Aufsätzen bzw. Aufsatzsammlungen und ist durchaus überschaubar. Beispielhaft hierfür sind u.a. Fischer/Wölflingseder 1995; Demirović 1996; Claussen et al. 2000; Claussen 2002; Werz 2002; Stender 2000 und 2002; Salzborn 2006. Stender (2000) bietet einen guten Überblick über weitere Literatur.

30 Nairn 1978: 10

3. Was ist Nationalismus?

3.1. Die Ambivalenz des Nationalismus

Nationalismus ist eine der großen gesellschaftlichen Triebkräfte in der Moderne. Er besitzt eine erstaunliche Mobilisierungsfähigkeit und bringt Menschen seit zwei Jahrhunderten dazu, für ihre Nation zu kämpfen und zu arbeiten. Zugleich weiß niemand so recht, was Nationalismus eigentlich ist. Nationalismus ist nicht nur begrifflich schwer zu fassen, er ist zugleich ein äußerst paradoxes Phänomen. Sowohl staatstragende als auch oppositionelle Bewegungen sehen das Schwenken der Fahne ihrer Nation, und sogar schon den bloßen Besitz einer solchen als Legitimation und Ausdruck ihrer oftmals entgegengesetzten Ziele an. Ebenso verwundert es, wenn baskische Kommunist:innen und deutsche Neonazis – sei es aus unterschiedlichsten Beweggründen – ein «Europa der freien Völker» fordern und sich für die «Nationen ohne Staaten» einsetzen. In Frankreich kämpfte die kommunistische Front National in der Résistance gegen die nationalsozialistische Besatzung, heute hetzt eine extrem rechte Partei unter demselben Namen gegen Linke und Migrant:innen.

Nationalismus ist offenbar weder eine Frage sozialer Herkunft noch lässt er sich eindeutig entlang der politischen Achse rechts—links verorten. Er dient verschiedensten Bewegungen, mit unterschiedlichsten bis gegensätzlichen Zielen, als Rechtfertigung, Welterklärungsmuster und erfolgreiches Instrument der Mobilisierung. In Deutschland werden mit Nationalismus extrem rechte Gruppen und rassistische Pogrome verbunden. In Lateinamerika hingegen gilt Nationalismus als eine Strategie linker Regierungen, um die staatliche Souveränität gegenüber neokolonialen Verhältnissen und imperialistischen Bestrebungen zu verteidigen. In der spanischen Region Katalonien wiederum tritt er als Unabhängigkeitsbewegung auf, die sowohl diejenigen vereint, die den Nationalismus als Instrument der sozialen Revolution mit dem Ziel eines unabhängigen sozialistischen Staat sehen, als auch jene, die sich bloß vom ökonomisch schwachen Zentralstaat lösen wollen und hinter deren Nationalismus ein bürgerliches Projekt der Wohlstandssicherung steht.

Nationalismus ist ein Chamäleon. Er weist die erstaunliche Fähigkeit auf, gleichermaßen emanzipatorischen und demokratischen sowie autoritären und antidemokratischen Charakter besitzen zu können. In ihm gingen «Demokratisierung und Aggression (und zwar nach außen wie innen), Weltverbrüderungsrhetorik und Xenophobie von Anfang an zusammen»[31]. Tom Nairn spricht in Anlehnung an die römische Mythologie vom «Janus-Kopf» des Nationalismus, der je nach historischem Kontext sein gutes oder böses Gesicht zeige, jedoch stets beide Gesichter besitze.[32] In der gesellschaftlichen Diskussion wird häufig versucht, einen – zumeist den eigenen – guten Nationalismus gegen seine offen gewalttätigen Varianten zu verteidigen. Gerne wird Nationalismus in diesem Sinne als extrem rechte und aggressive Variante einem «friedlichen» bürgerlichen Patriotismus und der als notwendig angesehenen nationalen Identität gegenüber gestellt. Im *Kleinen Lexikon der Politik* wird dementsprechend zwischen «exklusivem» und «inklusivem» Nationalismus unterschieden. «Inklusiver N. bezeichnet jene moderate Form von Nationalbewußtsein oder Patriotismus, die alle polit.-kulturellen Gruppen einschliesst und damit für das Politische System eine in hohem Maße integrierende und legitimierende Wirkung entfaltet. [...] Exklusiver N. ist gekennzeichnet durch ein übersteigertes Wertgefühl, dass in Abgrenzung zu anderen Staaten oder Nationen die eigenen nat. Eigenschaften überhöht bzw. sie anderen gegenüber als höherrangig ansieht. Die Forderung nach Übereinstimmung von ethnischen und politischen Grenzen korreliert mit der Ausgrenzung anderer Ethnien und der radikalen Ablehnung von ‹Fremdherrschaft›.»[33]

Nationalismus war aber von Beginn an sowohl Integrations- als auch Ausgrenzungsideologie. Die Unterscheidung zwischen exklusivem und inklusivem Nationalismus impliziert die Existenz eines «guten» Nationalismus (als Patriotismus), der pluralistisch und integrierend sei, und grenzt ihn von einem «schlechten» Nationalismus ab, der ausgrenze und imperialistisch und aggressiv auftrete. Gerade in Deutschland besitzt diese Unterscheidung aufgrund des durch den Nationalsozialismus in Verruf geratenen Nationalismus große Bedeutung in öffentlichen Diskursen. Nationalismus gilt in diesem Sinne als der Hass auf die Ande-

31 Breuer 2005: 37
32 Vgl. Nairn 1978
33 Riescher 2001: 314f.

ren, Patriotismus als Liebe zu den Eigenen. Letzterer könne in Nationalismus münden, sei aber nicht mit ihm identisch. Nationalismus und Patriotismus schließen aber per Definition nie «alle politisch-kulturellen Gruppen» ein, wie im oben stehenden Zitat behauptet, sondern, wenn überhaupt, dann nur die, die im nationalen Territorium ansässig sind – in der Regel aber nur diejenigen, die aufgrund weiterer Merkmale (Herkunft, Sprache, Aussehen uvm.) zur Nation gezählt werden. Des Weiteren ist die «integrierende und legitimierende Wirkung» für das politische System kein zwingendes Argument für einen moderaten oder friedlichen Charakter, da sich diese Wirkung nur im Inneren auf die nationale Gemeinschaft bezogen entfaltet. Sie ist sogar notwendig, wenn Staaten beispielsweise imperialistische Außenpolitik betreiben. Dies kann man am Beispiel Deutschlands und Italiens beobachten, wo der Aufschwung des Nationalismus am Ende des 19. Jahrhunderts mit dem Beginn imperialistischer Expansion einherging, die mit «nationalen Interessen» gerechtfertigt wurde. Inklusiver und exklusiver Nationalismus schließen sich daher keinesfalls aus, sondern bedingen sich gegenseitig. Ein nach außen gerichteter exklusiver Nationalismus ist im Inneren auf einen inklusiven Nationalismus angewiesen.

In der Forschung haben sich die Ambivalenz des Nationalismus und die unzähligen Varianten, in denen er historisch in Erscheinung getreten ist, in zahlreichen Unterscheidungen und Typologisierungen niedergeschlagen: völkisch, ethnisch, kulturell, republikanisch, offiziell, oppositionell, integral, Risorgimento usw.[34] Manche Autor:innen stellen zudem einen östlichen (ethnischen und aggressiven) und einen westlichen (staatsbürgerlichen und friedlichen) Nationalismus gegenüber. Eine weitere, besonders unter linken Theoretiker:innen häufig vorgenommene Unterscheidung, grenzt den imperialistischen Nationalismus von dem Befreiungsnationalismus kolonisierter Gesellschaften ab. So betont zum Beispiel Balibar: «Es ist durch nichts gerechtfertigt, den Nationalismus der Herrschenden und den Nationalismus der Beherrschten, den Nationalismus der Befreiung und den Nationalismus der Eroberung einfach gleichzusetzen.»[35] Ob dies zutrifft, wird später noch Thema sein. Der bekannte Nationalismusforscher Miroslav Hroch wiederum lehnt den Begriff Nationalismus aufgrund seiner analytischen Unschärfe grundsätzlich

34 Eine kompakte Übersicht bietet Alter 1985
35 Balibar/Wallerstein 1990: 59

ab und möchte ihn durch alternative Begriffe wie «nationales Bewusstsein» und «nationale Identität» ersetzen.[36] All diese Differenzierungen können hilfreich und bisweilen notwendig sein, um den komplexen und widersprüchlichen Erscheinungsformen des Phänomens – und dem damit verbundenen konkreten Leiden (und Hoffen) – gerecht zu werden. Das auf theoretischer Ebene bisher nicht zufriedenstellende Ergebnis dieser Analysen besteht jedoch nur in der (durchaus richtigen) Erkenntnis, dass es *den* Nationalismus nicht gibt, sondern viele Nationalis*men*. In diesem Sinne «erschöpft» sich die Arbeit der meisten Autor:innen darin, das Phänomen in seinen einzelnen spezifischen historischen und regionalen Ausprägungen zu beschreiben.

Für eine *Theorie* des Nationalismus hingegen ist es wichtig, die Erkenntnisse aus den Untersuchungen der verschiedenen – oft widersprüchlichen – Ausprägungen des Nationalismus zu bündeln und in ihren Zusammenhang zu setzen. Hierfür bedarf es eines «Rahmen[s], der diese Widersprüche verständlich werden lässt»[37]. Statt den unzähligen Nationalismus-Definitionen also eine weitere Bindestrich-Variante hinzuzufügen, soll hier auf drei Prinzipien hingewiesen werden, die all seinen Erscheinungsformen zugrunde liegen: *Erstens* beginnt Nationalismus bereits mit der Identifikation mit der Nation. Zweitens dient diese Identifikation, bzw. das Gefühl der Zugehörigkeit zu einer Nation, der Legitimation von politischen und sozialen Ansprüchen. Die sogenannte nationale Identität erfüllt dabei, wie jede Identifikation mit Kollektiven, noch weitere Funktionen, auf die später eingegangen wird. Die spezifische Betonung *nationaler* Zugehörigkeit jedoch beinhaltet stets einen subjektiven wie objektiven Rechtsanspruch: Das Anrecht auf einen Arbeitsplatz, die Teilnahme an Wahlen, Selbstbestimmung in einem eigenen Staat, der Schutz der «Heimat» vor «Überfremdung» oder die Wiederherstellung des Staatsgebietes, wie es angeblich einmal in der Vergangenheit existiert habe (als es weder den Staat noch die Nation gab, fur den/die das nun gefordert wird). Da diese Ansprüche also sehr unterschiedlich ausfallen, sind Abstufungen und Unterscheidungen durchaus angebracht. Das zugrun-

---

36 Hroch schafft es interessanterweise dann selber nicht, in seinem Werk *Das Europa der Nationen* (Hroch 2005) den Begriff Nationalismus zu vermeiden. Zudem lässt sich über die begriffliche (Un-)Schärfe der von ihm vorgeschlagenen Alternativen ebenfalls streiten.

37 Nairn 1978: 10

de liegende nationalistische Prinzip ist jedoch dasselbe. *Drittens* zeichnen sich alle Nationalismen durch «die inhaltliche Bestimmung der historischen Subjekte als Volksgemeinschaft, definiert durch Kultur, Geschichte oder Rasse»[38] aus. Obwohl Öner hier mit «Volksgemeinschaft» eine Bezeichnung verwendet, die stark mit nationalsozialistischem Denken konnotiert ist und in der Regel nur mit dem völkischen, d.h. rassisch begründeten Nationalismus in Verbindung gebracht wird, bringt er die Grundstruktur allen nationalistischen Denkens auf den Punkt: Die Menschheit ist in Völker bzw. Nationen eingeteilt, jede mit spezifischem Charakter und Schicksal, die als handelnde Subjekte geschichtlich wirksam werden. Weltgeschichte ist in der nationalen Denkform die Geschichte von Völkern und nicht die einzelner Menschen. Diese Bestimmungen haben den Vorteil, dass sie gewisse Grundelemente aller Nationalismen beschreiben können. Sie bilden sozusagen den kleinsten gemeinsamen Nenner des Nationalismus als universal-geschichtliches Prinzip. Hierdurch werden auch jene Wortschöpfungen wie Patriotismus, «nationale Identität» oder Nationalbewusstsein einbezogen, die als vermeintliche Abgrenzungen zum in Verruf geratenen Nationalismus entwickelt wurden. Zugleich wird deutlich gemacht, dass Nationalismus nicht erst dort beginnt, wo das eigene Volk bzw. die eigene Nation als höherwertig angesehen wird. Denn das all diesen Varianten zugrunde liegende Prinzip ist das gleiche: «Nationalismus, auch wenn man ihn nationale Identität nennt, bedeutet immer eine falsche Identifikation des sich ohnmächtig fühlenden Einzelnen mit einem Kollektiv, zu dem der Einzelne scheinbar von Natur, nämlich von Geburt, gehört.»[39]

Nationalismus ist vor allem anderen eine Denkform, eine spezifische und moderne Art und Weise die Welt zu sehen und sich und andere in ihr zu verorten.[40] Diese *nationale Denkform* äußert sich bei den meisten Menschen vorrangig auf zwei Arten: *erstens* als bloßes Identifikationsmuster innerhalb eines bestehenden Nationalstaates, welches als *offizieller* Nationalismus zur Herrschaftslegitimation und -sicherung von staatlicher Seite gefördert wird. Nur zu gewissen Anlässen führt dies auch zu gesellschaftlicher oder politischer Aktivität in der Bevölkerung,

---

38 Öner 2002: 26

39 Claussen 2000a: 39

40 Calhoun (2007) beschreibt Nationalismus in Anlehnung an Foucault als «diskursive Formation», die unser Bewusstsein prägt.

zum Beispiel in seiner «harmloseren» Variante bei Fußballweltmeisterschaften oder in seiner gewalttätigen Form bei rassistischen Protesten gegen Flüchtlingsheime. *Zweitens* wird Nationalismus als Wahrnehmungsstruktur wirkmächtig, mit dem die komplexe Realität – meist unbewusst – geordnet und verarbeitet wird: Man fährt mit dem japanischen Auto zum Abendessen beim Italiener, schaut sich im Anschluss einen amerikanischen Film an oder liest das neue Buch der russischen Autorin und hat danach noch französischen Sex. Dass das japanische Auto in China produziert wurde, der Italiener eigentlich Mazedonier ist, die russische Autorin seit zwei Jahrzehnten im Exil lebt und niemand weiß, ob Oralsex in Frankreich weiter verbreitet ist als anderswo, tut dem keinen Abbruch. Es ist nicht einfach, die Welt nicht-national zu betrachten.

Nationalismus manifestiert sich aber nicht nur als passive Wahrnehmungsstruktur, sondern zugleich auch als sichtbare politische Aktivität, sei es in Form rechter Bewegungen, die Elemente des mehrheitlich nationalistischen *common sense* in radikalisierter Form in die Tat umsetzen wollen (im Rahmen eines bestehenden Staates), oder in Form *oppositioneller* nationalistischer Bewegungen, die für die «nationale Befreiung» und/oder die Einrichtung eines eigenen Nationalstaates kämpfen (gegen den bestehenden Staat). Diese Bewegungen sind zugleich die einzigen, die für sich die Selbstbezeichnung «Nationalismus» in Anspruch nehmen. In der Regel gilt für Nationalismus das, was Terry Eagleton grundsätzlich für Ideologien beschrieb: Sie sind «wie Mundgeruch immer das, was die anderen haben»[41]. In welcher Form sich Nationalismus äußert, eher passiv in den Köpfen oder aktiv auf den Straßen, hängt vom gesellschaftlichen und historischen Kontext ab. In Krisenzeiten zum Beispiel hatte der Nationalismus stets den größten Zulauf. Während die fiktive Solidargemeinschaft der Nation in unsicheren Zeiten Halt verspricht, dient das nationalistische Weltbild gleichsam als Erklärung und Lösung für die Krise. Wie sich Nationalismus konkret äußert und welcher Grad an Gewalt mit ihm einhergeht, hängt wiederum insbesondere davon ab, wie die Nation, für die gekämpft wird, bestimmt wird. Trotz aller regionaler und historischer Besonderheiten in dieser Frage kann eine allgemeine Tendenz in der Entwicklungsgeschichte des Nationalismus beobachtet werden.

41 Eagleton 1993: 8

3.2. Vom revolutionären Prinzip zur reaktionären Ausgrenzungsideologie

Hinter dem Konzept der Nation stand ursprünglich eine revolutionäre Idee: Die Menschen sollten ihren Status als Untertanen verlassen und sich selbst zum Souverän über ihr eigenes Leben erheben. Die Idee der Nation war gegen die Herrschaft des Adels und des Klerus gerichtet. Die Revolution sollte die Menschen aus den feudalen Strukturen befreien und sie unabhängig von kultureller und ethnischer Herkunft zu einer Nation machen, zu einer Gemeinschaft gleicher und freier Bürger[42], die sich bewusst und in freier Entscheidung selbst eine rationale Ordnung des Zusammenlebens geben. Zu Beginn des «Zeitalters der Revolutionen» (Eric Hobsbawm) war Nation in erster Linie ein politischer Kampfbegriff der radikalen Veränderung. Mit ihm betrat das Volk – ebenfalls ein Begriff aus jener Zeit – als kollektiver politischer Akteur die Weltbühne.

Der revolutionäre Charakter des Nationalismus konnte sich nicht lange behaupten. Aufbauend auf den Befreiungskriegen gegen die französische Besatzung entstand vielerorts in Europa der moderne Nationalismus als ein Produkt der Gegenaufklärung, als rückwärtsgewandter Aufstand gegen die sich seit dem 18. Jahrhundert von Frankreich her ausbreitenden liberalen Ideen. Die Romantik nahm den Platz der Revolution im Konzept der Nation ein. Die deutsch-nationale Bewegung tat sich dabei besonders hervor. Im deutschen Nationalismus koalierte das Bürgertum mit Teilen des Feudaladels gegen die französische Expansion und entwarf die völkische Antwort auf das vermeintlich jüdische Konzept moderner kollektiver Subjektivität.[43] Ende des 19. Jahrhunderts beschrieb das Brockhaus-Konversationslexikon die (deutsche) Nation als «erbliche Stammes-, Sprach-, Sitten- und Kulturgemeinschaft, welche bestimmten Menschenmassen und Familien ein eigentümliches Rassengepräge aufdrückt und sie von anderen N. abhebt». Dies war die legitimatorische Grundlage, auf der die «deutschen» Kleinstaa-

42 In diesem Fall wird bewusst nur die maskuline Form verwendet, da Frauen im frühen Liberalismus weiterhin von der demokratischen Partizipation ausgeschlossen waren.

43 Ausführlicher zum deutschen Nationenverständnis siehe Mense 2017.

ten im Jahre 1871 im Deutschen Reich als Nation zusammengeführt wurden.

Elf Jahre nach dieser auf dem völkischen Prinzip aufbauenden Reichsgründung erklärte im Nachbarland der französische Philosoph Ernest Renan in seinem vielzitierten Vortrag *Was ist eine Nation?* an der Pariser Universität Sorbonne: «Eine Nation ist ein geistiges Prinzip» und «das Dasein der Nation ist [...] ein täglicher Plebiszit».[44] Deutlicher kann das unterschiedliche Verständnis von Nation nicht auf den Punkt gebracht werden. Auf der einen Seite die Vorstellung einer völkischen Schicksalsgemeinschaft mit erblichem Charakter, die unabhängig von dem Willen ihrer Angehörigen existiert und somit ohne Möglichkeit für das Individuum, ihr beizutreten oder sie zu verlassen. Auf der anderen Seite die Vorstellung einer für jeden zugänglichen Willensgemeinschaft, die sich tagtäglich neu über die Ordnung des Zusammenlebens einigt. Oder kurz gesagt: Abstammungsgemeinschaft versus Abstimmungsgemeinschaft. Renan, der Vordenker der französischen Nation, wies noch kurz vor der deutschen Reichsgründung 1871 in einem offenen Briefwechsel mit dem deutschen Gelehrten David Friedrich Strauß auf die Unsinnigkeit des völkischen Konzeptes hin: «Fast überall da, wo die hitzigen deutschen Patrioten sich auf ein altes germanisches Recht berufen, können wir noch ein älteres keltisches belegen, und vor den Kelten lebten dort, wie man sagt, die Allophylen, die Finnen, die Lappen; und vor den Lappen waren es die Höhlenmenschen und vor den Höhlenmenschen die Orang-Utans. Für eine solche Geschichtsphilosophie gibt es als ein dingliches Recht in der Welt nur das Recht der Orang Utans, die ungerechterweise von der bösen Zivilisation vertrieben worden sind». Renans Intervention blieb erfolglos, die zoologische Geschichtsphilosophie setzte sich durch. Seitdem steht das deutsche Konzept der Nation exemplarisch für die «historische Pervertierung des aufgeklärten Nationenbegriffs»[45].

Doch selbst die vorrangig völkische Bewegung in Deutschland wies auch liberale Elemente auf. Am Beispiel des Wartburgfestes der deutsch-nationalen Burschenschaftsbewegung im Jahre 1817 kann dies anschaulich gemacht werden: Die Bestimmung der deutschen Nation in Abgrenzung zum «französisch-jüdischen» Konzept wurde dort insbesondere in

44 Renan 1882: 307, 309
45 Stender 2002: 53

der Verbrennung des französischen bürgerlichen Gesetzbuches *Code civil* und der anti-völkischen Schrift *Germanomanie* des deutsch-jüdischen Autors Saul Ascher bildhaft. Zugleich wurden in der Zusammenkunft neben der «deutschen Einheit» auch demokratische Reformen wie Meinungs- und Pressefreiheit gefordert. Der Ruf nach einer Demokratisierung der Gesellschaftsordnung war also in beiden Varianten nationaler Bewegungen präsent. Der entscheidende Unterschied bestand darin, wie die Nation – für die Souveränität gefordert wurde – inhaltlich bestimmt wurde: «Die Formel ‹Staat = Nation = Volk› galt für beide, doch für Nationalisten leiteten sich die zukünftigen politischen Einheiten aus der vorangegangenen Existenz einer Gemeinschaft ab, die sich von Fremden abgrenzte, während für die revolutionären Demokraten der Zentralbegriff das souveräne Volk von Staatsbürgern gleich dem Staat war, das im Verhältnis zur übrigen Menschheit eine ‹Nation› bildete.»[46] Hobsbawm bezeichnet hier zu Recht die französische Nationalbewegung als «revolutionäre Demokraten», denn das von ihnen entworfene, ursprüngliche Konzept war eben vor allem ein politisches, das die alten Formen der Herrschaft brechen sollte. Trotzdem spielten in der Praxis auch in Frankreich von Beginn an ethnische und kulturelle Merkmale eine Rolle. Vor allem die französische Sprache wurde zu einem wichtigen Identifikations- und zugleich Exklusionsmerkmal. Und selbst der zitierte Renan war von der Existenz verschiedener «Rassen» und «Völker» überzeugt, nur betrachtete er die Nation als ein von diesen angeblich naturgegebenen Gruppen unabhängiges politisches Projekt. Die «aufgeklärte Vision von Kollektivität»[47] konnte sich auch in Frankreich nicht lange halten.

Im Verlauf des 19. Jahrhunderts gewann in Verbindung mit dem sogenannten Völkerfrühling, der auch gerne als Zeit des «nationalen Erwachens der europäischen Völker» bezeichnet wird, das ethnische Konzept der Nation in Europa zunehmend an Bedeutung. Die Bezeichnung Völkerfrühling weist bereits auf das sich durchsetzende ethnische Verständnis von Nation hin, in dem «Völker» als vorpolitische Einheiten gelten, die sich zu ihrer vollen Entfaltung als Nation konstituieren müssten. *Dēmos* naturalisierte sich zu *éthnos.* «Volk» entwickelte sich in den bürgerlichen Revolutionen des 19. Jahrhunderts vom Sammel-

46 Hobsbawm 1991: 34
47 Sternhell 2011: 25f.

begriff für die (unterdrückten) Massen weg, hin zur Beschreibung vermeintlich naturgegebener ethnischer Gemeinschaften. Sprache, Kultur und Abstammung wurden zu den bestimmenden Merkmalen. Ein wichtiger Faktor für diese Entwicklung war der Widerstand gegen die französische Besatzung weiter Teile Europas. Überall wurden nationale Eigenschaften und ethnisch-kulturelle Besonderheiten in Abgrenzung zur französischen Kultur, die mit den liberalen und revolutionären Ideen in eins gesetzt wurde, entworfen. Gleichzeitig wurde sich im Kampf für «nationale Selbstbestimmung» gegen die Feudalherrschaft aber auch auf das französische Modell des demokratischen Nationalstaats berufen.

In neu entstandenen Nationalstaaten entwickelte sich Nationalismus nun zur chauvinistischen Integrationsideologie. Nationalismus wurde zur ideologischen Grundlage für die Legitimation des Ausschlusses, für die Verweigerung der Partizipation der «Anderen», die sich in Einwanderungs- und Staatsbürgerschaftsgesetzen institutionalisierte. Diese Entwicklung stand dabei in enger Verbindung mit dem Aufkommen des sogenannten «offiziellen Nationalismus» ab Mitte des 19. Jahrhunderts.[48] Die feudalen und bürgerlichen Eliten machten sich gemeinsam den ursprünglich liberal-revolutionären «Volksnationalismus» zu eigen, von dem sie sich drohender Exklusion ausgesetzt sahen. Die Naturalisierung, der Glaube an die eigene Nation als naturgegebene und untrennbare Schicksalsgemeinschaft, wurde «von oben» vorangetrieben und diente erfolgreich dem Machterhalt. So fungierte das Konzept der Nation, ursprünglich ein Produkt der Revolution, sehr bald als Schutzschild der mittleren und oberen sozialen Klassen gegen weitere drohende soziale Revolutionen. Sie gaben ihr partikulares Interesse als allgemeines zum Wohle der gesamten Nation aus und begründeten damit die neue Legitimation von Herrschaft. Nationalismus hatte sich zu einem Herrschaftsinstrument entwickelt, das den offenen Zwang der feudalen Verhältnisse in den stummen Zwang des vermeintlichen Gemeinwohls überführte.

Im Kontext der europäischen Expansion in Afrika und Asien im 19. Jahrhundert diente die Betonung nationaler Interessen zudem der Legitimation imperialistischer Politik. Vielerorts galt der Imperialismus am Ende des 19. Jahrhunderts als erfolg-

48 Zum offiziellen Nationalismus siehe Anderson 1988: Kapitel 5 und Hobsbawm 1991: Kapitel 3.

reicher Nationalismus und die logische Weiterentwicklung der nationalistischen Idee. In zeitlicher und inhaltlicher Nähe hierzu wurde unter der Federführung von Joseph Arthur Gobineau eine explizite Rassentheorie entworfen, die zur weiteren völkischen Radikalisierung des Nationalismus beitrug und zugleich zur Rechtfertigung kolonialer Unterdrückung herangezogen wurde.[49] Der kosmopolitische Anspruch der ersten revolutionären Nationalbewegungen, universalen Menschen- und Bürgerrechten in der ganzen Welt Geltung zu verschaffen, war dem imperialistischen Anspruch der Nationen nach einem «Platz an der Sonne» (Reichskanzler Otto von Bismarck) gewichen.[50] Die Nationen traten nun im kolonialen Wettlauf gegeneinander an. Zu Beginn des 20. Jahrhunderts hatte die von Europa ausgehende bürgerliche Gesellschaft dann ihren vorgeblich auf Vernunft, Freiheit und Gleichheit basierenden Herrschaftsanspruch global ausgedehnt. Es ging längst nicht mehr darum, diese Prinzipien, auf denen ursprünglich auch das Konzept der Nation aufbaute, im Sinne der Aufklärung andernorts durchzusetzen. Stattdessen diente die Berufung auf sie nun der Legitimation der eigenen Vormachtstellung, dem Beweis der eigenen Höherwertigkeit und der Rechtfertigung kolonialer Ausbeutung und Sklaverei.

Der Beginn des Ersten Weltkrieges 1914 markierte das Ende des *long century*, wie Hobsbawm das 1789 begonnene Zeitalter der bürgerlichen Revolutionen genannt hatte – jedoch nicht die mit ihm entstandene nationale Organisationsform. Die Konsequenz aus dem Ersten Weltkrieg bestand nicht in der Absage an den Nationalismus, der gerade erst vier Jahre lang seine brutalste Seite und zerstörerische Kraft offenbart hatte, mit 17 Millionen Toten und komplett verwüsteten Landstrichen, sondern in der offiziellen Einrichtung der nationalen Weltordnung. Die Wilson'sche Friedensordnung nach 1918 erhob mit dem

49 Joseph Arthur Graf Gobineau gilt als der Begründer der modernen Rassentheorien. Unter dem Titel «Versuch über die Ungleichheit der Menschenrassen» veröffentlichte er von 1853 bis 1855 vier Bände, in denen er Konflikte zwischen «Rassen» als die treibende Kraft der menschlichen Entwicklung beschreibt und der «arischen Rasse» eine naturgegebene Vormachtstellung zuspricht.

50 Imperialismus und Nationalismus stehen dabei in einem komplexen Wechselverhältnis: Einerseits ging es um Expansion, um die Vergrößerung des Einflussbereiches der Nation. Das Staatsgebiet wurde vergrößert bzw. es wurden Ableger in anderen Regionen der Welt eingerichtet. Andererseits wurde die dort ansässige Bevölkerung nicht als Teil der Nation gesehen.

Prinzip der «nationalen Selbstbestimmung» und der darauf aufbauenden Gründung der *League of Nations* (dem Vorläufer der Vereinten Nationen) im Jahre 1920 das sprachlich und ethnisch definierte Nationalstaatskonzept zur gültigen internationalen Norm, es wurde zum «ausschließlichen, allein legitimierenden Ordnungsprinzip der Staatenwelt»[51]. In Europa, und später auch auf anderen Kontinenten, hatte dies zwangsläufig brutale Folgen: «Die logische Konsequenz aus dem Versuch, einen Kontinent säuberlich in zusammenhängende Territorialstaaten aufzuteilen, die jeweils von einer ethnisch und sprachlich homogenen Bevölkerung bewohnt wurden, war die massenhafte Vertreibung oder Vernichtung von Minderheiten.»[52] Mit der Nachkriegsordnung wurde die globale Struktur des Nationalen zementiert. Bis heute beruht die politische Weltordnung auf dem System souveräner Nationalstaaten und dem international anerkannten «Recht der Völker und Nationen auf Selbstbestimmung»[53]. Die Vereinten Nationen stellen die oberste politische Instanz und vermeintliche Interessenvertretung aller Menschen dar. Das Nationale ist im 20. Jahrhundert hegemonial geworden, als politisches Prinzip wie auch als Denkform.

3.3. Die Hegemonie des Nationalen

Mit der Dekolonisation in den 1980er Jahren wurden die letzten Imperien – die quasi anachronistisch zur nationalen Weltordnung noch bestanden – aufgelöst und die Welt letztendlich zum nationalstaatlichen Mosaik. Weltmarktkonkurrenz und nationale Befindlichkeiten (wobei das eine schwer von dem anderen zu trennen ist) führten auf dem Globus regelmäßig zu kriegerischen Auseinandersetzungen. In Europa schlummerte der Nationalismus nach der Niederlage des deutschen Faschismus eher vor sich hin und setzte sich als Strukturprinzip in den In-

51 Alter 1985: 97

52 Hobsbawm 1991: 157

53 Nach dem Zweiten Weltkrieg wurde dieses «Selbstbestimmungsrecht» in verschiedenen UN-Resolutionen als «Menschenrecht» deklariert, aber nicht näher ausgeführt. Explizit formuliert wurde es im *Internationalen Pakt über wirtschaftliche, soziale und kulturelle Rechte* vom 19. Dezember 1966. Im ersten Artikel, also noch vor der Erklärung der individuellen sozialen Rechte, heißt es dort: «Alle Völker haben das Recht auf Selbstbestimmung.»

stitutionen und den Köpfen fest. Den Schrecken und die Brutalität des Zweiten Weltkrieges vor Augen, glaubte man den Nationalismus – zumindest in seiner offen gewalttätigen Variante – hinter sich gelassen zu haben. Nationalismus galt als Merkmal rechter Bewegungen oder archaisches Prinzip, das nur noch in den antikolonialen Bewegungen der damals als «Dritte Welt» deklassifizierten Ländern eine Rolle spielte. Dass Nationalismus etwas Schlechtes sei, war über die Jahrzehnte Teil des *common sense* der sich aufgeklärt gebenden Zivilgesellschaft geworden. Man verwies stolz auf den Prozess der europäischen Einigung und sprach von Überwindung des Nationalismus.

Pünktlich zum zweihundertjährigen Jubiläum der Französischen Revolution jedoch kehrte der Nationalismus auch als politische Bewegung auf die europäische Bühne zurück und bewies seine ungebrochene Wirkungsmacht am Ende des *short century* (Eric Hobsbawm). Das Sowjet-Imperium brach auseinander und das durch den Zusammenbruch des Sowjetblocks entstandene legitimatorische Vakuum, welches theoretisch Raum und Gelegenheit für etwas Neues oder Anderes gegeben hatte, wurde durchweg nationalistisch gefüllt. Jugoslawien zerfiel, begleitet von äußerst gewalttätigen Prozessen des *nation building*, das entlang ethnischer Zugehörigkeiten stattfand und mit roher Gewalt bis zum Massenmord durchgesetzt wurde.[54] In Anbetracht dieser völkisch geprägten nationalstaatlichen Rekonstitution des Ostblocks zu Beginn der 1990er Jahre setzte sich die Rede von der «Rückkehr» oder «Renaissance» des Nationalismus durch. Das Phänomen des Nationalismus galt als überholt, veraltet und nicht der globalisierten Welt und den gesellschaftlichen Verhältnissen zum Ende des 20. Jahrhunderts entsprechend. Viele waren gleichermaßen überrascht und besorgt angesichts der Entwicklung auf dem Balkan und der damit verbundenen Gewalt. Die Sorge war berechtigt, die Überraschung jedoch nur Ausdruck einer verzerrten Wahrnehmung der Rea-

54 Jugoslawien wurde 1945 unter Leitung des Partisanenführers Josip Broz Tito als Sozialistische Föderative Republik gegründet, bestehend aus sechs Teilrepubliken (Slowenien, Kroatien, Bosnien und Herzegowina, Serbien, Montenegro und Mazedonien). Im Laufe des Zusammenbruchs der Sowjetunion begannen ab 1991 in Jugoslawien aufbauend auf Unabhängigkeitsforderungen kriegerische Auseinandersetzungen zwischen verschiedenen Bevölkerungsgruppen, die sich bis Ende der 1990er Jahre hinzogen. Heute besteht die Region aus 7 unabhängigen Staaten.

lität. Diese selektive Wahrnehmung zeigte sich in Deutschland unter anderem daran, dass die rassistischen und nationalistischen Pogrome im Zuge der sogenannten Wiedervereinigung in der Regel *nicht* als Ausdruck des Nationalismus angesehen wurden, dessen zeitgleiches Auftreten im Osten Europas hingegen skandalisiert wurde. Ein Beispiel von vielen ist die Einleitung des 1993 erschienenen Buches *Grenzfälle – Über neuen und alten Nationalismus.*[55] Nach zwei Jahren, die geprägt waren von massenhafter Gewalt gegen Flüchtlinge und einer «Asyldebatte», die vor nationalistischen Ressentiments nur so strotzte, und nur wenige Monate nach den tagelangen rassistischen Pogromen von Rostock-Lichtenhagen im August 1992 wurde darin behauptet, dass «nationalistische Töne» in Deutschland ein «Randphänomen» seien. Das Staunen also, den Blick auf den Balkan gerichtet, dass solch massenhafte nationalistische Gewalt am Übergang zum 21. Jahrhundert noch möglich sei, zeigte – um in den Worten von Walter Benjamin zu sprechen –, dass die damals vorherrschende Vorstellung von Geschichte nicht haltbar war. Ganz im Gegenteil veranschaulichte dieser nationalistische Ausbruch «mitten in Europa» lediglich die ungebrochene Vorherrschaft der nationalen Denkform.

Denn auch wenn sowohl in den Feuilletons wie in der wissenschaftlichen Debatte angesichts der ethnisch legitimierten Gewaltausbrüche auf dem Balkan vor einem Rückfall in vermeintlich vergangene Zeiten gewarnt wurde, entsprach diese Entwicklung der global vorherrschenden nationalen Norm. Die bestehenden Nationalstaaten hatten sich lediglich einige Jahrzehnte zuvor entlang ethnischer Grenzziehungen konstituiert und mit Hilfe von Bildungs- und Migrationspolitik sowie Gesetzen zur Staatsbürgerschaft versucht, einen ethnischen Charakter der Nation zu wahren bzw. zu konstruieren. Die neuen nationalistischen Bewegungen forderten für ihr «Volk» bloß das gleiche Recht ein, das die etablierten Nationalstaaten spätestens seit dem Ersten Weltkrieg für sich in Anspruch genommen hatten: «ethnische» mit politischen Linien zur Deckung zu bringen. Die internationale Anerkennung der neuen politischen Einheiten durch die Staatengemeinschaft bestätigte dann auch von offizieller Seite die völkerrechtliche Gültigkeit ihres ethnonationalistischen Selbstverständnisses. Trotz aller Kritik an der nationalistischen Gewalt wurde das «nationale Erwachen» im

55 Jeismann/Ritter 1993

Osten Europas gleichermaßen als Rückkehr zur Norm gewertet, als Ende des sowjetischen «Völkergefängnisses». An dieser Wortschöpfung zeigt sich anschaulich, wie wenig sich die nationale Denkform im Laufe der letzten zwei Jahrhunderte in ihren Grundzügen verändert hat. Bereits während der Auflösung der west- und mitteleuropäischen Dynastien im 19. Jahrhundert unter dem Banner der nationalen Selbstbestimmung galt die von außen aufgezwungene Einheit und damit vermeintlich verbundene Unterdrückung der «Völker» in einem «Völkergefängnis» als Konfliktursache. Die Geschichte schien sich am Ende des 20. Jahrhunderts in Europa zu wiederholen – jedoch nur scheinbar, denn die Ausgangsbedingungen und Ursachen waren gänzlich unterschiedlicher Natur. Die gesellschaftliche Verarbeitung der Umbrüche hingegen fand in alten Kategorien statt. Nationalismus diente einmal mehr als Erklärungs- und zugleich Rechtfertigungsmuster. Die Hegemonie des Nationalen findet ihren Ausdruck ebenso in dem damals wie heute weit verbreiteten Gerede von «ethnischen Konflikten», welches ein modernisiertes völkisches Weltbild darstellt, in dem eine als natürlich und unabänderlich postulierte Unvereinbarkeit ethnisch-kultureller Zugehörigkeiten als Ursache sozialer Konflikte angesehen wird – und nicht als deren Folge. Die Beschreibung solcher Konflikte als «ethnische Konflikte» verschleiert den ursächlichen Zusammenhang und rechtfertigt auf diese Weise nachträglich die Gewalt.

Auch supranationale Bündnisse wie die Europäische Union oder die Vereinten Nationen stehen nicht im Widerspruch zur national verwalteten Welt, sondern vielmehr für einen «nationalistischen Internationalismus». Bei den Vereinten Nationen spricht die Hegemonie des Nationalen bereits aus dem Namen. Die EU wiederum ist in erster Linie ein Zweckverband nationalstaatlicher Akteure. Die «Europäische Idee», über nationale Grenzen hinaus gemeinsame Werte und politische Praktiken zu entwerfen, wurde kaum ernsthaft verfolgt. Vielmehr ging es von Beginn an darum, vorhandene nationale Interessen aufeinander abzustimmen und dabei die Stellung der eigenen Nation im machtpolitischen Block Europa gegenüber anderen Weltmächten (USA, Russland, China) zu verteidigen. Wie brüchig diese Gemeinschaft ist, zeigte sich wohl am eindrucksvollsten während der sogenannten Flüchtlingskrise Mitte der 2010er Jahre, in der nicht nur sämtliche angeblich «europäische Werte» über Bord geworfen wurden, sondern ebenso der Gedanke solidarischen und kollektiven Handelns zwischen den europäischen Nachbarn. Angesichts der zunehmenden Migrations- und Fluchtbewegungen in Richtung Europa wurden neue Mauern hochgezogen und sogar die innereuropäischen Grenzkontrollen wieder aufgenommen – deren Abschaffung im Schengener Abkommen einer der Grundpfeiler des europäischen Einigungsprozesses war. Der Nationalstaat als ausgrenzendes und zugleich egoistisches Prinzip manifestierte sich anschaulich in den NATO-Stacheldrähten, die innerhalb kürzester Zeit die innereuropäischen offenen Grenzen Richtung Osten ersetzten. Während sich auf diese Weise sowohl die ungebrochene Bedeutung des Nationalstaates als auch die mit ihm verbundene Gewalt an den europäischen Grenzen versinnbildlichte, ließ sich die fortwährende Kraft des Nationalismus als Denkform beispielhaft an Wahlerfolgen rechtspopulistischer Parteien und rassistischen Ausschreitungen beobachten.

Für den Beleg der fortwährenden Hegemonie des Nationalen braucht es jedoch weder offene nationalistische Gewalt noch vom Militär bewachte Grenzen. Denn Nationalismus manifestiert sich vor allem als «banaler Nationalismus», wie es Michael Billig in seiner Kritik am gängigen Nationalismusverständnis formuliert hat: Nationalismus drücke sich nicht vorrangig in der bewusst und mit Leidenschaft geschwungenen Fahne bei Demonstrationen und Fußballspielen aus – sondern in der Fahne, die schlaff und unbemerkt an öffentlichen Gebäuden hängt.[56] Als Denkform zeigt er sich überall dort, wo von «uns» und «wir» die Rede ist und wo damit nicht die Freund:innen gemeint sind. Als Ordnungsprinzip tritt er überall dort zutage, wo nationale Statistiken auf-, und internationale Vergleiche angestellt werden und wo der Wetterbericht die Regenprognose für hunderte Kilometer entfernte Regionen beinhaltet, aber nicht für die nächste Kleinstadt, die aufgrund historischer Zufälle in einem anderen Staat angesiedelt ist. Es reicht bereits ein Blick in den Schulatlas: Die bunte Weltkarte mit ihren fast 200 eingegrenzten und exakt bestimmten Einheiten vermittelt bereits jedem Kind das Gefühl, dies sei die natürliche Ordnung der Welt. Entgegen der falschen Vorstellung von einer modernen aufgeklärten Weltgesellschaft, in der Nationalismus längst überwunden sei und nur noch in Extremsituationen als

56 Billig 1995

historische Ausnahme in Erscheinung tritt, ist also festzustellen, dass das Nationale auch im 21. Jahrhundert *das* grundlegende Ordnungsprinzip darstellt. Es ist in den globalen politischen und wirtschaftlichen Strukturen ebenso bestimmend wie in den Bewusstseinsformen. Das nationale Prinzip hat seit seinem Aufkommen vor gerade mal etwas über 200 Jahren alle gesellschaftlichen Umbrüche, Revolutionen und Kriege maßgeblich bestimmt und als Grundkonstante sämtliche grundlegenden globalen Transformationen des Sozialen überdauert.

3.4. Die Pandemie des Nationalismus

«We are all nationalists now.»
Nigel Farage[57]

Die andauernde Hegemonie des Nationalen und wie sich Nationalismus als ideologische Alltagspraxis manifestiert, war besonders anschaulich in der COVID-19-Pandemie zu beobachten, die sich ab März 2020 über die Welt ausbreitete. In der Menschheitsgeschichte gab noch nie vorher ein vergleichbares globales Ereignis, von dem so umfassend fast alle Regionen und Gesellschaften zeitgleich – wenn auch nicht in gleichem Maße – betroffen waren.[58] Nicht nur zeigte die rasante Ausbreitung des Coronavirus von Mensch zu Mensch über den ganzen Globus, wie eng die Weltregionen und jeder einzelne Mensch in ihnen miteinander verbunden sind. Die Pandemie erschuf zudem eine globale gemeinsame Erfahrung, die es so zuvor noch nicht gegeben hatte: Sowohl durch die Krankheit selbst (bzw. die Angst vor ihr) als auch durch den fast simultanen weltweiten Lockdown, die Einschränkungen des öffentlichen und privaten Lebens sowie die Schutzmaßnahmen. Und doch ist durch diese, die ganze Welt umfassende kollektive Erfahrung weder ein kosmopolitisches Bewusstsein noch eine neue Phase globaler Kooperation entstanden. Ganz im Gegenteil traf die Pandemie auf eine Welt, in der sich schon seit ein paar Jahren rechts-

57 Ausspruch von Nigel Farage, Vorsitzender der Brexit-Partei und einer der Hauptakteure der Brexit-Kampagne in Großbritannien, zu Beginn der Pandemie im März 2020.

58 Selbst in den beiden Weltkriegen gab es Regionen, die von diesen nicht unmittelbar betroffen waren.

populistische, nationalistische und neofaschistische Bewegungen im Aufschwung befanden und vielerorts staatliches Handeln beeinflussten oder sogar bestimmten. Die Reaktionen auf die Pandemie waren dementsprechend von nationalen Praktiken, kulturellen Erklärungsmustern, ethnisierten Schuldzuweisungen und Anrufungen der nationalen Solidarität bestimmt, blieben also in der Ideologie des Nationalismus verhaftet.[59]

Als sich im Frühjahr 2020 das Coronavirus immer weiter ausbreitete und COVID-19-Erkrankungen vielerorts zu überfüllten Krankenhäusern und steigenden Todeszahlen führten, bestand eine der ersten staatlichen Reaktionen darauf in Grenzschließungen sowie Ein- und Ausreiseverboten. Dabei wurden nicht zuallererst Regionen mit Infektionsgeschehen von noch nicht betroffenen Gegenden abgeriegelt, sondern es wurden nationale Grenzen geschlossen.[60] An innereuropäischen Grenzen wurde Militär positioniert, das mit Maschinengewehren im Anschlag das Virus (bzw. potenzielle Virusträger:innen) von der Einreise abhalten sollte.[61] Kurz darauf führten viele Staaten Exportbeschränkungen für medizinische Schutzausrüstung ein. Es wurde also nicht gemeinsam analysiert, wo es welcher Ausrüstung bedarf und sich in Kooperation gegenseitig geholfen, sondern jeder Staat versuchte, für sich und seine Bevölkerung möglichst viel Material zu bunkern. Das ging im globalen Wettstreit um Schutzmasken und Beatmungsgeräte so weit, dass Staaten und deren Geheimdienste ein ganz offenes Racket-Verhalten an den Tag legten und an der Grenze der Legalität und auch durch das Überschreiten dieser Grenze wie mafiöse Gangs agierten.[62] Wie sehr nationales Interesse über der Idee

59 Ausführlich hierzu Bieber 2022 und Mylonas/Whalley 2022.

60 Als zum Beispiel im März 2020 die Fallzahlen im französischen Elsass explodierten und die Intensivstationen vollliefen, standen im benachbarten Südbaden sowie der angrenzenden Schweiz Krankenhausbetten leer. Bewohner:innen des Elsass wurden per Flugzeug in andere französische Regionen transportiert, anstatt sie kurz über die Grenze zu bringen.

61 Was eigentlich die Absurdität dieser Maßnahmen veranschaulichte, wurde von Nationalist:innen als Bestätigung ihres Nationalismus gefeiert. So twitterte US-Präsident Donald Trump am 23. März 2020: «This is why we need borders!».

62 So wurden im März 2020 in Tschechien fast 700.000 Atemschutzmasken und tausende Beatmungsgeräte beschlagnahmt, die aus China kamen und eigentlich für Italien bestimmt waren. Anfang April 2020 kauften die USA in Thailand quasi auf dem Rollfeld 200.000 Atemmasken auf, die Deutschland geordert hatte.

globaler Kooperation stand, zeigte sich ganz besonders am sogenannten Impfnationalismus: Der globale Norden hortete Unmengen an Impfstoff, weit mehr als er für die eigene Bevölkerung brauchte, und weigerte sich zugleich aus Profitgründen, die Patente freizugeben, damit Länder des globalen Südens sich selbst Impfstoffe herstellen konnten. Dass sich in der Weltmarktkonkurrenz jeder Nationalstaat am nächsten ist, ist nichts Neues. Im Fall der Pandemie zeigte sich jedoch deutlich, dass die Staaten mit ihrem nationalistischen Agieren letztendlich (und wissentlich) gegen ihr eigenes Interesse handelten.[63] Es war klar, dass die Pandemie nur erfolgreich bekämpft werden kann, wenn sie global eingedämmt wird, weil sich das Virus sonst immer weiter verbreitet und andernorts neue Mutationen entstehen, die früher oder später zurückkommen und die nächste Infektionswelle auslösen. Unterstützung zu leisten bei der globalen Eindämmung der Pandemie durch Impfstoffe, Schutzgeräte etc. wäre also keineswegs nur ein humanitärer Akt, sondern auch im nationalen Interesse gewesen. Der kurzsichtige nationalistische Blick auf die Welt verhinderte aber die nötige globale Kooperation.[64]

Zugleich wurde die staatliche Pandemiepolitik von einer politischen Rhetorik begleitet, die mal im Namen der Solidarität, mal im Namen des Krieges, oft auch in Verbindung von beidem, die nationale Gemeinschaft und das Nationalgefühl anrief. Kollektive nationale Identität bildete sich in breiten Bevölkerungsschichten historisch vor allem in Kriegszeiten durch das Zusammenstehen gegen einen gemeinsamen äußeren Feind heraus – und genau hierauf zielten auch die staatlichen Kampagnen der Pandemiebekämpfung ab. In Österreich wurde das Lied «I am from Austria» vom österreichischen Popstar Reinhard Fendrich zur Hymne des Durchhaltens, in Deutschland gab die Bundesregierung das Motto «Jetzt zählt das Wir» heraus und der US-amerikanische Präsident Joe Biden warb für das Impfen als «patriotischen Akt». In Frankreich sprach Präsident Emmanuel Macron von einem «Krieg» gegen das Virus, sein Innenminister Christophe Castaner führte aus, was das bedeutet: «Dieser

63 Das Gleiche gilt übrigens ebenso für den Umgang mit Migration oder die Bekämpfung des Klimawandels.

64 Die von Trump regierten USA gaben im Juli 2020 sogar ihren Austritt aus der Weltgesundheitsorganisation (WHO) bekannt. Trumps Nachfolger Joe Biden nahm diese Entscheidung im Januar 2021 zurück.

Krieg muss alle französischen Bürger mobilisieren. In diesem Krieg trägt jeder Verantwortung». Das Ziel dieser Kampagnen war es einerseits, die Menschen zur Akzeptanz der (teils repressiven) Ausgangsbeschränkungen, Hygienemaßnahmen oder zum Impfen zu bewegen. Andererseits war die Anrufung des nationalen Gemeinschaftsgefühls eine Reaktion darauf, dass durch die Pandemie die herrschende soziale Ungleichheit zutage trat: Wer hat überhaupt ein Zuhause? Wer hat Zugang zu Gesundheitsversorgung? Wer muss trotz Infektionsrisiko weiter in die Fabrik arbeiten gehen und wer kümmert sich um die Kinder und die Alten? Wer wird auf der Straße kontrolliert? Im Ausnahmezustand der Pandemie lag das Klassenverhältnis offen auf dem Tisch, das Patriarchat und der strukturelle Rassismus ließen sich aus fast jeder Statistik zur Coronakrise herauslesen. Die «Wir sitzen alle in einem Boot»-Rhetorik war nötig, weil es offensichtlich geworden war, dass das eine Lüge ist.

Während nach *innen* an das nationale Wir-Gefühl appelliert wurde, waren nach *außen* vielerorts nationalistische und rassistische Reaktionen auf die Pandemie in Form von Schuldzuweisungen zu beobachten. So gab es in den USA und in Europa eine deutliche Zunahme von rassistischer Gewalt und Anfeindungen gegenüber (vermeintlich) asiatischen Menschen, aufgrund des Ursprungs der Pandemie im zentralchinesischen Wuhan. Der bis 2021 amtierende US-amerikanische Präsident Donald Trump sprach sogar vom «Chinese Virus». Die europäische Rechte (u.a. der ungarische Präsident Viktor Orbán, die FPÖ in Österreich und die AfD in Deutschland) verknüpfte die Pandemie mit (illegaler) Migration und machte in der Folge Geflüchtete und Migrant:innen für die Ausbreitung verantwortlich.[65] In Indien wiederum gab es Kampagnen, Muslime als Superspreader darzustellen, was dort zu rassistischer Gewalt gegen diese Bevölkerungsgruppe führte. Hinzu kamen zahlreiche Verschwörungstheorien, in denen in einer diffusen Mischung aus antisemitischen und nationalistischen Erklärungsmustern andere Länder oder böse Mächte für den Ausbruch der Pandemie verantwortlich gemacht wurden.

65 Die rassistische Schuldzuweisung reichte bis in das konservative Lager. So machte der damalige deutsche Bundesgesundheitsminister Jens Spahn (CDU) «Verwandtschaftsbesuche in der Türkei und auf dem Balkan» für rund die Hälfte der Infektionen in Deutschland im Sommer 2020 verantwortlich.

In der Pandemie zeigte sich also exemplarisch, wie die nationale Ordnung und der Nationalismus auch in einer globalen Krise sämtliches Handeln und Denken bestimmen. Zuerst wurden nationale Grenzen geschlossen und das Militär mobilisiert, auch wenn dies offensichtlich keinen Nutzen im Kampf gegen das Virus hat. Zudem trat die Weltmarktkonkurrenz deutlich zutage, in der Nationalstaaten zuallererst ihre Interessen vertreten, sogar dann, wenn es langfristig ihren Interessen zuwiderläuft. Dazu kam die Anrufung des nationalen Wir, um Akzeptanz für Maßnahmen und Einschränkungen zu erreichen, die Menschen gegen den Feind zu vereinen und durch den Appell an die fiktive Einheit die reale Ungleichheit zu verdecken. Der Appell an das nationale Gemeinschaftsgefühl war zugleich eine Vorbereitung auf die ökonomischen und sozialen Folgen der Pandemie und die damit verbundenen Zumutungen und Verschlechterungen für die Menschen. Und nicht zuletzt zeigte sich in den Reaktionen die Ethnisierung des Sozialen: Überfordert mit der für alle neuen Situation, die schwer durchschaubar und kaum erklärbar erschien, die zu großer Verunsicherung und Ohnmacht aufgrund mangelnder Handlungsmöglichkeiten führte und die zudem mit Einschränkungen, finanziellen Verlusten und anderem Leiden verbunden war, wurde auf vereinfachende nationalistische und rassistische Erklärungsmuster zurückgegriffen. Hier zeigte sich im Konkreten die allgemeine ideologische Funktion des Nationalismus: Dadurch, dass gesellschaftliche Probleme zu ethnischen verklärt werden, ermöglicht er die Verarbeitung der widersprüchlichen und komplexen Verhältnisse der Moderne, indem er einfache Erklärungen bietet und Schuldige benennt.

4. Das Konstrukt der Nation

Was ist denn aber nun diese Nation, die sich tagtäglich auf allen Ebenen des gesellschaftlichen Lebens manifestiert und allen so lebenswichtig erscheint? Irgendwie wissen alle, was gemeint ist, und gleichzeitig weiß niemand, was es wirklich ist. Seit ihrer Entstehung wird darüber gestritten, was Nationen waren, sind oder sein sollen. Die Definitionen sind ebenso zahlreich wie die Gruppen, die für sich in Anspruch nehmen, eine Nation zu sein. Und selbst innerhalb einer Nation sind die Vorstellungen darüber, was die Nation ausmacht, verschieden bis konträr – was nichts daran ändert, dass man sich als Teil derselben Nation versteht und kollektiv mit ihr identifiziert. Auch in der Forschung konnte sich bisher nicht auf eine allgemeingültige einheitliche Definition von Nation geeinigt werden. Der «notorisch schwierige»[66] Versuch einer Definition liegt vor allem in zwei Eigenschaften der Nation begründet. Erstens stellt die gemeinschaftlich geteilte Vorstellung, einer Nation anzugehören, ihre Existenzgrundlage dar. Nationen sind imaginierte Gemeinschaften und existieren in erster Linie «im Kopf eines jeden»[67]. Es bedarf keiner weiteren Erklärung, dass dementsprechend die Vorstellungen darüber, was die Nation ausmache, auch unter den Angehörigen ein und derselben Nation äußerst verschieden sind. Zweitens sind Nationen gesellschaftliche Phänomene, die sich in den letzten zwei Jahrhunderten unter höchst unterschiedlichen historischen und regionalen Umständen konstituiert und transformiert haben und aus diesem Grund nur unter Berücksichtigung ihrer spezifischen Ausprägungen beschrieben und untersucht werden können. Aus diesen zwei Charakteristika der Nation resultiert, ähnlich wie beim Nationalismus, eine kaum überschaubare Menge an Unterscheidungen.

Jedoch gibt es eine – der inhaltlichen Bestimmung vorgelagerte – Nation-Form, die sich als Grundmuster zur Einteilung menschlicher Gesellschaften global durchgesetzt hat. Diese existiert zunächst einmal unabhängig davon, wie die jeweiligen Gesellschaften ihre Nation definieren. Die Merkmale, die zur Bestimmung von Nation angeführt werden, sind keineswegs

66 Anderson 1988: 13
67 Ebd.: 15

unwesentlich, denn sie weisen auf die Ursachen hin, warum die nationale Denkform bis heute solch großen Erfolg hat. Aber wie Nationalist:innen ihre Nation definieren, sagt wenig bis gar nichts darüber aus, was sie tatsächlich ist. Daher ist es wichtig, die objektive mit der subjektiven Ebene zu verknüpfen, also sich einerseits klar zu machen, was die Nation *ist* – nämlich zuerst einmal eine gesellschaftliche Konstruktion – und zum anderen zu untersuchen, was sie in den Augen ihrer Verfechter:innen *sein soll* bzw. zu sein scheint.

4.1. Ein modernes Phänomen

In Abgrenzung zu den vielfältigen Definitionen und Vorstellungen, welche die «Geburt» der eigenen Nation in irgendwelchen historischen Schlachten vor ein- bis zweitausend Jahren verorten, muss festgehalten werden: Nationen sind ein Phänomen des modernen Zeitalters. Die Idee der Nation steht in enger Verbindung mit der französischen und amerikanischen Revolution im 18. und 19. Jahrhundert, ist also gerade mal etwas über zweihundert Jahre alt. Die Mehrheit der aktuell existierenden Nationalstaaten[68] wurde sogar erst nach Ende des Zweiten Weltkrieges eingerichtet. Die modernen Nationalstaaten, definiert über ein abgegrenztes Territorium und verbunden mit einem politischen Herrschaftssystem, welches die Einwohner:innen dieses Gebietes als Staatsbürger:innen vereint, sind also Produkte der jüngeren Geschichte. Der allergrößte Teil dessen, was in Geschichtsbüchern als Nationalgeschichte präsentiert wird, spielte sich lange vor der Existenz von Nationen ab. Und bis vor ein- bis zweihundert Jahren – in Anbetracht der Menschheitsgeschichte eine unbedeutend kurze Zeitspanne – hatte die große Mehrheit der Weltbevölkerung in keinster Weise das Bedürfnis, sich national zu verorten. Auch wenn der Begriff Nation nach Aussage mancher Forscher:innen bereits im Mittelalter unter Gelehrten die Runde machte, wurden daraus weder politische Ansprüche abgeleitet noch gab es ein nationales Zugehörigkeitsgefühl. Vor dem 18. Jahrhundert kann daher von Nationen im heutigen Sinne keine Rede sein.

68 Zur begrifflichen Unterscheidung von Nation und Nationalstaat siehe Glossar.

Diese entstanden erst im Zuge der bürgerlichen Revolutionen, als sich das Volk in Abgrenzung zu den Herrschenden als kollektiver Akteur begriff und eigene Rechte einforderte. Nation ist also vor allem anderen eine «Kategorie gesellschaftlicher Subjektivität»[69]. Anderson definiert in diesem Sinne die Nation als «vorgestellte politische Gemeinschaft», die «begrenzt und souverän» ist[70]. Sie ist «vorgestellt», da die Mitglieder, die sich mit dieser Gemeinschaft identifizieren, niemals alle anderen Mitglieder kennen oder auch nur ansatzweise wissen können, wer diese sind. Eine reale Gemeinschaft hingegen benötigt reale soziale Beziehungen zwischen ihren Mitgliedern, die in solch einer großen Gruppe wie einer Nation nicht vorhanden sind. Die nationale Gemeinschaft ist daher eine fiktive. «Begrenzt» ist die Nation, da die Idee der Nation nie die ganze Welt oder die gesamte Menschheit umfassen *kann*. Mit dem Begriff der Nation wird eine Gemeinsamkeit im Inneren in Abgrenzung zu einem Anderen und damit eine Differenz nach außen beschrieben. Der Idee der Nation wohnt die Vorstellung inne, dass jenseits der Grenzen der eigenen Gemeinschaft weitere Gruppen bzw. Nationen bestehen; ohne diese Vorstellung des Außen verliert die Nation ihren Inhalt und wird als Kategorie obsolet. Als drittes Charakteristikum der Nation benennt Anderson die Souveränität. Die Idee der Nation entsprang dem Zeitalter der Aufklärung und der Revolutionen und ging mit dem Anspruch bzw. der Forderung einher, frei von absolutistischer Herrschaft zu sein und kollektiv über die Geschicke der Gemeinschaft bestimmen zu können.[71] Dieser Aspekt zeigt die historisch enge Verknüpfung von Nation und moderner politischer Herrschaft im Sinne der Demokratie als Volksherrschaft auf, die im Nationalstaat – als Rahmen, in dem diese Souveränität ausgeübt wird – ihren Ausdruck findet. Andersons kritischer Ansatz hat bis heute nichts an seiner Bedeutung eingebüßt. Denn er widerspricht der noch immer weit verbreiteten Vorstellung, dass die Nation eine natürliche und historisch gewachsene Gemein-

69 Claussen 2002: 28

70 Anderson 1988: 15

71 Die Forderung nach Souveränität und «Selbstbestimmung» besitzt auch im 21. Jahrhundert noch eine große Bedeutung im Nationalismus. Welchen Sinn diese Forderung in einer Welt formell souveräner Nationalstaaten noch macht und wie sich aufgrund dieser geänderten Verhältnisse das Verständnis von Souveränität verändert hat, wird noch Thema sein.

schaft darstelle, die sich durch spezifische kollektiv geteilte und zugleich überindividuelle Merkmale (Abstammung, Herkunft, Kultur, Sprache, «Mentalität») von anderen unterscheide.

Auch Ernest Gellner betont, dass Nationen gesellschaftliche Konstruktionen einer spezifischen historischen Epoche sind: «Daß Nationen als eine naturgegebene, gottgegebene Art der Klassifizierung von Menschen gelten – als ein in der Weltgeschichte angelegtes, wenn auch lange aufgeschobenes politisches Geschick – ist ein Mythos»[72]. Gerade in dieser von Gellner kritisierten Annahme liegt jedoch die Motivation aller Nationalist:innen: Ein «Volk»[73] müsse zu seiner freien Entfaltung eine Nation werden. Nationen gelten in diesem Sinne als politisch erfolgreiche Ethnien, Nationalismus als die politische Mobilisierung eines «erwachten Volkes». Die Schaffung einer Nation als politische Ausdrucksform eines «Volkes» scheint jedoch keineswegs die von der Natur vorgegebene Entwicklung zu sein – selbst unter der Annahme, es *gäbe* tatsächlich von Natur aus differenzierte «Völker». Forscher:innen zählen rund 8000 «Ethnien» auf der Welt. Würde jede dieser Gruppen aufgrund ihrer vermeintlichen ethnischen Besonderheit das Recht auf einen eigenen Staat einfordern, würde sich die Menschheit wahrscheinlich in einem Weltbürgerkrieg zugrunde gerichtet haben, bevor sie merkt, dass es gar nicht genug Beamte gibt, um all die Staatsapparate am Leben zu erhalten. Nur ein kleiner Teil der existierenden «ethnischen» Gruppen scheint also den Drang zu verspüren, «kulturelle Gemeinsamkeit zur Grundlage des Staates zu machen»[74]. In seiner Kritik an dem essentialistischen Verständnis stellt Gellner den Zusammenhang richtig: «Nationalism is not the awakening of nations to self-consciousness: it invents nations where they do not exist.»[75]

Da die Nation eine imaginierte Gemeinschaft ist und keine allgemeingültigen objektiven Kriterien zu ihrer Bestimmung

72 Gellner 1991: 77

73 Die begriffliche Unbestimmtheit der Kategorie Volk verweist bereits auf die unterschiedlichen Vorstellungen von Nation. Der Begriff des Volkes kann im demokratischen Sinne die Mehrheit der Bevölkerung gegenüber der herrschenden Elite bezeichnen, wird aber ebenso gleichbedeutend mit Ethnie (oder früher auch «Rasse») verwendet. Zur Verdeutlichung wird im Folgenden «Volk» in Anführungsstrichen geschrieben, wenn damit eine ethnische definierte Gruppe gemeint ist und die Gefahr der Verwechslung besteht; siehe auch Glossar.

74 Gellner 1991: 72

75 Gellner 1964: 169

existieren, gibt es sehr viele unterschiedliche Nationenkonzepte. Es hat sich in der Forschung durchgesetzt, diese zwischen zwei gegenüberliegenden Polen einzuordnen. Im *Politiklexikon,* herausgegeben von der Bundeszentrale für politische Bildung (BpB), wird zwischen der «konservativen» und der «offenen» Interpretation von Nation unterschieden.[76] In der konservativen Interpretation wird Nation synonym für Volk (im ethnischen Sinne) benutzt und über die «Zugehörigkeit zu einer ethnischen Gemeinschaft», «bestimmte homogene Merkmale (z.B. gemeinsame Sprache, Kultur, Geschichte)» sowie über das Zusammenleben innerhalb eines «bestimmten Territoriums» definiert. Die offene Interpretation hingegen beschreibt Nation vor allen Dingen als politische Organisationsform, in der Menschen «unterschiedlicher Herkunft» und mit «unterschiedlichen Merkmalen» zusammenleben können und sollen. Nach Ansicht der Autor:innen entspricht letztere Variante dem Verständnis der «modernen demokratischen Gesellschaften». «Ausländergesetze», Einbürgerungsverfahren, staatliche Migrations- und Kulturpolitik sowie der Rassismus in diesen «demokratischen» Gesellschaften zeigen jedoch, dass auch in ihnen das gängige Verständnis von Nation in Verbindung mit einem ethnisch definierten Volk und seiner Kultur steht. Die Diskurse in Politik und Medien um Integration, Leitkultur und Nationalbewusstsein zeugen zudem von einem Interesse, diese «natürliche» Verbindung zu bewahren und zu verteidigen.

Die Idee der Nation, wie sie im Verlauf der Französischen Revolution aufkam, gilt als das exemplarische Beispiel der Staatsbürgernation, einer rein politischen Willensgemeinschaft. Erst später entstanden in Abgrenzung zum französischen Konzept die ethnischen Vorstellungen von Nationen. Ein exemplarisches Beispiel für diesen Typus ist die deutsche Nation. Sie beruhte auf einem rassisch-völkischen Konzept und wurde in expliziter Abgrenzung zum offenen französischen und nach damaliger Ansicht gleichermaßen jüdischen Nationsverständnis entworfen. Denn mit der französischen Idee der Nation war auch die rechtliche Gleichstellung, die bürgerliche Emanzipation der jüdischen Bevölkerung verbunden gewesen. In der nationalsozialistischen Geschichtsschreibung wurde dementsprechend das deutsche Konzept von Nation als «Gegenschlag» (Meyers Lexikon aus dem Jahr 1940) zum französischen Konzept bezeich-

76 Schubert/Klein 2006: 202

net, welches von «den Juden» mit dem Ziel ihrer bürgerlichen Emanzipation entwickelt worden sei.[77] Aufbauend auf diesen beiden historischen Varianten von Nationalstaatsbildung hat sich in der Forschung (in Anlehnung an Friedrich Meinecke) die dichotome Unterscheidung von Kultur- und Staatsnation oder auch *ethnic nation* und *civic nation* durchgesetzt. Kulturnation (oder auch *ethnische* Nation) bezieht sich vor allen Dingen auf geteilte kulturelle, ethnische und/oder «rassische» Merkmale, welche die Basis der nationalen Gemeinschaft bilden. Diese Gemeinschaft besitzt dadurch einen überzeitlichen und überindividuellen Charakter, besteht also bereits *vor* der Gründung des Nationalstaates und müsse nur «mit einem Kuss» aufgeweckt werden. Staatsnation (oder auch *politische* Nation) hingegen bezieht sich ohne die Notwendigkeit gemeinsamer vermeintlich objektiver Merkmale auf die politische Organisationsform, gilt als Ausdruck geteilter Werte und Normen anstelle von angeborenen Eigenschaften und bezeichnet die in einem Nationalstaat vereinte Bevölkerung. Dieses rein politische Verständnis von Nation hielt sich aber selbst in Frankreich nur kurze Zeit. Schnell «erfolgt ein Bedeutungswandel: der Begriff Volk verliert den revolutionären Gehalt und wird zum Oberbegriff von Nation»[78]. Das Konzept der Kulturnation, die essentialistische Vorstellung von Völkern als «organische Einheiten, mit einer spezifischen Subjektivität»[79] setzte sich in der Folge im 19. Jahrhundert in Europa durch und wurde im 20. Jahrhundert zur globalen Norm. Bis heute gelten ethnische Herkunft, Kultur und Sprache als entscheidende Kriterien der Zugehörigkeit.

Die Unterscheidung von Kultur- und Staatsnation stellt selbstverständlich ein idealtypisches Konstrukt dar, in der Realität überlagern, vermischen und ergänzen sich die Kriterien. Die verschiedenen legitimatorischen Aspekte treten in der Regel zusammen auf, die verschiedenen Nationenkonzepte unterscheiden sich vor allem durch die jeweilige Bedeutung, die den politischen und ethnischen Bestandteilen zugemessen wird. Diese Unterscheidung, die in der Nationalismusforschung großen

77 Antisemitismus spielte aber nicht nur in Deutschland eine entscheidende Rolle im Prozess der nationalen Konstruktion. Mehr dazu später in diesem Kapitel.

78 Öner 2002: 20

79 Ebd.: 19

Einfluss besitzt, wird daher kaum der Realität des Nationalen gerecht und erschwert die Einsicht, dass *jeder* Nationalismus ambivalent ist und stets beide Seiten in sich trägt. Aus zwei Gründen wird diese Unterscheidung aber auch hier angeführt: Erstens dienten beide Konzepte als theoretische Grundlage für Nationalstaatsbildungen (Deutschland und Frankreich) und bis heute bewegen sich Diskussionen und Begriffsstreitigkeiten – sowohl politischer als auch wissenschaftlicher Art – noch immer im Raum zwischen diesen beiden idealtypischen Definitionen. Zweitens bestimmt das unterschiedliche Verständnis von Nation, wer dazugehören muss, kann oder darf, sowie vor allem, wer nicht dazugehört. Der Grad der Exklusion und Gewalttätigkeit des Nationalismus ist je nach Konzept verschieden. Je ethnischer die Nation bestimmt wird, desto brutaler äußert sich der Nationalismus. Detlev Claussen spricht daher von einem Unterschied, der «von den vor den Nationalsozialisten Geflohenen als lebenswichtige Differenzierung erfahren worden war».[80]

4.2. Grundlagen der Konstruktion

Im Folgenden wird kurz darlegt, welche Kriterien aktuell zur Bestimmung einer Nation – vor allen Dingen von den Verfechter:innen der Idee – angeführt werden. Die hier angeführten Merkmale zur Bestimmung des Sinngehaltes der Nation im 21. Jahrhundert sind jedoch nicht im Sinne einer Definition zu verstehen, sondern vielmehr als Bezugsrahmen, innerhalb dessen die Nation ausgehandelt wird. Man kann sie als Baukasten ansehen, aus dem je nach gesellschaftlicher Situation, regionalen Gegebenheiten und historischem Kontext die Nation konstruiert wird. Es wird jedoch – um dies festzuhalten – aktuell auf dem Globus keine Nation vorzufinden sein, in deren Selbstverständnis diese Elemente überhaupt keine Rolle spielen.[81]

80 Claussen 2000b: 22

81 Die Auswahl der Zugehörigkeitsmerkmale ist keineswegs zufällig. Um die Gründe, warum sich jene Merkmale und nicht andere durchgesetzt haben, wird es in Kapitel 5 gehen.

4.2.1. Eine Frage der Geburt: Ethnische Zugehörigkeit

Spätestens seit der Mitte des 19. Jahrhunderts hat sich das Konzept der Kulturnation durchgesetzt und damit die inhaltliche Bestimmung der Nation anhand vermeintlich objektiver, ethnisch-kultureller Zuschreibungen: Sprache, Territorium, Geschichte und kulturelle Besonderheiten sowie Herkunft und Abstammung. Im Gegensatz zum völkischen Prinzip, welches bis zum Zweiten Weltkrieg im Konzept der Kulturnation großes Gewicht hatte, wird ethnische Zugehörigkeit heutzutage nicht an erster Stelle durch Blutsverwandtschaft oder «Rassenzugehörigkeit» bestimmt, sondern bezieht sich vornehmlich auf die genannten geteilten kulturellen Artefakte. Jedoch spielt die Abstammung bei der Frage nationaler Zugehörigkeit weiterhin eine entscheidende Rolle, selbst wenn sie nicht zwingend im biologistischen Sinne verstanden wird. Die Herkunft, sei sie nun territorialer, kultureller oder eben auch verwandtschaftlicher Art, ist das entscheidende Kriterium. Menschen, die alleine aufgrund ihrer Herkunft oder familiärer Sozialisation die vermeintlich natürlichen Bindungen vorweisen können, sind automatisch Teil der Nation. «Das Geborenwerden [...] gehört bis heute zum Bedeutungsfeld der Nation.»[82]

Aktuell zeigt sich dies einerseits an staatlichen Bestimmungen, mit denen die nationale Zugehörigkeit geregelt wird. In vielen Nationalstaaten (so z.B. in der Bundesrepublik Deutschland) ist biologische Abstammung auch offiziell immer noch das vorrangige Kriterium, mit dem der Anspruch auf Staatsbürgerschaft legitimiert wird.[83] Die Bedeutung ethnischer Zugehörigkeit ist auch am Wahlrecht zu sehen: Angehörige vieler Nationen können an Wahlen in ihrer «Heimat» teilnehmen, selbst wenn sie dort nicht wohnen oder sogar noch nie dort gewesen sind.[84] Dass jemand über die politischen Geschicke einer Gesell-

82 Geulen 2004: 11

83 Das seit 1913 gültige, auf dem Abstammungsprinzip beruhende deutsche Staatsbürgergesetz wurde erst 2000 reformiert. Auch das aktuelle Gesetz gründet sich auf dem *ius sanguinis* (Blutsprinzip), was lediglich durch das *ius soli* (Territorialprinzip) ergänzt wurde. Zur Kritik an der in Deutschland weiterhin einflussreichen Vorstellung einer primordialen Volks- und Blutgemeinschaft siehe Stender 2002.

84 So führen zum Beispiel viele Parteien lateinamerikanischer Staaten auch in Spanien Wahlkampf, da ein beträchtlicher Teil der wahlberechtigten Bevölkerung dort ansässig ist. Umgekehrt reisen Vertreter sämtlicher

schaft bestimmen können soll, obwohl er kein Teil von ihr ist, lässt sich nur durch die Vorstellung einer natürlichen Bindung an das «Heimatland» rechtfertigen. Andererseits zeigt sich in gesellschaftlichen Diskursen, dass Staatsbürgerschaft nicht gleichbedeutend mit nationaler Zugehörigkeit ist. Selbst wenn der Staat als oberste juristische Instanz eine Person als Mitglied der Nation akzeptiert, bringt dies wiederum nicht zwangsläufig eine gesellschaftliche Akzeptanz mit sich. Dies zeigt sich an Wortschöpfungen wie «Türkin mit deutschem Pass» oder «Spanier afrikanischer Herkunft», die auch als Selbstbeschreibungen Verwendung finden. Die Betonung der Herkunft zeigt, dass ethnische Zugehörigkeit großen Einfluss auf Vorstellungen von Nation hat und dass Staatsbürgerschaft weder im Alltagsdiskurs noch in staatlichen Praktiken mit Nationalität gleichgesetzt wird.

4.2.2. *Volk mit Seele: Sprache und Kultur*

Einhergehend mit dem Bedeutungswandel des Nationsbegriffs wurden Sprache und Kultur zu den bestimmenden Merkmalen der Nation. Gellner definiert dementsprechend Nationalismus als «das Bestreben [...] einer Kultur ihr eigenes politisches Dach zu verschaffen, und zwar ein einziges Dach»[85]. Die fortwährende Bedeutung von Kultur im nationalen Selbstverständnis lässt sich insbesondere an Diskursen um Integration und Leitkultur beobachten. Die Kultur der Mehrheitsgesellschaft – Bräuche, Traditionen, Werte – gilt als historisch gewachsen und dem in diesem Falle zwangsläufig ethnisch definierten Volk entsprechend. Integration bedeutet i.d.R., sich in jene Nationalkultur zu integrieren bzw. integrieren zu müssen.

Zu Ende des 19. Jahrhunderts wurde vor allem aber Sprache «das entscheidende Kriterium der Nationalität»[86]. Sie entwickelte sich von einem reinem Kommunikationsmittel zu einem Iden-

Parteien der spanischen Kanarischen Inseln im Vorfeld von Regionalwahlen nach Venezuela, wo sich aufgrund historischer Migrationsbewegungen viele kanarische Familien angesiedelt haben, deren – dort geborene – Nachfahren auch weiterhin die spanische Staatsangehörigkeit besitzen. In Deutschland wurde 2013 das Wahlrecht für «Auslandsdeutsche» erneut gelockert und dem Abstammungsprinzip gegenüber dem Wohnsitzprinzip mehr Gewicht gegeben.

85 Gellner 1991: 61

86 Hobsbawm 1991: 114

tifikations- und Charaktermerkmal der Nation. Damit jedoch Sprache als identitätsstiftende Eigenschaft und Differenzierungsmerkmal überhaupt wirksam werden konnte, bedurfte es einer Homogenisierung der existierenden regionalen Sprachgemeinschaften. Denn sämtliche europäischen Nationalsprachen sind in der historischen Entwicklung durch Vermischung verschiedener (regionaler) Sprachen und Dialekte entstanden. «Im Gegensatz zum nationalistischen Mythos ist», wie Hobsbawm feststellt, «die Sprache eines Volkes nicht die Grundlage seines Nationalbewusstseins, sondern [...] ein ‹Kulturartefakt›».[87] Im Prozess des *nation building* sind Sprachpolitik und der Aufbau einer einheitlichen Nationalsprache daher von großer Bedeutung gewesen, um auf ihr jene nationale Identität zu begründen und das Gefühl von Einheit und Gemeinschaft herzustellen. Zugleich diente Sprache Nationalbewegungen als Legitimation ihrer Territorialforderungen, in denen sie sich auf vermeintlich vorhandene Sprach- und natürliche Siedlungsgebiete beriefen. So forderte der Vordenker der deutschen Nationalbewegung, Ernst Moritz Arndt, die Einigung Deutschlands «soweit die deutsche Zunge klingt». Die deutsche Burschenschaftsbewegung vertritt bis heute diese Gebietsansprüche und betrachtet aus diesem Grund Österreich als «natürlichen» Teil Deutschlands. Das Vorhandensein einer eigenen Sprache ist auch bei aktuellen separatistischen Bewegungen ein Hauptargument für die Forderung nach einem eigenen Staat, ihre Gebietsansprüche beziehen sie auf den angeblichen Sprachraum.[88]

Wenn die Sprache als bedroht oder unterdrückt wahrgenommen wird, trifft dies das nationale Selbstverständnis im Inneren. Aus diesem Grund nimmt sie solch eine zentrale Rolle in aktuellen Diskursen über nationale Identität ein. Ein Beispiel dafür ist der in vielen europäischen Staaten auftretende Widerstand gegenüber sogenannten Anglizismen. Eines der Hauptar-

87 Ebd.: 132

88 Dass auch Sprache für die Bestimmung kein objektives Merkmal darstellt, lässt sich z.B. am katalanischen Separatismus beobachten. Bei der Ausarbeitung der EU-Verfassung kam es zu einem Streit zwischen Valencia und Barcelona, da beide regionalen Hauptstädte jeweils eine eigene, sprachlich identische «katalanische» Version nach Brüssel geschickt hatten, um ihren Alleinvertretungsanspruch zu verdeutlichen. Die linke katalanische Unabhängigkeitsbewegung wiederum betrachtet die kleine Ortschaft L'Alguer (italienisch Alghero) auf der italienischen Insel Sardinien als Teil Kataloniens, weil dort katalanisch gesprochen wird.

gumente dabei ist die Bedrohung der jeweiligen Nationalsprache und damit verbunden die Forderung nach Bewahrung der eigenen Kultur. In Frankreich hat diese Diskussion dazu geführt, dass es seit 1996 eine vorgeschriebene Quote von 40 Prozent für französischsprachige Musik im Radio gibt. Separatistische Bewegungen gehen oft noch einen Schritt weiter und beklagen einen sprachlichen «Genozid» aufgrund vermeintlicher Diskriminierung ihrer Sprache und sehen in der staatlichen Unabhängigkeit die einzige Möglichkeit ihre «kulturelle Identität» zu wahren. Sprache und Kultur stellen im nationalistischen Denken die «Seele» des Volkes dar. Sie werden als lebensnotwendige Grundlage nicht nur nationaler, sondern zugleich individueller Identität angesehen.

4.2.3. Überzeitlich: Mythos und Geschichte

Ein weiteres grundlegendes Baukastenelement für die Konstruktion der Nation ist der Gründungsmythos und die Betonung einer langen kollektiven Vergangenheit. Es bedarf eines nationalen Märchens, um zu verdecken, dass die «objektive Modernität der Nationen als kulturelle Artefakte» ihrem «subjektiven Altertum in den Augen der Nationalisten» unvereinbar gegenübersteht.[89] Denn wie beschrieben sind Nationen keineswegs seit der Vorzeit existierende Gemeinschaften, sondern nachweisbar äußerst junge gesellschaftliche Phänomene. Damit sie den überindividuellen Charakter von etwas Natürlichem und historisch Gewachsenem erhalten, werden sie mit Mythen, Legenden und Geschichte aufgeladen. Strukturen und Institutionen der heutigen Gesellschaft werden in die Vergangenheit projiziert, um Stabilität der Gemeinschaft zu vermitteln. Die mythischen Geschichten von dem Kampf der Germanen gegen die Römer im Teutoburger Wald im 9. Jahrhundert n u. Z.[90] erfüllen dabei die gleiche Funktion wie der kollektive Wahn bei Fußballweltmeisterschaften, der sich über das aktuelle Ereignis hinaus in das nationale Gedächtnis einbrennt («Sommermärchen»)[91].

89 Elwert 1989: 441

90 So titelte das Magazin *Der Spiegel*: *Die Geburt der Deutschen. Vor 2000 Jahren: Als die Germanen das Römische Reich bezwangen*.

91 Adorno schrieb bereits 1968 bezüglich der Fußballweltmeisterschaft: «Für zwei Stunden schweißt der große Anlass die gesteuerte und kommerzialisierte Solidarität der Fußballinteressenten zur Volksgemeinschaft zusammen. Der kaum verdeckte Nationalismus solcher schein-

Auf diese Weise bekommen die Mitglieder einer Nation das Gefühl, Teil von etwas Großem und Überzeitlichem zu sein. Die lange Vergangenheit (und Zukunft) der Nation ist damit zu einem Teil auch die eigene Geschichte und Zukunft. Die faktische und empfundene Bedeutungslosigkeit des Ichs wird durch das Wir-Gefühl verdrängt. Teil einer Nation zu sein geht mit dem Gefühl einher, seinen rechtmäßigen Platz in der Weltgeschichte einzunehmen.

Zu diesem Zweck wird nicht nur vor-nationale Geschichte zu *nationaler* Geschichte umgedeutet. Die nationale Geschichtsschreibung selektiert, verfälscht und erfindet Teile der Vergangenheit, um darauf den nationalen Mythos und ein positives kollektives Selbstbild aufbauen zu können. Große geschichtliche Ereignisse werden hervorgehoben, alte Zeiten werden glorifiziert. Siege und (zu einem geringeren Teil) Niederlagen bilden die historische Grundmasse für das positive Wir-Gefühl. Hobsbawm und Ranger haben 1983 in ihrem Buch *The invention of tradition* dargelegt, dass Traditionen und nationale Geschichtsschreibungen kein reales Abbild der Vergangenheit darstellen, sondern zur Legitimierung sozialer und politischer Ansprüche und Verhältnisse in der Gegenwart geschaffen werden. Das vorhandene historische Rohmaterial spielt dabei durchaus eine Rolle und lässt sich zur Erklärung heranziehen, warum die Unterschiede zwischen den Nationalismen bisweilen so enorm sind. Aber nicht die historischen Ereignisse selbst, sondern vielmehr die Deutung dieser Ereignisse im Hier und Jetzt bilden die Basis für die Identifikation mit der nationalen Gemeinschaft. Traditionen sagen damit mehr über die aktuelle Verfasstheit der Gesellschaften aus, als über deren reale Situation in vergangenen Zeiten.

Neben den beschriebenen Elementen des nationalen Baukastens gibt es weitere Kriterien, die in unterschiedlichem Maße eine Rolle im nationalen Selbstverständnis spielen. Hier ist besonders die Religion hervorzuheben, die vielerorts ein entscheidendes Zugehörigkeits- und Ausgrenzungsmerkmal und Element des nationalen Selbstbildes darstellt. Dies gilt zum Beispiel für den Nordirland-Konflikt, in dem sich Katholik:innen und Protestant:innen in Vertretung ihrer Nationen gegenüberstehen. Religiöse und nationale Zugehörigkeiten verweben sich

bar unpolitischen Anlässe von Integration verstärkt den Verdacht ihres destruktiven Wesens.» (Adorno 1968: 188f.)

hier so stark, dass sie kaum voneinander zu lösen oder getrennt zu betrachten sind. Gleiches gilt für islamistische Staaten, in denen der Islam nicht nur offizielle Staatsreligion ist, sondern zugleich als oberste Instanz das politische und gesellschaftliche Leben bestimmt.[92] Auch andernorts kämpfen Nationalist:innen dafür, einen spezifisch religiösen Charakter der Nation aufrechtzuerhalten, so zum Beispiel in den USA (Christentum), in Spanien (Katholizismus) oder in Deutschland bei den Bewegungen gegen eine angebliche Islamisierung Europas. Auch Geschlechterverhältnisse können von Bedeutung sein, wenn zum Beispiel die Nation aufgrund patriarchaler Tradition als männlich wahrgenommen und eine geschlechterspezifische Rollenverteilung als Teil der nationalen Identität angesehen wird. Allen nationalen Charakteristika und angeblich objektiven Merkmalen ist gemein, dass sie als «Kontrastverstärker»[93] der Herstellung von Differenz dienen. Sie geben die Linien und Grenzen vor, anhand derer die Menschen sich und vor allem Andere verorten und einordnen.

4.3. Nation als Kategorie sozialer Grenzziehung

Unabhängig davon, wie die Nation inhaltlich bestimmt wird und welche Merkmale ihr bzw. den Angehörigen zugesprochen werden, ist sie als Form vor allem eins: eine Kategorie sozialer Grenzziehung. Sie kann nur durch die Konstituierung von Differenz und die Schaffung des «Anderen» – also durch Abgrenzung – existieren. Ohne Differenz hat die Nation keinen Inhalt und verliert ihre Berechtigung und ihren Sinn. Anderson stellt zurecht fest: «Keine Nation setzt sich mit der Menschheit gleich. Selbst die glühendsten Nationalisten träumen nicht von dem Tag, da alle Mitglieder der menschlichen Rasse ihrer Nation

92 Eine Ausnahme davon ist die global agierende dschihadistische Bewegung Islamischer Staat (IS), die mit ihrem religiös-faschistischen Imperialismus tatsächlich ein antinationales Projekt verfolgt. Das von ihr angestrebte Kalifat (als Staatsprojekt) steht in Opposition zur Idee der Nation. Die Nation, sowohl als Konzept ethnisch-kultureller Vergemeinschaftung als auch erst recht als Konzept demokratischer Vergesellschaftung, wird im islamistischen Weltbild, das nur noch Gläubige und Ungläubige kennt, aufgelöst.

93 Wieland 2000: 5

angehören werden.»[94] Im Prozess der gesellschaftlichen Konstruktion und Reproduktion nationaler Gemeinschaft kommt die Selbstidentifikation («nationale Identität») ebenso zum Tragen wie die soziale Grenzziehung gegenüber denjenigen, die außerhalb der Gemeinschaft verortet werden. Denn um bestimmen zu können, was das «Wir» ausmacht und wodurch sich die eigene Gruppe auszeichnet, muss ebenfalls bestimmt werden, wer bzw. was nicht dazugehört. Das Eigene wird dialektisch über das Fremde definiert. Im Falle der Nation wird also die im vorangegangenen Abschnitt beschriebene Gemengelage aus «Geschichte, Kultur und ‹Rasse› [...] benutzt, um ein System der Differenz zu konstruieren»[95].

Als Kategorie der sozialen Grenzziehung steht die Nation in einer Reihe mit anderen Kollektivbegriffen: Volk, Ethnie, Kultur, aber auch «Rasse» und Geschlecht.[96] All diese Kategorien sind gesellschaftliche Konstruktionen, werden jedoch als naturgegebene Einheiten wahrgenommen. Der gesellschaftliche Prozess der Konstruktion geht einher mit einer je nach Konzept verschieden stark ausgeprägten Naturalisierung und Kategorisierung anhand ausgewählter Merkmale (Hautfarbe, Sprache, Aussehen, Religion usw.). Die Konzepte unterscheiden sich in der Auswahl dieser Bedeutungsträger sowie in dem Grad der vermeintlichen Determination von Charaktereigenschaften und Verhaltensweisen aufgrund einer bestimmten Herkunft, Abstammung, «Rasse», Kultur oder des Geschlechts. Diese «natürlichen» Zugehörigkeiten stehen in einem komplexen Wechselverhältnis zueinander: «Sie repräsentieren den geschichtlichen Verhältnissen entsprechend ausgeprägte Kategorien der Integration und Ausgrenzung, die miteinander verbunden sind, sich überlagern, gegeneinander verschieben lassen und zu komplexen ideologischen Mustern verwoben werden können.»[97] Manche dieser Kategorien sind durchlässiger als andere, bisweilen kann man in ihnen zwischen den Gruppen wechseln. Fremd- und Selbstzuschreibung treten dabei oftmals auseinander, was die faktische Unmöglichkeit einer objektiven Bestimmung beweist. Während Menschen in Marokko sich in Abgrenzung zu subsaharischen Gesellschaften als «weiß» be-

94 Anderson 1988: 16
95 Hall 2000: 13
96 Vgl. Hund 2002
97 Ebd.: 17

zeichnen, werden sie in nordeuropäischen Gesellschaften selbst zum «schwarzen Afrika» gezählt. Die Zugehörigkeit zu diesen Kategorien aber ist obligatorisch, kein Mensch kann außerhalb von ihnen stehen. Und sie ist nicht freiwillig, sondern ein Akt des Zwangs und damit der Gewalt. Ihre Funktion besteht darin, «dem modernen Bewußtsein von Gesellschaft den Rahmen und die Kohärenz»[98] zu geben, also die komplexe Realität anhand vermeintlicher Gewissheiten zu strukturieren und zu verarbeiten. Nicht zuletzt dienen sie der Erklärung und Rechtfertigung sozialer Ungleichheiten sowie der Rechtfertigung der Diskriminierung und Erniedrigung Anderer.[99]

Die Grenzziehung stellt einen fortschreitenden Prozess dar und so unterliegen auch die Grenzen und Kategorien einem stetigen Wandel. Sie sind Objekte gesellschaftlicher Aushandlungsprozesse. In Bezug auf die Nation können die regelmäßig wiederkehrenden Diskussionen über Leitkultur, Staatsbürgerschaftsrechte und Einwanderungspolitik ebenso wie die periodisch auftretenden rassistischen Ausschreitungen als gesellschaftliche Praktiken angesehen werden, mit denen ausgehandelt wird, was und vor allem wer die Nation sei. Die Kategorien der Zugehörigkeit und Muster der Grenzziehung haben sich ohne Zweifel im Laufe der letzten zwei Jahrhunderte verändert, mal schlagen sie in die eine, mal in die andere Richtung aus.[100] Ob die Nation vorrangig ethnisch oder staatsbürgerlich definiert wird, stellt, wie bereits erwähnt, einen nicht zu vernachlässigenden Unterschied dar, der den Grad ihrer Gewalttätigkeit bestimmt. Unveränderbare Gemeinsamkeit aller Nationalitätskonzepte bleibt jedoch die Konstruktion eines «Wir» in Abgrenzung zum Anderen. Der entscheidende Kontrastverstärker ist dabei bis zum heutigen Tag die Abstammung. Es gibt keine nationale Zugehörigkeit auf der Welt, bei der diese überhaupt keine Rolle spielt. Die Ablösung des völkischen durch den ethnisch-kulturellen Nationalismus und die damit verbundene

98 Berghoff 1999: 161. Berghoff führt hierbei «Geschlecht» nicht mit auf.

99 Dieser Aspekt wird ausführlich in Kapitel 5 besprochen.

100 Wallerstein (1990: 105) stellt diese Flexibilität ethnischer Zugehörigkeiten und Grenzziehungen in Zusammenhang mit der Notwendigkeit des Kapitalismus, sich fortwährend zu modernisieren: «Dabei ist das ständig wiederkehrende Entstehen, Formieren und Verschwinden ethnischer Gruppen ein wertvolles Instrument, um den Gang der ökonomischen Maschinerie geschmeidig zu halten.»

Begriffsverschiebung von «Rasse» zu Kultur als gemeinsames und zugleich differenzierendes Merkmal der Nation beinhaltet keine prinzipielle Transformation des Abstammungsprinzips.[101] Anstelle von «Rasse» wird vielerorts nun von Ethnien oder moderner von Kulturkreisen gesprochen, anstelle von «reinem Blut» werden Leitkultur und Sprachquoten im Radio gefordert. Und wer sich nicht mehr traut, Menschen nur aufgrund ihrer Erscheinung als «Ausländer» zu bezeichnen, sagt nun «Migrationshintergrund» – und vergisst, dass den alle haben. Nationalitätskonzepte und damit auch die Grenzen der Staatsbürgerschaft sind zwar durchlässiger geworden, was die Linie der Exklusion aber nur verschoben hat und diejenigen, die weiterhin außen vor bleiben, umso härter trifft. Auf dem europäischen Kontinent ist diese Dialektik von Inklusion und Exklusion bereits seit Jahren an den Außengrenzen der Europäischen Union festzustellen, wo die Leichenberge ertrunkener Flüchtlinge proportional zum europäischen Einigungsprozess wuchsen.

4.3.1. Homogenität und Gewalt

Im Prozess der sozialen Grenzziehung werden vermeintlich homogene Gemeinschaften gegenübergestellt und voneinander unterschieden. Die dafür verwendeten und zuvor beschriebenen Kriterien – Sprache, Kultur, Herkunft, Vergangenheit – waren jedoch in keinem Fall allen Angehörigen einer Nation gemeinsam. Ethnisch homogene Nationen sind eine negative Utopie, die in der Geschichte niemals verwirklicht wurde – obwohl es zur Genüge unter Einsatz brutalster Gewalt versucht wurde. Dies gilt umso mehr für das Zeitalter der sogenannten Globalisierung, wie Hobsbawm betont: «In Europa, der ursprünglichen Heimat des Nationalismus, machen die Transformationen der Weltwirtschaft kurzen Prozess mit all dem, was die Kriege des 20. Jahrhunderts mit ihren Genoziden und massenhaften Bevölkerungstransfers zu produzieren schienen, nämlich ein Mosaik ethnisch homogener Nationalstaaten.»[102] Die faktische Heterogenität moderner Nationalstaaten verweist auf ein grundlegendes Problem des Nationalismus. Es gibt keine objektiven Merkmale zur Bestimmung der Nation. All die angeführten Ka-

101 Zum «Rassismus ohne Rassen» bzw. kulturellen Rassismus siehe Balibar/Wallerstein 1990 sowie Hall 2000.

102 Hobsbawm 2009: 89f.

Aktuell im Schmetterling Verlag

Geschlechter, Lust und Selbstbestimmung

- Geschlecht und Sexualität im Kapitalismus
- De Sade, Foucault, Preciado und die Ideologien des Sadomasochismus
- Strategien gegen sexualisierte Gewalt
- Debatten und Strömungen feministischer Theoriebildung
- Alternative Beziehungsmodelle und moderne Philosophie

schmetterling verlag

Libanonstr. 72A | 70184 Stuttgart
Fon 07 11/62 67 79 | Fax: 07 11/62 69 92
info@schmetterling-verlag.de
www.schmetterling-verlag.de

Ideologien des Sadomasochismus

Ulrike Heider

Die grausame Lust

Sadomasochismus als Ideologie

Reihe: BLACK BOOKS, 240 Seiten, broschiert, 19,80 EUR,
ISBN 978-3-89657-033-8

Ulrike Heider geht in diesem Buch Philosophien und Ideologien nach, die sich um das Phänomen Sadomasochismus ranken. Ihr neues Buch ist eine kritische und aufklärerische Erwiderung auf den erotischen Irrationalismus von Philosophen und Literaten wie dem Marquis de Sade, seinem Schüler Georges Bataille und seiner Schülerin Pauline Rèage, Verfasserin der Geschichte der O. Kritik erfahren auch der Vordenker der Postmoderne Michel Foucault, die Bestsellerautorin Erika Leonard und die Queer-Ikone Paul B. Preciado.

Als wiederkehrende Merkmale der SM-Ideologien erkennt die Autorin meist unverblümte Misanthropie, ein autoritäres pädagogisches Konzept, ein blasphemisch getarntes Religionsbedürfnis und den Komplex von Schuld und Sühne. Schmerzen und Erniedrigungen dienen als Strafen wie einst im Mittelalter und die Erotik steht ganz im Bann ihres Verbots.

Dirk Hegmann

Die Lederfrau

Roman

136 Seiten, gebunden, 16,80 EUR,
ISBN 978-3-89657-100-7

Der Roman nähert sich dem Thema Gewalt in Beziehungen. Er wirft den Blick hinter die Fassaden einer emotionell entfremdeten Middle-Class-Ehe, die mehr und mehr in den Strudel männlicher Obsession und sexueller Gewalt gerät. In ebenso nüchternen wie eindringlichen Worten durchleuchtet er eine dunkle Facette unserer privatisierenden und funktionalisierten Gesellschaft.

tegorien sind nicht klar feststellbar. Hobsbawm beschreibt die Kriterien der nationalen Zugehörigkeit als «so verschwommen, wandelbar und mehrdeutig und als Anhaltspunkte zur Orientierung ebenso nutzlos wie Wolkenformationen zur Orientierung von Reisenden im Vergleich zu Wegzeichen».[103]

Die Unbestimmtheit der vermeintlich objektiven Merkmale gilt auch für das rassische, auf vermeintlich genetischer Gemeinsamkeit beruhende Abstammungsprinzip. Wie bereits in den 1970er Jahren wissenschaftlich belegt wurde, sind die genetischen Unterschiede *innerhalb* rassisch definierter Gemeinschaften größer als *zwischen* ihnen. Franz Schandl bringt dies auf den Punkt: «Die Menschen sind Ausgeburten, keine Eingeborenen. Die Abstammung ist nichts anderes als ein rassistischer Mythos. Der bornierte Nationalist würde sich wundern, wüßte er, wer durch die Jahrhunderte alles für ihn in der Gegend rumgevögelt hat, damit er in seiner konkreten Existenz überhaupt erst zu sich kommen konnte. Ekeln müsste ihn vor diesem Potpurri der Völker und Stämme, der Nationalitäten und Religionen, die ihn da ganz unabsichtlich kreierten. Der rassistische Biologismus blamiert sich schon an seinen Exemplaren.»[104]

Sei es die Kultur, die Sprache oder der Mensch selbst: Sie alle sind nachweisbar Produkte jahrhundertelanger Kreuzung und Vermischung. Die Ur-Form der Nation und ihrer Kultur, deren Verteidigung und Bewahrung Nationalist:innen eines der wichtigsten Anliegen ist, gab es nie. Die Nation ist weder eine Schicksalsgemeinschaft noch ein ethnisch differenziertes Kollektiv, sie ist noch nicht einmal eine echte Gemeinschaft. Sie muss als solche aktiv erschaffen und stetig reproduziert werden. Es ist eine Politik der Homogenisierung und Vereinheitlichung notwendig, um ein kollektives Gefühl nationaler Einheit und natürlicher Zugehörigkeit hervorzubringen, um «Identität» zu fördern und zugleich das Bedürfnis danach zu befriedigen. Wichtiger als die Schaffung tatsächlicher Homogenität jedoch ist – gerade aufgrund ihrer faktischen Unmöglichkeit – die Konstatierung und Betonung von Homogenität.[105] Der Glaube an die auf geteilten Merkmalen aufbauende Gemeinschaft ist

103 Hobsbawm 1991: 16

104 Schandl 1995: 179

105 Dies lässt sich zum Beispiel in Deutschland daran aufzeigen, dass auch ein halbes Jahrhundert nach dem ersten sogenannten Gastarbeiterabkommen (1955) noch immer große Teile der Bevölkerung und der Politik verneinen, dass Deutschland ein Einwanderungsland sei.

bedeutender als die reale Existenz solch einer Gemeinschaft. Da die sichtbare Realität diesem Glauben jedoch entgegensteht, wurde und wird stetig versucht, Homogenität mit Zwang nachinnen und mit Gewalt nach außen durchzusetzen. Die Unerreichbarkeit des Ziels ethnischer Homogenität steigert die Aggressivität derjenigen, die trotzdem daran festhalten. «Zumindest unbewußt steht hinter dem selbstsicheren lautstarken Gebaren die Einsicht in die Verlogenheit des eigenen Glaubens. Die daraus resultierende Wut richtet sich gegen diejenigen, die nicht daran glauben.»[106]

Nationenkonzepte, die sich vorrangig auf Sprache beziehen, werden in Abgrenzung zum ethnischen Homogenitätsideal gerne als moderne und offene Konzepte beschrieben. Schließlich habe jeder und jede – unabhängig der Herkunft – die Möglichkeit, die Sprache zu erlernen und sich auf diese Weise die Zugehörigkeit zur Nation zu verdienen. Zum einen jedoch steht auch Sprache als Gemeinschaft stiftendes kulturelles Merkmal grundsätzlich im Gegensatz zur Idee einer politischen Gemeinschaft, die sich auf einen gemeinsamen Willen und geteilte Werte bezieht. Der Bezug auf Sprache ist nicht politisch, sondern identitär. Aufgrund der damit verbundenen «Naturalisierung des Erworbenen»[107] sind sprachliche Nationenkonzepte nie weit entfernt von ethnischen Bestimmungen. Zum anderen bedarf es sowohl materieller Möglichkeiten (Zeit, Geld usw.) als auch intellektueller Fähigkeiten, um eine Sprache zu erlernen – sozial Benachteiligten wird auf diese Weise der Zugang zur Gemeinschaft verwehrt.

Entscheidend ist jedoch: Wenn Sprache als Essenz der Nation angesehen wird, bekommt jede angebliche Bedrohung, sei es durch englische Popmusik oder die bloße Anwesenheit andersprachiger Migrant:innen, einen existenziellen Charakter. Ohne Sprache und Kultur hört die Nation auf zu existieren, und ihre Angehörigen werden zu wurzellosen Wesen ohne Identität, so die Meinung der Nationalist:innen. Der bis 2006 amtierende katalanische Regierungschef Pasqual Maragall, nominell ein Sozialist, hatte die Sprache einmal als «DNA der Katalanen» bezeichnet. Wer Sprache mit Genen gleichsetzt und vom kulturellen oder linguistischen «Genozid» redet, setzt Diskriminierung

106 Horkheimer 1988 [1967]: 429
107 Balibar/Wallerstein 1990: 121

von Sprache und Kultur mit der physischen Vernichtung des Individuums gleich. Die Verteidigung von Kultur und nationaler Identität wird hierdurch zu einem Kampf auf Leben und Tod.

Jene Gewalt richtet sich nicht nur nach außen, sondern auch nach innen. Das nationale Kollektiv wird als überindividuelle Einheit gesehen, welche unabhängig vom Willen ihrer Mitglieder besteht. Hieraus entsteht eine Hierarchie zwischen den Einzelnen und der Gruppe: Die Gruppenmitglieder zählen nur als Teil der Gemeinschaft. Das Individuum wird mit der Nation in eins gesetzt, ihr untergeordnet und letztendlich in ihr aufgelöst. Auf diese allgemeine Tendenz im Nationalismus hatte bereits Gellner hingewiesen: «Der Nationalismus steht somit für die Errichtung einer anonymen, unpersönlichen Gesellschaft aus austauschbaren, atomisierten Individuen, die vor allem durch eine [...] gemeinsame Kultur zusammengehalten wird.»[108] Hieraus entsteht zugleich der Zwang auf die Mitglieder, sich in der Gemeinschaft einzuordnen, und im nächsten Schritt sich ihr und der kulturellen Hegemonie unterzuordnen. Ethnische Gemeinschaftsvorstellungen, wozu in Deutschland neben der Nation auch das Konzept Heimat gehört, vertragen keine Differenz, die zugleich jede Gesellschaft prägt. Wenn man diese Differenz auslöschen will, muss man die Menschen auslöschen, oder zumindest stumm machen, die für diese Differenz sorgen. Dieses totalitäre und repressive Potential trägt bereits die politische Idee der Nation in sich: Wer den vermeintlich gemeinschaftlichen Willen nicht teilt – oder teilen möchte –, wird zum potentiellen Störfaktor der Ordnung und zu einer Bedrohung für die nationale Einheit.[109]

4.3.2. Ausgrenzung und Rassismus

Die Verbindung von Rassismus und Nationalismus ist vielschichtig und bisweilen widersprüchlich. Denn Rassismus ist ein übernationales Phänomen, der Hass reicht weit über die Grenzen der eigenen Nation hinaus. Die angeführten Merkmale zur Be-

108 Gellner 1991: 89

109 Umfragen belegen die Gewalt, die solchen, auf Homogenität basierenden Gemeinschaftsvorstellungen innewohnt: «Unruhestifter sollten deutlich zu spüren bekommen, dass sie in der Gesellschaft unerwünscht sind.» Zustimmung (teils und voll): 85,4 Prozent (Decker/Brähler 2018, S. 121).

stimmung von «Rasse» (insbesondere Hautfarbe) fassen Menschen unterschiedlichster territorialer und nationaler Herkunft unter einer Kategorie zusammen. Nichtsdestotrotz war «Rasse» lange Zeit (und ist es in Teilen heute noch) ein wichtiges Merkmal der nationalen Zugehörigkeit. Die engste Verbindung von Nationalismus und Rassismus trat im 19. Jahrhundert im Kontext der kolonialen Expansion Europas auf, in der die imperialistischen Bestrebungen als nationalistisches Projekt rassistisch legitimiert wurden.

Rassismus verbindet sich aber vor allem als inner-gesellschaftliches Ausgrenzungsmuster mit Nationalismus. Die «notwendige Tendenz» zum Rassismus, wie Balibar es ausdrückt[110], ergibt sich im Nationalismus daraus, dass die Grenzen, die das «Wir» von dem Anderen trennen, für das Gefühl von Einheit und Gemeinschaft notwendige Bedingung sind. Das Fremde, Nicht-Zugehörige muss ständig bestimmt werden und stellt zugleich eine fortwährende Bedrohung der als homogen wahrgenommenen nationalen oder ethnischen Einheit dar. «Die heftigsten Widerstände gibt es gegen die Beschädigungen des kollektiven Narzissmus, das selbstverständliche ‹Wir›»[111]. Aus diesem Grund sind sowohl Rassismus als auch Antisemitismus «für die Ausbildung des Nationalbewusstseins in Europa konstitutiv gewesen»[112]. Da die nationale Gemeinschaft objektiv nicht definierbar ist, ist dieser Prozess der Grenzziehung von solch großer Bedeutung. Und je mehr in der modernen globalisierten Welt traditionelle, erfahrbare Gemeinschaftsstrukturen abnehmen, desto wichtiger wird die Abgrenzung nach «außen» zur Bestimmung des «:innen». Hobsbawm spricht von einem «dialektischen Verhältnis von Globalisierung, nationaler Identität und Fremdenfeindlichkeit»[113].

Rassismus kann also als logische Konsequenz der nationalen Denkform angesehen werden. Rassismus bedeutet hier nicht zwingend den Hass auf Migrant:innen, aber bereits die Verweigerung ihrer politischen Partizipation bei Wahlen zum Beispiel ist nur rassistisch zu begründen. Die Bestimmung der nationalen Zugehörigkeit anhand von den Menschen zugeschriebenen Merkmalen beinhaltet stets Diskriminierung und Ausgrenzung

110 Balibar/Wallerstein 1990: 62
111 Claussen 2000a: 34
112 Ebd.: 178
113 Hobsbawm 2009: 92

gegenüber denjenigen, die diese Merkmale nicht vorweisen können. So besitzt auch ethnische Zugehörigkeit einen totalitären Charakter, denn sie teilt Menschen anhand von überindividuellen Merkmalen ein, auf die sie keinen Einfluss haben. Es ist kein Akt des freien Willens. Die Ausgrenzung vollzieht sich einerseits in Form des nationalen Bewusstseins, also der mehrheitlich geteilten Ansicht darüber, was die Nation ausmache und wer dazugehöre. Familien können seit Generationen in Deutschland ansässig, ihre Kinder hier geboren und sozialisiert sein, und trotzdem gelten sie weiterhin als Migrant:innen. Mit dieser gesellschaftlichen Ausgrenzung überlagert und verbindet sich andererseits die Diskriminierung durch den Staat und seine Institutionen. Denn auch das Staatsbürgerschaftsrecht, was die institutionalisierte nationale Zugehörigkeit darstellt, teilt Menschen aufgrund verschiedener Kriterien danach ein, ob sie das Recht besitzen, ihre Rechte als Staatsbürger:innen wahrzunehmen. In allen Gesellschaften ist ein beachtlicher Teil der Bevölkerung von der Inanspruchnahme gewisser bürgerlicher Rechte (Wahlrecht, Sozialrecht) ausgeschlossen, vielen – insbesondere Menschen ohne Aufenthaltsstatus – werden zudem elementare Menschenrechte (Freizügigkeit, Menschenwürde) vorenthalten. Die rassistische Diskriminierung im Innern der Nationalstaaten manifestiert sich an ihren Außengrenzen als brutale und oftmals tödliche Praxis, wie sich vor allem am europäischen Grenzregime beobachten lässt. Jeden Tag werden Menschen an Grenzen abgewiesen, misshandelt oder dem Tod überlassen. Und all dies einzig aus dem Grund, dass sie den falschen oder gar keinen Pass besitzen.

Wie offen Nationenkonzepte auch sein mögen, es wird immer Gruppen von Menschen geben, die nicht dazugehören. Auch multikulturelle und pluralistische Nationen-Konzepte stehen nicht für eine vollkommene Gleichberechtigung und -behandlung aller Sprachen und Kulturen ein. Am Beispiel der USA, die aufgrund ihrer Einwanderungsgeschichte wohl eines der fortschrittlichsten Nationenkonzepte vorweist, kann dies anschaulich gemacht werden. Selbst wenn sich positiv auf den heterogenen Ursprung der nationalen Kultur als historische kulturelle und ethnische Mischung (*melting pot*) bezogen wird, besteht das damit verbundene Ziel in der Konstruktion eines (wenn auch relativ offen gehaltenen) nationalen Bewusstseins, das Grenzen setzt und das «Andere» definiert und ausgrenzt.

Bereits das nordamerikanische *nation bulding* geschah durch den Ausschluss und die Vernichtung großer Teile der ansässigen Bevölkerung. Bis in die 1960er Jahre bestand darüber hinaus ein rassistisches Apartheidsregime, dass die schwarze Bevölkerung diskriminierte, ihr die Bürgerrechte verwehrte und sie vom öffentlichen Leben ausgrenzte. Zudem wurde durch das National Origins Formula die Zuwanderung anhand der «ethnischen» Herkunft der Migrant:innen geregelt und begrenzt. Die massiven Grenzanlagen nach Mexiko sowie die Repression gegenüber lateinamerikanischen Migrant:innen zeigen aktuell die Gewalt, die auch in nicht-biologistischen Konzepten von Nation und nationaler Zugehörigkeit steckt. Man könnte im Fall der USA von der Konstruktion einer «multi-ethnischen Ethnie» sprechen, oder wie Balibar von der Verschmelzung zu einer «neuen Rasse»[114]. Der in den USA virulente Rassismus, der sich auf das vermeintlich ursprünglich «Amerikanische» bezieht, legt davon Zeugnis ab. Auch in der Schweiz – aufgrund ihrer Dreisprachigkeit das Vorzeigebeispiel einer nicht-ethnischen, pluralistischen Nation – scheint es durchaus eine ethnisierte Vorstellung der nationalen Zugehörigkeit zu geben: Die rechtspopulistische und rassistische Schweizer Volkspartei (SVP), die 2007 mit einem Plakat gegen «kriminelle Ausländer» für Aufregung sorgte, auf dem drei weiße Schafe ein schwarzes Schaf aus der Schweiz kickten, wurde dort 2015 zur stärksten Partei gewählt.

4.3.3. «Die Juden» als die Anti-Nation

Antisemitismus nahm historisch eine besonders wichtige Rolle in der Herausbildung nationaler Identität und Einheit in Europa ein. «Um diesen Schein von Einheit herzustellen, bedarf es des Ausschlusses von Menschen, die nicht mit der eigenen Nation identisch sein sollen. In der Geschichte der europäischen Nationalstaaten, also den letzten zweihundert Jahren, hat es eine Wunderwaffe gegeben, nationale Identifikationen herzustellen, den modernen Antisemitismus»[115]. Aber zugleich ist der Vernichtungswille des Antisemitismus global, er beschränkt sich nicht auf nationale Grenzen. Hannah Arendt beschrieb in diesem Sinne Antisemitismus als antinationale Weltanschau-

114 Balibar/Wallerstein 1990: 128
115 Claussen 2000a: 39

ung, die konträr zur politischen Idee der Nation (welche auch Juden und Jüdinnen den Status von Bürger:innen zusprach) stehe.[116] Klaus Holz wiederum sieht nicht nur eine enge, sondern zugleich eine kausale Verbindung von Nation und modernem Antisemitismus und verwendet daher den Begriff vom «nationalen Antisemitismus».[117] Dieser These zufolge wird das homogene jüdische Kollektiv als Antithese zur Wir-Konstruktion der Nation entworfen.[118] Das Feindbild der «Juden» dient als «Figur des Dritten», als «Anti-Nation» der Abgrenzung und Herstellung einer nationalen Identität. Im Gegensatz zu anderen Nationen oder «Völkern», von denen sich im nationalistischen Weltbild zur Bestimmung des Wir abgegrenzt wird, gelten Juden und Jüdinnen nicht als außen stehender Feind der Nation, sondern als das «innere Andere». Hierin liegt einer der bedeutenden Unterschiede zum Verhältnis von Nationalismus und Rassismus: Während in diesem Fall erst die «Vermischung» oder die Anwesenheit der Anderen auf dem eigenen «Siedlungsgebiet» als Bedrohung angesehen wird, stellen Juden und Jüdinnen bereits durch ihre bloße Existenz und ortsunabhängig eine Gefahr für die nationale Einheit dar. Durch ihre Bestimmung als wurzellose Kosmopolit:innen, als nomadisches anti- oder nicht-nationales «Volk» (ohne eigene Sprache und Territorium) stehen sie außerhalb der für den Nationalismus konstitutiven nationalen Weltordnung und symbolisieren die Möglichkeit der Zersetzung der Volksgemeinschaft.[119] Da Charakter und Anziehungskraft der Volksgemeinschaft sich aber gerade aus ihrer Überzeitlichkeit, Natürlichkeit und Unsterblichkeit speisen, stellen «die Juden» die – nach völkischer Weltanschauung eigentlich gar nicht mögliche – Antithese zur natürlich geglaubten Ordnung dar.[120] Antisemitismus als Inst-

116 Vgl. Arendt 1955

117 Holz 2001

118 Thomas Haury (2002) und (eingeschränkt) Samuel Salzborn (2010) schließen sich dieser Sichtweise an. Zur Kritik an Holz' Begriff des «nationalen Antisemitismus» siehe Detlev Claussen (2011).

119 Adolf Hitler schrieb dementsprechend in *Mein Kampf* über die «Entnationalisierung» durch «die Juden».

120 Wenn die Nation wirklich etwas Natürliches, Überzeitliches und Unsterbliches wäre, könnte sie gar nicht durch Juden und Jüdinnen bedroht werden. «Die Juden» gelten jedoch im Antisemitismus als wurzelloses Volk ohne Land, und damit stehen sie außerhalb der als natürlich wahrgenommenen völkischen Ordnung. Sie sind Ausdruck bzw. die Personifizierung des Widerspruchs zwischen Glaube/Vorstellung und

rument und Begleiterscheinung nationaler Identitätskonstruktionen findet sich daher vor allem in völkischen Nationenkonzepten.

Aber auch außerhalb völkischer Gemeinschaftsvorstellungen gibt es viele Anknüpfungspunkte zwischen Antisemitismus und Nationalismus, indem Juden und Jüdinnen auf diversen Ebenen als Projektionsfläche dienen: Einerseits wurden sie quasi mit allen Feind:innen der Nation (wahlweise Kommunismus, Sozialdemokratie, Kapitalismus) gleichgesetzt. Andererseits stehen sie als das «innere Andere» symbolhaft für die Brüche, Widersprüche und Antagonismen im modernen Nationenkonzept. Die Nation hat weder als politische Idee ihr Versprechen eingelöst, nämlich dem Einzelnen als Teil des Volkes die Souveränität über das eigene Leben zu geben, noch als ethnisches Konzept, da die betonte Homogenität nicht der Realität entspricht und die darauf aufbauende Gemeinschaft eine Illusion darstellt. Der Antisemitismus dient der Erklärung, warum Anspruch und Wirklichkeit so weit auseinander klaffen, und benennt zugleich die Schuldigen hierfür. Im Verhältnis von Nationalismus und Antisemitismus lassen sich so Parallelen zum Ursprung des modernen Antisemitismus finden, der als ideologisches Erklärungsmuster für die missglückte bürgerliche Befreiung und die fortwährende Unfreiheit in abstrakten Herrschaftsverhältnissen dient.

Grundsätzlich stärkt der Antisemitismus die Bindung im nationalen Inneren aufgrund der Überzeugung, man müsse gegen eine Gefahr von außen zusammenstehen. Für das *nation building* und die Herausbildung einer nationalen Identität waren Kriege und der Kampf gegen vermeintliche oder reale Besatzung historisch von größter Bedeutung. Vielerorts entstand ein kollektives nationales Bewusstsein erst im Zuge von Aufständen und Kriegen gegen einen gemeinsamen Feind. Der moderne Antisemitismus knüpft daran an, indem in ihm «die Juden» einerseits als innerer Feind beschrieben werden und andererseits ein permanenter Kriegszustand gegen die jüdische Bedrohung, unabhängig der realen Existenz von Juden und Jüdinnen, beschworen wird. Im deutschen völkischen Nationalismus der NS-Zeit verbanden sich diese Elemente und kulminierten in Auschwitz: «Der Völkermord hat seine Wurzel in jener Resur-

Realität – hierin besteht die Bedrohung der Nation durch Juden und Jüdinnen, wodurch sie zum Objekt des Hasses werden.

rektion des angriffslustigen Nationalismus, die seit dem Ende des 19. Jahrhunderts in vielen Ländern sich zutrug.»[121]

4.4. Die männliche Nation

Das Verhältnis von Geschlecht und Nation ist anderer Art als in den vorangegangenen Beispielen sozialer Grenzziehung, denn Geschlecht stellt an sich erstmal kein ein- oder ausschließendes Kriterium für die Zugehörigkeit zur Nation dar.[122] Es existiert keine Vorstellung von Nation, die alle Frauen (oder Männer) ausschließt – ganz im Gegenteil basiert die Idee der Nation grundlegend auf der Annahme der Zweigeschlechtlichkeit, sie ist auf die Existenz der zwei Geschlechter «Mann» und «Frau» angewiesen. Die Tatsache, dass Frauen von der Nation als *demokratisches* Prinzip die längste Zeit ausgeschlossen waren, widerspricht dem nicht. Der Liberalismus, der sich in der Nation als politische Organisation von Freien und Gleichen manifestierte, war nur für den männlichen Teil der Bevölkerung gedacht. Aus Untertanen sollten Bürger werden – Bürgerinnen waren nicht vorgesehen.[123] Sowohl der allgemeine Wehrdienst (als staatsbürgerliche *Pflicht*) als auch das allgemeine Wahlrecht (als staatsbürgerliches *Recht*), also die Verteidigung und die Gestaltung der Nation, und damit zwei der historischen Grundpfeiler für die Herausbildung eines nationalen Einheitsgefühls, waren Männern vorbehalten. Die Nation entstand als Männerbund.[124] In den meisten europäischen Staaten sowie in den USA und Kanada dauerte es bis in die 1920er Jahre, bis das Frauenwahlrecht erkämpft worden war.[125]

---

121 Adorno 1966: 93

122 Die gilt zumindest, solange sich das Geschlecht den Kategorien «Mann» und «Frau» zuordnen lässt. Geschlechter und Geschlechtsidentitäten, die aus der akzeptierten Zweigeschlechtlichkeit herausfallen, können durchaus auch als nicht zur nationalen Kultur gehörig abgelehnt werden.

123 Der Ausschluss richtete sich explizit gegen Frauen. Darüber hinaus waren natürlich auch Trans-, Inter- und non-binäre Personen von dem politischen Projekt der Nation ausgeschlossen. Sie kamen aber in dem Diskurs schlichtweg nicht vor, da zu jener Zeit diese Geschlechtskategorien noch keine Rolle spielten.

124 Vgl. Tacke 2000

125 In der Schweiz wurde das Frauenwahlrecht erst 1971 eingeführt, danach kam Portugal (1974) und, als letzter europäischer Staat, Liechten-

Das Konzept der Nation war somit von Beginn an geschlechtsspezifisch ausgerichtet und baute auf dem patriarchalen Geschlechterverhältnis auf.[126] Mit der Einrichtung der bürgerlichen Gesellschaft etablierte sich eine an diese angepasste Geschlechterordnung: Zur (aufgewerteten) männlichen Sphäre gehörte der Staat, die Politik, die Öffentlichkeit, das Rationale, der Krieg; zur (abgewerteten) weiblichen Sphäre die Familie, das Private, die Gefühlswelt, die (friedliche) Heimat.[127] Diese geschlechtsspezifische Aufteilung der Lebenswelt wurde in der Nation als politische Organisationsform der bürgerlichen Gesellschaft festgeschrieben. Die Geschlechterdifferenz als eines der wesentlichen hierarchischen Strukturprinzipien moderner Gesellschaften institutionalisierte sich in der Nation.[128] Trotz aller (erkämpften) Verbesserungen in Fragen der geschlechtlichen Gleichstellung und Gleichberechtigung besteht die Geschlechterdifferenz als wesentliches Strukturprinzip fort, ebenso wie das patriarchale bzw. männliche Verständnis von Nation. Und in vielen Ländern der Erde sind Frauen (und Queers) auch heute noch kein gleichberechtigter Teil der *politischen* Nation, also des Volkes, das durch Wahlen und Ämter die Souveränität ausübt.[129] Nichtsdestotrotz werden Frauen im nationalistischen Weltbild als unabdingbarer Teil der *ethnisch* definierten Nation betrachtet. Durch die traditionelle Rollenverteilung wird ihnen eine wichtige Aufgabe in der nationalen Identitätsbildung zugeschrieben. Als diejenigen, die sich maßgeblich um die Erziehung der Kinder kümmern sollen, liegt es an ihnen, als «Kulturträgerinnen» nationale Traditionen und Mythen, kulturelle Werte und Bräuche sowie die Sprache (*Muttersprache*) weiterzugeben. Je stärker die Nation ethnisch definiert wird, umso mehr gewinnt Geschlecht als Strukturkategorie und in

stein im Jahr 1984. Selbst in Frankreich, dem Ursprungsland der demokratischen Nationsidee, konnten Frauen erst ab 1945 an Wahlen teilnehmen.

126 Ausführlicher zum Verhältnis von Geschlecht und Nation siehe Yuval-Davis 1997, die zu recht kritisiert, dass dieser Zusammenhang im Großteil der (männlich dominierten) Nationalismusforschung kaum Beachtung findet.

127 «Er ist das Subjekt, er ist das Absolute: sie ist das Andere», schrieb Simone de Beauvoir.

128 Siehe hierzu auch Studer 2000.

129 Viele linke nationale Befreiungsbewegungen sprachen dementsprechend dem Feminismus und dem Kampf gegen das Patriarchat eine wichtige Rolle im Befreiungskampf zu.

Folge Diskriminierungsformen wie Sexismus[130] an Bedeutung. Dies beginnt bereits bei mystischen Erzählungen und Metaphern (*Mutter* Natur und *Vater* Staat) sowie den Bildern von fürsorgenden Müttern einerseits und kämpfenden Soldaten andererseits, die den Geschlechtern ihren Platz bei der Verteidigung der Nation zuweisen. Vor allem aber hängt der Fortbestand der Nation als Abstammungskollektiv von Geburtenraten ab und damit von der Fähigkeit und der Bereitschaft von Frauen, Kinder zu gebären.[131] Robert Miles spricht von einer «ideologischen Verknüpfung»[132] von Rassismus, Nationalismus und Sexismus. Das dichotome Geschlechterbild und die damit verbundene geschlechtsspezifische Arbeitsteilung sind für die Nation sowie für die «Rasse» gleichermaßen notwendig: Als ethnisch bestimmte Gruppen benötigen beide, um als Kollektiv zu überleben, die Fähigkeit zur (biologischen wie sozialen) Reproduktion. Dementsprechend wird von rechten Bewegungen und Nationalist:innen im Angesicht sinkender Geburtenraten und einer zunehmend postmigrantischen Realität das drohende «Aussterben des Volkes» beschworen. Um das «Volk» zu bewahren, ist – der nationalistischen Logik zufolge – erstens die Existenz von Männern und Frauen (Zweigeschlechtlichkeit) sowie Heterosexualität als vorherrschende soziale Norm (Heteronormativität) notwendig. Alle von dieser vermeintlichen Norm abweichenden Lebens- und sexuellen Verhaltensweisen werden als Bedrohung für den Fortbestand der Nation aufgefasst. Zweitens ist auf diese Weise die gesellschaftliche Aufgabe der Frauen im Dienste der Nation vorgegeben: Kinder zu kriegen und sie aufzuziehen[133]. Daher kann, so die Historikerin Charlotte Tacke, die Nation «nicht geschlechtsneutral definiert werden»,

130 Sexismus wird hier verstanden als Einteilung von Menschen in zwei Geschlechter, die mit einer Naturalisierung von Verhaltensweisen und gesellschaftlichen Aufgaben verknüpft ist.

131 Hierin liegt auch ein Grund, warum das Gebären bis zum heutigen Tag der patriarchalen Kontrolle im Form des Nationalstaates unterliegt. Bevölkerungspolitische Diskurse, z.B. über das Recht auf Abtreibung (bzw. die fortwährende Verweigerung dieses Rechts), müssen in diesem Kontext betrachtet werden. Zugleich wurde sich auf diesen Zusammenhang auch in feministischen Kämpfen bezogen, so z.B. 1913, als Frauen in der europäischen Arbeiterbewegung den «Gebärstreik» als politisches Druckmittel gegenüber dem Staat einsetzten.

132 Miles 1992: 116ff.

133 Die Alternative für Deutschland (AfD) forderte dementsprechend 2014 in ihrem Wahlkampf, dass jede deutsche Familie drei Kinder haben sollte und schlug pro Kind ein zusätzliches Stimmrecht für die Eltern vor.

denn sie kommt «ohne eine interne Differenz der Geschlechter nicht aus, aus der soziale Hierarchien und politische Herrschaft erwachsen»[134]. Drittens ist zur Bewahrung der (imaginierten) ethnischen Homogenität der Nation die Fortpflanzung unter Mitgliedern des eigenen «Volkes» notwendig. Aus diesen Zusammenhängen lässt sich erklären, warum rechte Bewegungen im 21. Jahrhundert gleichermaßen gegen die Gleichstellung von Homosexuellen, den «Genderwahn», also Geschlechtergerechtigkeit und die Infragestellung der Zweigeschlechtlichkeit, sowie die (sexuelle) Selbstbestimmung von Frauen und Queers agieren: All diese fortschrittlichen Forderungen und Entwicklungen drohen die traditionelle Familie als «Keimzelle der Nation» zu zersetzen und damit die Nation selbst. Der Antifeminismus dient hier der Bewahrung der Nation und der damit verbundenen «natürlichen» Ordnung.[135] In diesem Punkt besteht eine Gemeinsamkeit mit dem ideologischen Zusammenhang von Antisemitismus und Nationalismus: «Sowohl Juden als auch emanzipierten Frauen wird unterstellt, die natürliche Ordnung in Frage zu stellen und eine zentrale Bedrohung für das ‹Volk› zu sein.»[136]

Der ideologische Zusammenhang von Geschlecht und ethnischem Gemeinschaftsglauben manifestiert sich dabei nicht nur im Festhalten an traditionellen Rollenverteilungen und in der Zuweisung der nationalen Aufgabe als «Gebärmaschine» an den weiblichen Teil der Bevölkerung. Er äußert sich in der Praxis auch auf brutale Weise. Den allermeisten rechtsterroristischen Attentaten der letzten zwei Jahrzehnte lag die hier dargestellte ideologische Verknüpfung von Nationalismus, Antifeminismus und Rassismus (sowie Antisemitismus) zugrunde.[137] Stephan Balliet, der rechtsextreme Attentäter, der am 9. Oktober 2019 (am jüdischen Feiertag Jom Kippur) versuchte (und daran scheiterte), ein Massaker in der Synagoge in Halle zu verüben, brachte dies in seiner Videobotschaft mit einem Satz auf den Punkt: «Ich glaube, der Holocaust hat nie stattgefunden, der Feminis-

134 Tacke 1996: 36f.

135 Ausführlicher zum Antifeminismus der extremen Rechten siehe Autor*innenkollektiv Fe.In 2019.

136 Herrmann 2020: 26. Ausführlicher zum Verhältnis von Antisemitismus und Sexismus siehe Stögner 2014.

137 Explizit fand sich dieses Tatmotiv u.a. bei den Anschlägen von Utøya/Norwegen 2011 (77 Tote), Charleston/USA 2015 (9 Tote) und Christchurch/Neuseeland 2019 (51 Tote). Siehe hierzu auch Sanders 2019.

mus ist an der sinkenden Geburtenrate im Westen schuld, die die Ursache für die Massenimmigration ist, und die Wurzel dieser Probleme ist der Jude». Das gewaltvolle Zusammenspiel von Nation mit Geschlecht zeigt sich darüber hinaus an (Massen-) Vergewaltigungen, die in kriegerischen Konflikten planmäßig und organisiert, oftmals als Teil «ethnischer Säuberungen», als Kriegswaffe eingesetzt werden. Das Ziel dieser brutalen Praxis ist es, die «Reinheit» und Homogenität der als feindlich betrachteten Ethnie – und damit die «Ethnie» an sich – zu zerstören.[138] Die Frau bzw. ihr Körper steht hierbei symbolisch und stellvertretend für die ganze Nation, die so ihrer Souveränität beraubt und «geschändet» werden soll.

Auf einer anderen Ebene gibt es noch einen ganz grundsätzliche Gemeinsamkeit von Rassismus, Sexismus, Antisemitismus und Nationalismus: Was all den hier genannten Ausgrenzungsideologien und Vorurteilsmustern gemein ist, ist ihre Aufklärungsresistenz. Sie lassen sich zwar problemlos widerlegen und dekonstruieren, aber ihre Anhänger:innen interessieren sich nicht für Fakten. Aufgrund ihres ideologischen Charakters als Welterklärungsansätze bedürfen sie keiner nachweisbaren Grundlage, sondern strukturieren und selektieren die Wahrnehmung so, dass die sichtbare Realität dem bereits vorhandenen Weltbild entspricht und es auf diese Weise – im Sinne einer *self-fulfilling prophecy* – bestätigt.

138 Zum Beispiel wurden im Bosnienkrieg zu Beginn der 1990er Jahre tausende Frauen im Anschluss an die Vergewaltigungen gezwungen, die Schwangerschaften auszutragen.

5. Kritik des Nationalismus

Die Kritik am Nationalismus scheint schnell zusammengefasst: Er grenzt aus und trägt die Gewalt gegen jene, die nicht als Teil der Nation betrachtet werden, stets in sich. In seiner Form als nationale Identität schafft er eine falsche Einheit, überdeckt soziale Ungleichheiten und legitimiert auf diese Weise Herrschaft. Er vereint die Eigenen durch Bestimmung und Ablehnung der Anderen. Eine Kritik des Nationalismus besteht jedoch nicht nur darin, die regressiven und ausgrenzenden Eigenschaften des Phänomens herauszuarbeiten, sondern zugleich in der Aufgabe, es erklären zu können.

5.1. Nationalismus als Ideologie

Für ein Verständnis des Nationalismus muss er nicht nur in Bezug auf seine Entstehungsgeschichte, sondern ebenso bezüglich seiner anhaltenden Hegemonie in Verbindung mit dem globalisierten Kapitalismus und der Stellung des Individuums in der widersprüchlichen Moderne gesetzt werden. Es geht also darum, die gesellschaftlichen Verhältnisse zu untersuchen und offen zu legen, die ihn im Sinne der Ideologiekritik als «notwendig falsches Bewusstsein» aus sich heraus reproduzieren. «Notwendig» bedeutet hierbei nicht, dass die Menschen überhaupt keine Alternativen hätten und gezwungen wären, die Welt auf eine spezifische Art und Weise zu sehen und zu interpretieren. Mit dem – möglicherweise unglücklich gewählten – Begriff der Notwendigkeit soll auf die gesellschaftlichen und materiellen Entstehungsbedingungen des Denkens hingewiesen werden. «Der Terminus ‹gesellschaftlich notwendig› bedeutet nicht einen naturgesetzlichen Zwang zum falschen Bewußtsein, sondern eine objektive Nötigung, die von der Organisation der Gesellschaft selbst ausgeht.»[139] Nationalismus stellt in diesem Sinne eine Ideologie dar, die der Sinnstiftung sowie der Erklärung

139 Schnädelbach 1969: 83

und Rechtfertigung der irrationalen[140] gesellschaftlichen Verhältnisse dient.

In einer seiner frühen Schriften fragte Horkheimer zu Beginn des Ersten Weltkrieges hinsichtlich der Kriegsbegeisterung, «auf welche Art und Weise es die ‹menschliche Gesellschaft› überhaupt fertigbringt, ihre Mitglieder so glänzend zu organisieren». Dieser Satz beinhaltet in seiner prägnanten Knappheit die grundlegende Frage, mit der sich Kritische Theorie beschäftigt. Gegenstand ihrer Kritik ist Ideologie als Herrschaftslegitimation und gesellschaftliche Praxis zur Verarbeitung der Verhältnisse der Moderne, die von dem grundlegenden Widerspruch zwischen formeller Freiheit und Gleichheit und realer Unfreiheit und Ungleichheit geprägt sind. Ideologiekritik will die Funktion von Ideologie zur Rechtfertigung des Bestehenden, also von Ungleichheit und Unfreiheit, von Herrschaft und Gewalt – wie sie selber erfahren und auch anderen angetan wird – offenlegen. Oder wie es Terry Eagleton ausdrückte: «Die Auseinandersetzung mit Ideologie ist neben anderem auch eine Erforschung der Frage, wie Menschen dazu kommen, in ihr eigenes Unglück zu investieren.»[141] Eine Grundannahme der Kritischen Theorie ist, dass die Mechanismen und Ursachen, welche die Verschleierung der gesellschaftlichen Zusammenhänge aufrechterhalten und damit die vollendete Emanzipation der Menschheit verhindern, in der gesellschaftlichen Ordnung selbst angelegt sind.

Auf gewisse Weise hat sich Horkheimer seine Frage ein paar Jahrzehnte später selbst beantwortet, als er sich mit der Bedeutung des Nationalismus in modernen Gesellschaften beschäftigte. «Der Nationalismus [ist] die Länder, Kontinente und Machtblöcke übergreifende Form, in der sich mit dem Spätkapitalismus die Unterordnung des Einzelnen unmittelbar unter das Kollektiv vollzieht», fasste Demirović die Theoriefragmente

140 Die vermeintlich rationale Weltordnung drückt sich aus in überaus irrationalen Verhältnissen, die von Hunger, Krankheit und Ausbeutung sowie Zerstörung der natürlichen Ressourcen – und damit den Grundlagen zukünftigen Lebens – geprägt sind, obwohl Fortschritt und kapitalistische Modernisierung längst die Möglichkeiten zur Abschaffung dieses Leidens und der Umweltzerstörung bieten. Oder wie es Adorno und Horkheimer in der Dialektik der Aufklärung ausgedrückt haben: «Die Absurdität des Zustandes, in dem die Gewalt des Systems über die Menschen mit jedem Schritt wächst, der sie aus der Gewalt der Natur herausführt, denunziert die Vernunft der vernünftigen Gesellschaft als obsolet.» (Horkheimer/Adorno 1944: 45)

141 Eagleton 1993: 3

Horkheimers zu Nationalismus zusammen, die sich in der Gesprächssammlung *Späne* finden lassen.[142] Diese Feststellung besitzt auch ein halbes Jahrhundert nachdem Horkheimer seine Gedanken niederschrieb uneingeschränkte Gültigkeit: Je mehr die Welt im fortlaufenden Prozess der Globalisierung vorgeblich «zusammenwächst», umso mehr wächst das Bedürfnis, sich im nationalen, ethnischen oder kulturellen Rahmen zu identifizieren. Auf die Zunahme globaler Gleichzeitigkeit und die damit verbundene Abnahme zwischengesellschaftlicher Unterschiede[143] wird mit der Betonung und vor allem Erfindung von Differenzen (*invention of tradition*) geantwortet. Diese Widersprüchlichkeit ist jedoch nur eine scheinbare. Es handelt sich nicht um einen Rückgriff auf nationale und ethnische Denkmuster, sondern um einen gesellschaftlichen Prozess, der aus der Moderne selbst hervorgeht. Die geteilte Grundannahme der ideologiekritischen Ansätze zu Nationalismus lässt sich wie folgt zusammenfassen: Die fortwährende Bedeutung des Nationalen, sowohl in den politischen Institutionen als auch in den Köpfen, stellt keinen Antagonismus zu der immer globaler werdenden Moderne dar, vielmehr ist der Nationalismus selbst ein modernes Phänomen, dessen Entstehung und Fortbestand in den gesellschaftlichen Verhältnissen begründet liegen.

5.2. Nationalismus und Moderne

Nationalismus und mit ihm verbunden die Vorstellung von der modernen Nation entstanden in einer Zeit tiefgreifenden Wandels. Durch Aufklärung und Säkularisierung, Industrialisierung und Herausbildung der modernen Arbeitsteilung – und insbesondere durch die (nationalen) Revolutionen – wurde ab Ende des 18. Jahrhunderts innerhalb weniger Generationen die gesamte soziale und politische Ordnung umgeworfen und die gesellschaftlichen Grundlagen des Denkens und Handelns neu geordnet. Die Moderne hatte begonnen.[144] Die Revolutionen im

142 Demirović 1996: 231

143 Dies bezieht sich auf gesellschaftliche und kulturelle Praktiken, nicht auf die globale Verteilung von Armut und Gewalt.

144 Eric Hobsbawm (1996) setzt den Beginn der Moderne in Zusammenhang mit der Industriellen Revolution sowie der Französischen Revolution und der daraus folgenden Herausbildung der bürgerlichen Gesellschaft. Diese *dual revolution* am Ende des 18. Jahrhunderts führte zur

Namen der Nation standen dabei in einem nicht nur zeitlich engen Zusammenhang mit der Industrialisierung und der Durchsetzung der kapitalistischen Produktionsweise. Die Herausbildung von Nationen entsprang den Umbrüchen und materiellen Verhältnissen ihrer Zeit. Nationalismus ist also nicht nur modern im Sinne von *neu*, sondern ein charakteristisches Element der Moderne.

Die feudalen und absolutistischen Systeme Europas waren im 18. Jahrhundert in eine allumfassende Krise geraten. Ihre Herrschaft ließ sich gegenüber den Ideen der Aufklärung nur noch schwer rechtfertigen und ihre starre, auf Verwandtschaft und gottgegebene Auserwähltheit beruhende Struktur wurde den Anforderungen des sich entwickelnden Kapitalismus nicht mehr gerecht. Es bedurfte also grundlegender Transformationen sowohl ökonomischer als auch politisch-gesellschaftlicher Art. In jener Zeit wurde das Bürgertum als neue soziale Gruppe mit spezifischen eigenen (kapitalistischen) Interessen zum maßgeblichen Akteur, der seine Handlungsmöglichkeiten durch die alten Strukturen stark eingeschränkt sah. Zur erfolgreichen Durchsetzung seiner materiellen Interessen bedurfte es grundlegender Veränderungen in der Organisation der Gesellschaft, sowohl auf struktureller als auch auf legitimatorischer Ebene.

Zur Einrichtung eines funktionierenden nationalen Wirtschaftsraumes bedurfte es neben der Zentralisierung des Staatswesens auch der Standardisierung und Homogenisierung der Bevölkerung. Gellner weist in diesem Sinne auf die «objektive Notwendigkeit kultureller Homogenität»[145] hin. Diese Homogenität war einerseits eine rein technische Notwendigkeit, damit die Menschen innerhalb der nationalstaatlichen Einheit miteinander kommunizieren und Handel betreiben konnten. Andererseits bedurfte es zur Akzeptanz und Identifikation mit der neu geschaffenen Einheit eines Gefühls von Gemeinschaft, welches sich auf jener imaginierten kulturellen Homogenität gründete. Die Nation stellt damit die «spezifisch bürgerliche Organisationsform» dar, wie Adorno betont: «Erst die Idee der Nation machte eine rationale Organisation nach dem Tauschprinzip

---

radikalen Transformation der sozialen, wirtschaftlichen und politischen Strukturen und steht in enger Verbindung mit Säkularisierung, Aufklärung und der damit verbundenen Durchsetzung eines rationalistischen Weltbildes.

145 Gellner 1991: 73

von größeren Bevölkerungskomplexen möglich.»[146] Darüber hinaus benötigte der Kapitalismus einen politischen Überbau, der den Rahmen für den Wettbewerb freier und gleicher Rechtssubjekte sicherstellen und ein Verlassen dieses Rahmens sanktionieren konnte: den bürgerlichen Staat. Bürgerliche Freiheit, formelle Gleichheit und Rechtsstaatlichkeit – so fortschrittlich ihre Einrichtung historisch gesehen auch war – stellen zugleich notwendige Bedingungen für den reibungslosen Ablauf des kapitalistischen Betriebes dar. Demokratische und kapitalistische Modernisierung gingen in den nationalen Revolutionen Hand in Hand. Die Menschen erhielten durch die bürgerliche Emanzipation den Status anerkannter Rechtssubjekte und traten sich im Wettbewerb nun als gleichberechtigte Vertragspartner:innen gegenüber. Auf internationaler Ebene wurde den Nationalstaaten diese Funktion zuteil. Sie stellten als – zumindest der Form nach – gleiche Akteure die notwendige Struktur für die globale Ausbreitung des Kapitalismus. Nationalstaaten wurden zu den «wichtigsten Bausteinen des Weltkapitalismus»[147]. Adorno und Hobsbawm knüpfen hier an die klassische marxistische Theorie an, die den engen Zusammenhang von der Herausbildung der Nationen und der kapitalistischen Entwicklung herausgearbeitet hat. Zusammenfassend besagt diese: «Die moderne Nation ist eine *notwendige* Begleiterscheinung einer sich durchsetzenden bürgerlichen Gesellschaft»[148], da die Nation die Form darstellt, «in der die bürgerliche Gesellschaft ihre materiellen und ideologischen Verhältnisse entwickelt»[149]. Balibar hingegen widerspricht in diesem Punkt der marxistischen Analyse, die er als «historischen Mythos» kritisiert: «Es geht nicht an, die Nation-Form aus den kapitalistischen Produktionsverhältnissen abzuleiten».[150] Der Kapitalismus benötige nicht «eine bestimmte Staatsform», und es gebe «keine ‹bürgerliche› politische Form per se». Die Nation habe sich aufgrund der spezifischen historischen Situation – hierbei führt Balibar die Weltwirtschaft und den Kolonialismus an – als die kapitalistische Form der Vergesellschaftung entwickelt. Entscheidend hierfür seien jedoch die «konkreten Konfigurationen des Klassenkampfes und nicht die

146 Adorno 1964a: 153, 156
147 Hobsbawm 1978: 47
148 Claussen 2011: 180
149 Öner 2002: 31.
150 Balibar 1990: 110f.

‹reine› ökonomische Logik» gewesen. Balibar sieht also durchaus eine historische, aber keine ökonomische Notwendigkeit.

Diese objektive Notwendigkeit findet ihren Widerhall auf der subjektiven Ebene. Denn für ihre erfolgreiche Teilnahme am globalen Wettbewerb um Märkte, Einfluss und Ressourcen – sei es im Rahmen imperialistischer Expansion, in offenen Kriegen oder in der Weltmarktkonkurrenz – sind Nationalstaaten auf eine loyale, betriebsame und opferbereite Bevölkerung angewiesen. Deren fortwährende Unterstützung sichern sich Regierungen durch Identifikation der Einzelnen mit der Nation als Ganzes (nationale Identität bzw. Nationalbewusstsein). Nationalismus ist hierbei keineswegs nur ein Instrument der Herrschenden zur Manipulierung des «Volkes», sondern wird von diesem selbst als notwendiges Mittel angesehen, um in der Konkurrenz bestehen zu können. Eindrücklich formulierte dies der ehemalige *Spiegel*-Redakteur Matthias Matussek in seinem Bestseller *Wir Deutschen. Warum uns die anderen gern haben können*: «Die unverklemmte Identifikation mit der eigenen Nation ist neben allem anderen ein Wettbewerbsvorteil. Auch in Zeiten der Globalisierung wird die deutsche Nation nicht überflüssig, nicht für uns, die wir hier arbeiten, hier unsere Kinder in die Schulen schicken, hier unsere Steuern bezahlen und uns hier auf Krankenhäuser und Müllabfuhr verlassen müssen, und das gilt für unsere Arbeitgeber und Arbeitnehmer gemeinsam. Für uns gibt es nationale Interessen, die über denen anderer Nationen rangieren sollten.»[151]

Die Beschwörung gemeinsamer nationaler Interessen überdeckt zugleich die existierenden sozialen Ungleichheiten und gesellschaftlichen Konfliktlinien – eine Voraussetzung für die Loyalität zum Staat und die Identifikation mit der Herrschaft. Die Herausbildung des modernen bürgerlichen Staates hat die Vorstellung von Nation als natürliche Einheit auf diese Weise stark beeinflusst und gefördert. Sie war ein wichtiger Faktor für die Ausbreitung der nationalen Denkform, aber nicht die Ursache. Denn die Idee der Nation ist nicht nur Herrschaftsinstrument, sondern sie diente zugleich als rettende Antwort auf die tiefgreifenden Veränderungen im Übergang zur Moderne. Die-

151 Das Buch erschien 2006, als Matussek noch Leiter des Kulturressorts beim Spiegel war. Mittlerweile publiziert er in rechtsradikalen Zeitungen und sympathisiert öffentlich mit der neofaschistischen Identitären Bewegung und der AfD.

se Funktion hat sie bis heute inne. Sie gibt in einer Welt, die von zunehmender Gleichzeitigkeit und Komplexität geprägt ist, den Menschen Halt, wie Claussen hervorhebt: «Die hohle Phrase nationaler Identität beutet die Sehnsucht der Menschen nach Geborgenheit in einer bedrohlichen Welt aus. Die Parole von nationaler Identität spielt die Sicherheit falscher Gefühle gegen die Unsicherheit einer widerspruchsvollen Wahrnehmung der Wirklichkeit aus.»[152] Als politische Religion der Moderne dient der Nationalismus im säkularen und rationalen Zeitalter der Sinnstiftung und Erklärung der fortwährenden Irrationalität der Verhältnisse. Er bietet, insbesondere in seiner Form als nationale Identität, Antworten auf die grundlegenden Fragen in der unbeständigen und komplexen Welt: «Wer sind wir? Wo kommen wir her? Wer ist schuld?»[153]

Nation und Nationalismus erfüllen also verschiedene Funktionen in modernen Gesellschaften, die im Folgenden herausgearbeitet werden. Der hier verwendete Begriff der Funktion soll jedoch nicht den Eindruck entstehen lassen, Nationalismus sei rein aus der Ökonomie oder der nationalstaatlichen Verfasstheit der Welt abzuleiten. Die historisch notwendige Verbindung von Nationalismus und Kapitalismus, aus der sich die bereits angedeutete Notwendigkeit der nationalen Weltordnung und in Folge der nationalen Denkform ergibt, ist nur die eine Seite. Zugleich muss auch seine verborgene Funktionalität auf der Subjektseite offengelegt werden, also «die Rolle des Nationalismus im seelischen Haushalt des Einzelnen»[154]. Ein Gedicht, das US-amerikanische Pfadfinderkinder auswendig lernen, beschreibt eindrucksvoll diese Identität stiftende Funktion des Nationalismus (siehe Kasten, S. 76).

Um verstehen zu können, wie ein Stück Stoff all diese Eigenschaften und Emotionen, Hoffnungen und Ansprüche in sich vereinen kann, muss im Sinne der Ideologiekritik der Vermittlung ökonomischer Grundprinzipien in gesellschaftlichen Alltagspraktiken nachgegangen werden. Ideologiekritik erschöpft sich nicht in der Anerkennung des Marx'schen Grundsatzes, dass das gesellschaftliche Sein das Bewusstsein bestimmt, sondern analysiert, *wie* die Wirklichkeit das Bewusstsein bestimmt. Für ein kritisches Verständnis des Nationalismus muss also auf-

152 Claussen 2000a: 40
153 Ebd.: 181
154 Horkheimer 1988: 381

It's Just A Piece Of Cloth

That's all it is – just a piece of cloth.
But when a little breeze comes along, it stirs and comes to life,
And flutters and snaps in the wind,
All red, and white, and blue!
And then you realize that no other piece of cloth could be like it!
It has your whole life wrapped up in it.
The meals you eat, the time you spend with your family,
The kind of things your boy and girl learn at school,
The new and wonderful thoughts you get in church on Sunday.
Those stars in it – They make you feel just as free as the
stars in the wide deep night.
And those stripes – They are bars of blood to any dictator who
would try to change this way of life.
Just a piece of cloth – that is all.
Until you put your soul into it, and give it meaning.
Then it is a symbol of liberty, and decency, and fair dealing for
everyone.
It is just a piece of cloth until we breathe life into it.
Until we make it stand for everything we believe in,
And refuse to live without it!

gezeigt werden, welche Bedürfnisse und Wünsche er bei den Menschen befriedigt, welche Dispositionen er anspricht und wie dies wiederum mit der Stellung des Individuums in der Moderne zusammenhängt: «Nur weil und insoweit ‹von unten› ein Bedürfnis nach ‹nationaler Gemeinschaft› besteht, kann ‹von oben› der Appell an das ‹Nationalgefühl› erfolgreich zur Behauptung und Sicherung von Herrschaft eingesetzt werden»[155], betont Thomas Haury. Die oben wiedergegebene Fahnenpoesie verdeutlich dies: Wer sich gegen *Stars and Stripes* wendet, wendet sich damit gegen alles, was das eigene Sein ausmacht, und damit letztendlich gegen sich selbst. Allein unter Hinzunahme dieser sozialpsychologischen Perspektive und der Verbindung der objektiven mit der subjektiven Ebene lässt sich eine Antwort auf die Frage finden, warum die Menschen auch weiterhin in Massen dazu bereit sind, für diese «kümmerlichen Einbildungen der jüngeren Geschichte»[156] zu töten, zu sterben oder sich auf andere Weise aufzuopfern und zu unterwerfen.

155 Haury 2002: 53
156 Anderson 1988: 17

5.3. Staat, Welt und Markt

Bei Betrachtung der objektiven Ebene – also der materiellen Gründe, die Nationalismus aus sich heraus produzieren – müssen insbesondere die historisch enge Verbindung von Staat und Nation sowie die Rolle von Nationalstaaten in der internationalen Politik und der Weltmarktkonkurrenz hervorgehoben werden. Nationalstaaten bildeten historisch die Basis der globalen Ausbreitung des Kapitalismus. Das internationale Staatensystem stellt den «politischen Überbau einer kapitalistischen Weltwirtschaft»[157] dar. Die für den Kapitalismus erforderlichen strukturellen Transformationen, die mit der Einrichtung der bürgerlichen Grundprinzipien Rechtsstaatlichkeit, Freiheit und Gleichheit einhergingen, fanden ihre politische Form im Nationalstaat. Das Bürgertum als Trägerschicht der sich global ausbreitenden kapitalistischen Modernisierung musste sich daher zwangsläufig national organisieren. Die Triebkräfte der ersten nationalen Bewegungen waren aus diesem Grund eben jene bürgerlichen Schichten und nur selten in der Mehrheit die sozial Benachteiligten. Die nationalen Bewegungen waren zwar keineswegs nur «bürgerliche Interessenvereinigungen», sondern breit gefächerte und zumeist klassenübergreifende soziale Bewegungen. Entscheidender Faktor für die Entstehung und die Stärke dieser oppositionellen Bewegungen, die für Demokratie und Einrichtung eines Nationalstaates kämpften, war jedoch wirtschaftliche, nicht soziale Unfreiheit – auch wenn sich diese Kämpfe unter dem Banner des Liberalismus miteinander verbanden. Demokratische Errungenschaften wurden zum größten Teil erst später und in der Regel *gegen* die neue bürgerliche Herrschaftselite erkämpft. Sowohl die nord- als auch die südamerikanischen Unabhängigkeitsbewegungen im Übergang vom 18. ins 19. Jahrhundert waren nicht zuletzt Ausdruck von Verteilungskämpfen angesichts des sich ausbreitenden Welthandels. In dieser Zeit entwickelten sich neben den Imperien die Nationalstaaten zu den entscheidenden Akteuren auf dem Weltmarkt – wer an ihm teilhaben wollte, musste sich national organisieren.

Wie schon die ersten liberal-revolutionären nationalen Bewegungen entsprachen auch die antikolonialen Befreiungs-

157 Wallerstein 1990: 102

kämpfe des 20. Jahrhunderts dieser objektiven Notwendigkeit. Im Widerstand gegen kolonialen Imperialismus in einer national strukturierten Welt blieb den antikolonialen Bewegungen quasi gar keine andere Wahl, als sich national zu organisieren. Bei der Herausführung aus der kolonialen Abhängigkeit und diktatorischer Unterdrückung ging es nicht zuletzt auch darum, für die «Eigenen» eine Form zu finden, ohne «fremde» Einflüsse am globalen Wettbewerb teilnehmen zu können. Die unterdrückten «Völker» – bzw. genauer: die nationalen Bourgeoisien – wollten nicht weiter nur vom Spielfeldrand zusehen, wie sich andere Nationalstaaten (oder auch einzelne autokratische Machthaber) um die globalen und vor allem auch um ihre lokalen Ressourcen prügelten. Sie wollten, oder besser gesagt *mussten* einen Weg finden, mitspielen zu dürfen. Die Nation ist die Eintrittskarte zum Spielfeld. Der Nationalismus schuf die materiellen Voraussetzungen für die Teilnahme, er war «ideeller Motor des Ausbruchs aus Rückständigkeit und Abhängigkeit»[158]. Der Nationale Befreiungskampf unterdrückter Mehrheiten in den Kolonialstaaten, ebenso wie der (vermeintlich oder real) unterdrückten Minderheiten in der geographischen Peripherie heutiger Nationalstaaten, hat das Ziel, sie zu *global players* zu machen. Der nationale Befreiungskampf führte die Nationen «auf der Bühne der Geschichte ein», so der antikoloniale Vordenker Frantz Fanon.[159] Die heutigen Unabhängigkeitsbewegungen in Katalonien und im Baskenland verfolgen das gleiche Ziel: sie wollen «der nächste Stern Europas» werden.

Dieser Zusammenhang von Nationalstaat und globalem Kapitalismus ist in den vergangenen zweihundert Jahren zunehmend enger und untrennbarer geworden. Heutzutage bestimmt nicht mehr die Konkurrenz verschiedener Imperien oder staatenübergreifender politischer Systeme die internationalen Beziehungen. Nun kämpfen «nationale Wettbewerbsstaaten» (Joachim Hirsch) um ihren Platz auf dem Weltmarkt. Sie sind mittlerweile die einzig legitimen Akteure im globalen Wettstreit um Ressourcen und Absatzmärkte. Trotz multinationaler Unternehmen, deren Umsätze die vieler Volkswirtschaften bei weitem übersteigen, handeln weiterhin (National-)Staaten die politischen Rahmenbedingungen des freien Wettbewerbs aus. Politiker:innen, die auf offizielle Auslandsreise gehen, haben ei-

158 Nairn 1978: 23
159 Fanon 1966: 209

nen Tross an Unternehmer:innen im Schlepptau, Entwicklungshilfe wird an Investitions- und Exportverträge gekoppelt und es sind staatliche Geheimdienste, die für den Wettbewerbsvorteil ihrer Unternehmen Wirtschaftsspionage betreiben. Globalisierung und nationalstaatliche Ordnung stehen nicht im Widerspruch zueinander, sondern bedingen sich gegenseitig. Dies zeigt sich bereits daran, dass die fortschreitende Transnationalisierung wirtschaftlicher und politischer Beziehungen keinen Weltstaat entstehen ließ, sondern ganz im Gegenteil unzählige neue Nationalstaaten produziert hat. Die Anzahl souveräner Nationalstaaten hat seit 1988 um ein Fünftel zugenommen, so stark wie seit der Phase der Entkolonisierung nicht mehr. Und die Zahl könnte in Zukunft noch weiter ansteigen, wie die starken Unabhängigkeitsbewegungen in Katalonien und in Schottland zeigen. Hobsbawm spricht in diesem Zusammenhang von der «Balkanisierung der Welt»[160].

Die nationalstaatliche Segmentierung der Welt wiederum bestimmt auf vielen Ebenen das Bewusstsein der Menschen. Das Individuum kann sich nur über die Mitgliedschaft in einem nationalen Kollektiv, über die Identifikation mit einem bestehenden Nationalstaat (oder die Einrichtung eines neuen «eigenen» Staates) zum Anspruchsberechtigten in der Weltmarktkonkurrenz erheben. Die Nation stellt das «politische Korrelat»[161] zur Weltmarktkonkurrenz dar. Das Wohlergehen des nationalen Kollektivs in seiner institutionalisierten Form, dem Nationalstaat, ist nicht nur von subjektiver Bedeutung für diejenigen, die sich ihm zugehörig fühlen, sondern hat auch ganz konkret materielle Auswirkungen auf seine Mitglieder aufgrund deren Abhängigkeit von den Nationalökonomien. Dies fördert einerseits die Loyalität zur Nation, andererseits werden hierdurch ausgrenzende Praktiken als Mittel des nationalen Konkurrenzkampfes legitimiert. Dies wird besonders deutlich im Standortnationalismus. In ihm verbindet sich «die traditionelle ‹Sorge um das [...] Vaterland› mit dem neoliberalen Fetisch ‹internationaler Wettbewerbsfähigkeit›»[162]. So erscheint er als rationale und zugleich legitime Reaktion auf die verschärfte Weltmarktkonkurrenz. Im Kern aber entspricht er der chauvinistischen Verteidigung nationaler Interessen, die in der Vergangenheit

160 Hobsbawm 2009: 86
161 Kröll 1995: 169
162 Butterwegge 1998: 140

mit «rassischer» und bis heute mit kultureller oder zivilisatorischer Überlegenheit legitimiert werden. Die Verteidigung des Wirtschaftsstandortes bedeutet «nichts anderes als quasireligiöse Anrufungen des Nationalen, zeitgemäße Revitalisierungen des Nationalismus unter den Insignien von Lap Top, High Tech und mittelständischem Ferntourismus»[163]. Der Standortnationalismus erfüllt dabei die ewig gleiche Funktion des Nationalen: Die Identifikation mit der Nation (bzw. in diesem Fall dem Standort) soll die Leistungs- und Opferbereitschaft der Bevölkerung für das höhere, überindividuelle Ziel sicherstellen und zugleich die innergesellschaftlichen Gegensätze, Konflikte und sozialen Ungleichheiten im nationalen «Wir» einebnen.

Die historische Entwicklung zeigt: Je internationaler die Ökonomie wird, desto wichtiger wird das Nationale als Differenzkriterium. Claussen spricht in Bezug auf den Prozess der Globalisierung von einem «Jahrhundert der Vereinheitlichung [...], in dem gesellschaftliche Gleichzeitigkeit durch nationale Differenzierung hergestellt worden ist»[164]. Der von vielen Autor:innen vorhergesagte Bedeutungsverlust der Nationalökonomien und damit der Nationalstaaten hat sich nicht eingestellt. Ganz im Gegenteil zeigte die Wirtschaftskrise zu Beginn des 21. Jahrhunderts, dass die Transnationalisierung des Kapitals nichts an der Relevanz der Nationalökonomien für die einzelnen Gesellschaften verändert hat. Trotz ihres internationalen Charakters betraf die Krise die einzelnen Nationalstaaten in unterschiedlichster Weise. Während einzelne Länder (Portugal, Griechenland, Spanien) in eine jahrelange Rezession rutschten, konnten andere Staaten (Deutschland) aus der Krise sogar gestärkt hervorgehen.[165] Unabhängig aller inter-, trans- und supranationalen Institutionen stellt die Nationalökonomie als «politische Bewegungsform der kapitalistischen Weltökonomie»[166] weiterhin diejenige Kraft dar, von der maßgeblich die sozialen und in der Folge politischen Verhältnisse der mit ihr verbundenen Gesellschaften abhängen.

Nationalökonomien und der Nationalstaat als der politische Rahmen sind also weiterhin die tragenden Pfeiler der globalen

163 Kröll 1995: 162

164 Claussen 2000a: 176

165 Hieran lässt sich zugleich aufzeigen, dass die Einrichtung der EU die nationalstaatliche Konkurrenz zwischen ihren Mitgliedsstaaten bis heute nicht aufgehoben hat.

166 Kröll 1995: 169

Ökonomie. Was jedoch im Rahmen der sogenannten Globalisierung – und ebenfalls in der Krise der 2010er Jahre – deutlich wird, ist ein Souveränitätsverlust der Nationalstaaten im politischen Sinne. Die Transnationalisierung des Kapitals führt dazu, dass sich die Ökonomie zunehmend dem Einflussbereich der Regierungen entzieht. Diese Selbstentmündigung haben die Staaten durch Einführung und Umsetzung neoliberaler Strategien dabei zum Teil selbst in die Wege geleitet. Regierungen reagieren inzwischen nur noch auf den Markt, der nicht als ein System menschlicher Beziehungen angesehen, sondern als Naturgesetz fetischisiert wird, und fügen sich seinen Gesetzen, anstatt ihn durch Gesetze zu steuern. Sämtliche Regierungsmaßnahmen als Reaktion auf die Wirtschaftskrise zu Beginn des 21. Jahrhunderts waren von dem erklärten Ziel geleitet, «die Märkte zu beruhigen». Die offenbarte Ohnmacht der Politik gegenüber der Ökonomie beruht aber nicht nur auf der verzerrten Wahrnehmung des Marktes, sondern zugleich auf dem internationalen Charakter der Ökonomie und den damit verbundenen Abhängigkeiten, die die Handlungsfähigkeit einzelner Regierungen faktisch enorm beschränken. Überdeutlich wurde dies im Falle Griechenlands, wo sich die gewählte Linksregierung im Jahr 2015 letztendlich der neokolonialen Erpressung durch Deutschland und die Troika beugen musste. Man sollte diese Entwicklung jedoch nicht als Beleg für einen allgemeinen Bedeutungsverlust der Nationalstaaten werten. Selbst als «leere Hülle» stellt der Nationalstaat weiterhin ein notwendiges Strukturelement des globalen Kapitalismus dar. Viele Autor:innen haben jene Differenz vernachlässigt und fälschlicherweise den Verlust politischer Souveränität gleichgesetzt mit der Auflösung des Nationalstaates als ökonomisches Strukturprinzip. Hobsbawm sah in diesem Sinne bereits 1991 die Eule von Minerva über den Nationen ihre Kreise ziehen, die das baldige Ende der Nationalismen ankündige. Kurz darauf wurden auf dem Balkan im Namen der nationalen Selbstbestimmung wieder Hunderttausende vertrieben und Zehntausende ermordet.

Tatsächlich stellt es sich genau andersherum dar: Je mehr der Nationalstaat an politischem Einfluss verliert, desto stärker wird die Anziehungskraft der Nation als natürlich wahrgenommene Gemeinschaft. Der politisch definierte Nationalstaat verliert seinen Inhalt, die Auflösung der Nation als «souveräne politische Gemeinschaft» im Sinne Andersons wird durch die Betonung des Ethnischen als Gemeinschaft stiftendes Merkmal der Nation kompensiert. Der Souveränitätsverlust im politischen Sinne verstärkt den Wunsch nach einem starken Nationalstaat, der die eigenen Bedürfnisse in der Weltgemeinschaft verteidigt.

Da sich die staatsbürgerliche nationale Zugehörigkeit als unbrauchbar gegenüber den Zumutungen des globalen Kapitalismus erwiesen hat, wird auf die ethnisch definierte nationale Zugehörigkeit als Abwehrstrategie zurückgegriffen. Hierdurch wird auch der Kreis derjenigen, deren Interessen der Nationalstaat verteidigen sollte, enger gezogen: «Je mehr die ökonomische Konkurrenz im Rahmen der ‹Standortsicherung› verschärft wird, umso leichter lässt sich die kulturelle Differenz zwischen Menschen unterschiedlicher Herkunft aufladen und als Ab- bzw. Ausgrenzungskriterium gegenüber Mitbewerber_innen um soziale Transferleistungen instrumentalisieren.»[167] Der Legitimationsverlust der Nationalstaaten als demokratische Institution stärkt das ausgrenzende Moment des Nationalismus. «Er ist deshalb so böse, weil er im Zeitalter der internationalen Kommunikation und der übernationalen Blöcke sich selbst gar nicht mehr so recht glauben kann und sich ins Maßlose übertreiben muss, um sich und anderen einzureden, er wäre noch substantiell.»[168] Ganz deutlich wird dies immer in Krisenzeiten, wenn die Ohnmacht gegenüber dem (selbst geschaffenen) Monster *Markt* offener als sonst zu Tage tritt. Das dann gerade in Deutschland, dem Krisengewinner, Mitte der 2010er Jahre über Monate hinweg rassistische Massendemonstrationen stattfinden und Flüchtlingsheime brennen, zeigt, dass Nationalismus und Rassismus keineswegs nur Phänomene der Abgehängten sind, sondern sich bereits aus der Angst vor dem Abstieg generieren. Die Situation in Griechenland war zwar für Deutschland von finanziellem und politischen Nutzen, hat aber zugleich die politische Macht des Kapitals bedrohlich nah vor Augen geführt. Das Versagen des Staates als Interessenvertretung seiner Bürger:innen und die damit einhergehende schwindende Anerkennung der politischen Nation als Bezugspunkt politischer Forderungen werden kompensiert durch die Betonung der Nation als überindividuelle Schicksalsgemeinschaft, als politischer Ausdruck der ethnischen Zugehörigkeit. Besonders in Zeiten zunehmender Unsicherheit und wachsenden Konkurrenzdrucks

167 Butterwegge 2011: 200f.
168 Adorno 1966: 108

wird damit die Forderung verbunden, dass sich der Nationalstaat wieder seiner ursprünglichen «ethnischen» Basis zuwenden und ihre Interessen verteidigen solle. Die populistische Aufrechnung, wie viel Geld der Staat für «Ausländer» und «Asylbewerber» ausgebe, anstatt es in das Sozialsystem (Kindergärten, Bildung, Gesundheitsversorgung – nur für die Eigenen, versteht sich) zu stecken, spricht eben jene nationalistische Sprache. Der Legitimationsverlust stärkt aber nicht nur den chauvinistischen staatstragenden Nationalismus, sondern stellt zugleich einen wichtigen Faktor für die Entstehung und Ausbreitung ethnonationalistischer separatistischer Bewegungen dar, nämlich dann, wenn diese ihre Interessen bzw. die der vorgeblich von ihnen vertretenen Gruppe im bestehenden Nationalstaat nicht (mehr) ausreichend vertreten sehen.[169]

5.4. Macht und Herrschaft

Eine der wichtigsten ideologischen Aufgaben des Nationalismus ist die Legitimation von Herrschaft. Zum Verständnis muss auch hier sein historischer Entstehungskontext betrachtet werden. Das «Zeitalter der Revolutionen» (Eric Hobsbawm) transformierte die Herrschaftsverhältnisse grundlegend. Die Legitimation von Herrschaft durch Zugehörigkeit zu einer bestimmten adligen bzw. königlichen Familie oder mit «Gottes Gnaden» hatte ihre gesellschaftliche Akzeptanz verloren. Es bedurfte neuer Rechtfertigungen für die Ausübung wirtschaftlicher und politischer Macht. Dies betraf besonders das aufstrebende Bürgertum, was auf der einen Seite großen Anteil am Niedergang der alten feudalen und absolutistischen Herrschaftsstrukturen hatte, zugleich aber spezifische Interessen innerhalb des Nationalstaates sowie auf internationaler Bühne verfolgte. Formell wurde die neue Legitimation von Herrschaft durch die Einführung demokratischer Strukturen (Bürgerrechte, Nationalversammlung, freie Wahlen etc.) und das – zu Beginn noch demokratisch verstandene – Prinzip der Volkssouveränität geschaffen.

Es war jedoch offensichtlich, dass die Parlamente, in denen mehrheitlich das Bürgertum als Träger der nationalen Bewegungen vertreten war, keineswegs der Zusammensetzung der

169 Siehe hierzu auch Loch/Heitmeyer 2001.

Gesellschaften entsprachen. Die Abgeordneten waren wirtschaftlich weitaus besser gestellt, als die große Mehrheit der Bevölkerung, die weiter unter Hunger und Armut litt. Die sichtbare soziale Ungleichheit zwischen den Volksvertretern und dem Volk, deren altertümliche Rechtfertigung («natürlich» und «gottgegeben») Erstere selbst mit abgeschafft hatten, bedurfte nun ihrerseits einer neuen Legitimation.

Die Umwälzungen in jener Zeit waren so grundsätzlich und zugleich die soziale Lage vielerorts so katastrophal, dass bald auch das Recht auf Eigentum als existenzieller Pfeiler des Bürgertums zur Disposition stand. Im Konvent der französischen Republik gab es hitzige Debatten, aus denen die Panik des Bürgertums sprach, dass nun mit der Revolution tatsächlich ernst gemacht wurde. So wurde das in allen Verfassungen aus dieser Zeit verankerte Recht auf Eigentum als Schutz der Allgemeinheit vor der gerade erst überwundenen Willkür feudaler und absolutistischer Herrschaft präsentiert, obwohl es diesen Zweck vornehmlich für die besitzenden Klassen erfüllte. Am pointiertesten hat wohl der kommunistische Schriftsteller Anatole France dieses «gleiche Recht für Alle» im Jahr 1894 beschrieben, als er von der «majestätischen Gleichheit des Gesetzes» sprach, die es «Reichen wie Armen verbietet, unter Brücken zu schlafen, auf den Straßen zu betteln und Brot zu stehlen».

In der Durchsetzung der bürgerlichen Gesellschaft wurde durch die Festschreibung aller Bürger:innen als «freie und gleiche» Menschen die real existierende Ungleichheit, die das Produkt eines Jahrhunderte langen Prozesses der gewaltsamen Aneignung (Raub, Vertreibung, Krieg, Sklaverei, Ausbeutung usw.) war, zur fortwährenden Grundlage der Gesellschaftsordnung gemacht. Dieser grundlegende Widerspruch im bürgerlichen Konzept von Freiheit und Gleichheit zwang die neue herrschende Elite, ihr politisches Handeln, welches ihrem spezifischen bürgerlichen Interesse entsprach, rational zu rechtfertigen. Sie legitimierte ihre Herrschaft, indem sie *ihre* Interessen als *nationales* Interesse und damit letztendlich als das ganz persönliche Interesse jedes Mitglieds der Nation darstellte. Horkheimer beschreibt den realen Zusammenhang von Allgemeinem und Partikularem in der Nation wie folgt: «Der Nationalismus steht im Gegensatz zum Wohl der Gesellschaft, obwohl er das Wohl des Ganzen als seine Parole ausgibt».[170]

170 Horkheimer 1988: 334

«Daß das Ganze die Nation sei, ist reine Ideologie» so Horkheimer weiter. Diese Ideologie ist es aber, die die Menschen innerhalb der Nation zusammenhalten lässt und sie dazu bringt, sich für die «Schicksalsgemeinschaft» aufzuopfern. Die Legitimation von Herrschaft und ihre Vermittlung als nicht-herrschaftliche Beziehung zwischen Gleichen stellt eine der grundlegenden Funktionen von Ideologie in abstrakten Herrschaftsverhältnissen dar. Aus diesem Grund war und ist die organisierte nationale Identitätsbildung durch Wehrpflicht, Schulsystem, Symbole, Bräuche und Traditionen von solch großer Bedeutung. Claus Gatterer bezeichnete in diesem Zusammenhang Schulen als «nationale Schützengräben». Die Identifikation mit der Nation wird sowohl durch Kampagnen (*Du bist Deutschland*) und Anrufungen an die nationale Solidarität (*Gürtel enger schnallen*) explizit *gefordert* als auch implizit durch nationale Alltagssymbolik *gefördert*. Der demokratische Nationalstaat ist darauf angewiesen, dass die Mehrheit der Bevölkerung sich mit dem Ganzen identifiziert und zugleich in ständiger Sorge um das Kollektiv ist.

Im säkularen Zeitalter der Nation ist die Angst vor dem Jenseits der Angst vor dem Diesseits gewichen. In der vormodernen Zeit war die Religion das bindende Element der Gesellschaft, die trotz allen Unrechts, aller Gegensätze und Ungleichheiten aufgrund des gemeinsamen «göttlichen Schicksals» von den Menschen als Gemeinschaft angesehen und akzeptiert wurde. Ein Aufbegehren gegen die *gesellschaftliche* Ordnung galt als Verstoß gegen die *göttliche* Ordnung und unterlag daher einem doppelten Sanktionsmechanismus: auf objektiver Ebene in der realen Verfolgung von «unsittlichem» Verhalten, auf subjektiver Ebene in der dem Verhalten vorgelagerten Selbstsanktionierung, die sich in vorauseilendem Gehorsam ausdrückt. Auf dieser Ebene, der abstrakten Angst vor dem Fegefeuer oder Gottes Zorn, wird Herrschaft verinnerlicht und bedarf keines direkten Zwangs oder konkreter angedrohter Gewalt mehr. In demokratischen Verhältnissen muss, alleine schon um der Bezeichnung «demokratisch» gerecht zu werden, die zweite Ebene im Vordergrund stehen. Die Legitimation von Herrschaft bzw. die Verschleierung ihrer Fortexistenz «erfüllt Ideologie [...] in der bürgerlichen Gesellschaft am besten als objektiver Schein, d. h. keineswegs als bewußte Manipulation, Lüge oder Propaganda»[171].

171 Herkommer 1999: 6

Die religiöse Vorstellung eines den konkreten Menschen außenstehenden Herrschaftsverhältnisses wurde, nachdem die Aufklärung ihre Grundlagen zerstört hatte, durch das rationale Prinzip der Nation ersetzt. Damit die Nation die Religion in ihrer Herrschaft legitimierenden Funktion ersetzen konnte, musste sie sich ethnisch und mythisch aufladen bzw. aufgeladen werden, was eine Motivation des beschriebenen «offiziellen Nationalismus» der Eliten war. Durch die Vorstellung der Nation als vorpolitische, überindividuelle Gemeinschaft, als natürliche Bindung, wird sie, «unabhängig von realer Ungleichheit und Ausbeutung, als ‹kameradschaftlicher› Verbund von Gleichen verstanden»[172]. Hierdurch erscheint die nationale Herrschaftsbegründung – im Namen und zum Wohl der Nation – nicht nur glaubwürdiger, sondern sie wird letztendlich hinfällig. Das Eintreten für die Nation erscheint als loyale Handlung im Dienste der Gemeinschaft, der man von Geburt aus zugehörig sei. «Gerade weil solche Bindungen nicht bewußt eingegangen werden, erhalten sie den hehren Schein, hinter ihnen steckten keine Interessen.»[173] Die Nation als «Volksgemeinschaft der Unfreien und Ungleichen»[174] löst die gesellschaftlichen Widersprüche auf. Durch den vermeintlich natürlichen und überzeitlichen Charakter der Nation als Grundlage des Nationalstaates entzieht sich dieser zudem jeglicher grundlegender Kritik: «Bestehende gesellschaftliche Strukturen und Herrschaftsverhältnisse erhalten durch die Rückführung auf eine kollektive Geschichte die Aura des Ewigen und Unveränderlichen, das jeder rationalen Rechtfertigung und Kritik entzogen ist.»[175] Kritik kann und wird nur innerhalb des nationalstaatlichen Rahmens geäußert. Die Auflösung des Konstruktes steht nicht zur Debatte.

Zusammengefasst dient der Nationalismus also «der Herstellung bzw. Sicherung von Herrschaftsverhältnissen politischer und ökonomischer Art in modernen Gesellschaften».[176] Die von «oben» forcierte und von «unten» dankbar angenommene Herstellung eines Wir-Gefühls schafft Loyalität und legitimiert Herrschaft. Hierin besteht – bis heute – eine der wesentlichen Funktionen der nationalistischen Ideologie. Ohne Loyalität, Op-

172 Anderson 1988: 17
173 Ebd.: 144
174 Adorno 1959: 562
175 Eickelpasch/Rademacher 2004: 69
176 Meyer 2007: 79

ferbereitschaft und die Überzeugung, dass wir alle in einem Boot sitzen, wären weder Kriege zu führen noch die Mehrheit der Menschen dazu bereit, Steuererhöhungen oder Urlaubs- und Lohnkürzungen zu akzeptieren. Der Nationalstaat als Wirtschaftsstandort ist auf jene nationale Identität angewiesen, was auch durchaus offen propagiert wird. *Wirtschaftsfaktor Patriotismus. Vaterlandsliebe in Zeiten der Globalisierung,* so der Titel eines Buches, das der damalige geschäftsführende Redakteur des *Manager-Magazins*, Henrik Müller, im Jahr 2006 veröffentlichte. Der Nationalismus ist das «psychologische Rauschgift» (Max Horkheimer), das im modernen Zeitalter die Religion als Herrschaftsinstrument ersetzt. Die Identifikation mit dem nationalen Kollektiv ist aber keineswegs nur Schein und Trug im Dienste der Herrschenden, sondern besitzt auch ihren wahren Kern. Denn wenn es dem eigenen Nationalstaat als dem Ganzen finanziell schlecht geht, wirkt sich dies tatsächlich früher oder später konkret auf die eigene persönliche Situation negativ aus. Wirtschaftliche oder politische Erfolge des Nationalstaates hingegen werden nur zu einem vergleichsweise geringen Teil auf die Bevölkerung umgelegt und begünstigen in der Regel einige wenige, was die These der Nation als moderne politische Religion stützt. Menschen sind selbst dann bereit, große Opfer für die Nation zu bringen, wenn sich durch ihre Opferbereitschaft und Leidensfähigkeit keine konkreten Veränderungen zum Positiven einstellen oder gar wenn diese überhaupt nicht für die eigene Lebenszeit erwartet werden. Damit Menschen sich für die Nation aufopfern und einschränken, «muß Nation Wert an sich sein, unabhängig von ihrer Relation auf die Menschen»[177].

5.5. Politische Religion der Moderne

Dass die Nation zum «Wert an sich» werden konnte, wie Adorno schreibt, liegt ebenfalls in den gesellschaftlichen Umbrüchen im Übergang zur Moderne begründet. Die gesellschaftliche Modernisierung betraf alle Bereiche des Lebens und führte zu einem tiefgreifenden sozialen Wandel. Die gewohnten Familien- und Gesellschaftsstrukturen wurden aufgelöst, aus Gemeinschaft wurde Gesellschaft. Die Entfremdung von der eigenen Arbeit wurde durch die Industrialisierung vorange-

177 Adorno 1964a: 152

trieben und universalisiert.[178] Im Zuge der Aufklärung und der Durchsetzung des rationalen Weltbildes wurde im Prozess der Säkularisierung die Religion ihrer Ordnung stiftenden Funktion zum größten Teil beraubt und als *beliefs* in den privaten Sektor verbannt. An die Stelle der Religion und der Vorstellung des Menschen als von Gott geschaffenem Wesen, dessen weltliches Ende nur zwei Varianten (Himmel oder Hölle) kannte, traten nun Naturbeherrschung durch Technik und aufgeklärte Individuen, die sich selbstständig eine rationale Ordnung schufen. Es fand eine «Entzauberung der Welt» statt, eine Erosion der bekannten gesellschaftlichen Ordnungsmuster.[179]

Mit dem weitgehenden Ende der Religion als gesellschaftliches Ordnungs- und Erklärungssystem entstand ein Vakuum, das auf «totalisierende Sinnstiftung, Zusammengehörigkeitsbewusstsein, also auf Identitätskonstruktion zur Auffüllung wartet»[180]. Der Nationalismus eignete sich hierfür hervorragend. Die durch Aufklärung und die Durchsetzung des rationalen Weltbildes vorangetriebene unangenehme Erkenntnis der realen Bedeutungslosigkeit des eigenen Daseins wird durch die Einbettung des Einzelnen per Geburt in den *melting pot* Jahrhunderte alter nationaler Mythen, Traditionen, Geschichte und Kultur aufgefangen – man wird Teil eines überzeitlichen Kollektivs; diese Zugehörigkeit beginnt weit vor der Geburt und endet noch nicht einmal mit dem Tod. Diese quasi-religiöse Funktion zeigt sich bei manchen nationalistischen Bewegungen exemplarisch an Todesanzeigen: Bei verstorbenen «Angehörigen» wird das christliche Kreuz durch die jeweilige nationale Symbolik ersetzt, so zum Beispiel durch die *Lauburu* im Baskenland oder durch germanische Runen bei völkischen Bewegungen in Deutschland. Der Nationalismus «hilft dem Einzelnen in seiner Einsamkeit und Verlorenheit dadurch, daß er ihm das Bewußt-

178 John Steinbeck beschreibt in seinem Roman *Früchte des Zorns* am Beispiel der nordamerikanischen Landbevölkerung auf beeindruckende Weise den Zerfall bisheriger Sozialstrukturen und den Prozess der Entfremdung.

179 Hier wird vorrangig die Entwicklung sogenannter westlicher Gesellschaften beschrieben, in deren Folge Nation zum «Letztwert» (Dieter Langewiesche) wurde. Ohne Zweifel gibt es bis heute Gesellschaften, in denen Religion weiterhin das hauptsächliche Sinn und Ordnung stiftende System darstellt und oberste Loyalität einfordert. Diese müssen differenziert betrachtet werden.

180 Kröll 1995: 166

sein gibt Teil eines Großen, Wertvollen, Mächtigen zu sein»[181]. In dem Lied *Waving Flag*, dem offiziellen Song zur Fußballweltmeisterschaft 2010, wird diese alltagsreligiöse Funktion anschaulich: «Give me freedom, Give me fire, Give me reason, Take me higher», heißt es dort in einer Textzeile.

In dem Konzept der Nation verbinden sich dabei die irrationalen, quasi-religiösen Elemente ethnischen Gemeinschaftsglaubens mit der Vorstellung einer historisch gewachsenen, politischen – und damit rational begründeten – Gemeinschaft. Diese spezifische Vorstellung von Nation bietet Menschen die Möglichkeit, Teil von etwas Übergeordnetem und Überzeitlichem zu sein, ohne dass dieser Mythos unter den Verdacht des Aberglaubens fällt und dem rationalen Anspruch der aufgeklärten bürgerlichen Gesellschaft widerspricht. Diesen Widerspruch in sich zu vereinen und scheinbar aufzulösen macht den Charakter des Nationalismus als säkulare Religion aus. Dieser Doppelcharakter der Nation ist ein weiterer Grund für ihre Dominanz gegenüber anderen vermeintlich natürlichen Gruppenzugehörigkeiten in den letzten zwei Jahrhunderten.

Mit dem Bedeutungsverlust der Religion als grundlegendes gesellschaftliches Ordnungsmuster ging auch ihre Funktion zur Erklärung und Rechtfertigung gesellschaftlicher Missstände verloren. Die mit der bürgerlichen Gesellschaft verbundenen Versprechen von Freiheit und Gleichheit, Glück und Gerechtigkeit wurden jedoch nur sehr begrenzt eingelöst. Hunger und Armut bestanden für die Masse der Menschen auch nach den bürgerlichen Revolutionen fort, von der niedergeschriebenen Freiheit und Gleichheit erfuhren die Menschen in ihrem Alltag wenig. Das Leiden hatte nicht aufgehört, es verlor nur seinen Sinn. Durch die Transformation der Herrschaftsverhältnisse gab es zudem keine Schuldigen mehr, die durch direkte Ausbeutung und Willkür das Leid verursachten. Die Schuld für ihre persönliche Situation lag fortan bei den Menschen selbst, die offenbar die Möglichkeiten der freien und rationalen Ordnung nicht für ihre Zwecke nutzen konnten. Darüber hinaus widerlegte die persönliche Erfahrung das Versprechen des Liberalismus, eigene Anstrengung und Leistung führten zu Erfolg. Der Widerspruch zwischen formeller Freiheit und Gleichheit und erfahrener Unfreiheit und Ungleichheit, sowie das stets aufs Neue gebrochene liberale Versprechen von der individuellen Autonomie bedurfte

181 Horkheimer 1988: 338

neuer Erklärungsmuster, die im Einklang mit dem aufgeklärten und rationalen Weltbild standen. «Die bürgerliche Gestalt von Rationalität bedarf von je irrationaler Zusätze, um sich als das zu erhalten, was sie ist, fortwährende Ungerechtigkeit durchs Recht.»[182] Die Nation und die Ethnisierung gesellschaftlicher Differenz stellen die bedeutendsten jener irrationalen Zusätze dar. Wallerstein zufolge entsprechen die drei eng miteinander verknüpften Kategorien «Rasse», «Nation» und «Ethnie» der Struktur der globalen Ökonomie: Die Ungleichheit zwischen Peripherie und Zentrum auf globaler Ebene werde durch die rassische Kategorisierung legitimiert, während der Nationalismus Ausdruck, Antrieb und Folge des Wettbewerbs *zwischen* den Staaten sei. Die Ethnisierung der Arbeiterschaft wiederum diene der Legitimation der Lohn- und Beschäftigungshierarchien *innerhalb* eines Staates.[183] Es wäre zu diskutieren, ob diese strikte funktionale Trennung einer näheren Betrachtung standhält. Entscheidend ist jedoch der damit verbundene Hinweis auf die Funktionalität zur Legitimation sozialer Ungleichheit und die objektiven Entstehungsbedingungen dieser ethnischen Grenzziehungen: «Die Ethnisierung oder der Begriff des Volks löst einen der fundamentalen Widersprüche des Kapitalismus: sein Bestreben, die Gleichheit in der Theorie mit der Ungleichheit in der Praxis zu vereinen.»[184] Das Bedürfnis nach nationaler Identität und die ethnisierte Wahrnehmung sozialer Ungleichheit sind Ausdruck der unvollendeten Befreiung von Zwang und Unfreiheit, des nicht eingehaltenen Glücksversprechens der bürgerlichen Gesellschaft.

5.6. Die Wahrheit des Nationalismus

Die missglückte Befreiung, der fortwährende Zwang in einer vermeintlichen freien Gesellschaft, bereitet den Boden, aus dem Ideologien erwachsen. Ideologien sind jedoch nicht nur Vorurteilsmuster oder falsches Bewusstsein, sondern zeichnen sich dadurch aus, dass in ihnen das Wahre und das Falsche verschränkt sind. Sie sind fiktiv und zugleich dennoch real und unterscheiden sich hierdurch von bloßen Vorurteilen oder bewuss-

182 Adorno 1964b: 42
183 Vgl. Wallerstein 1990
184 Ebd.: 104f.

ten Lügen. Ideologiekritik ist daher «als Konfrontation der Ideologie mit ihrer eigenen Wahrheit nur soweit möglich, wie jene ein rationales Element enthält, an dem die Kritik sich abarbeiten kann»[185].

Die Nation, auch wenn sie eine imaginierte Gemeinschaft darstellt, besitzt zugleich jenen wahren Kern, auf dem sich die Wirkmächtigkeit und Aufklärungsresistenz von Ideologien gründen. Denn trotz ihres fiktiven Charakters ist die Nation etwas durchaus Reales, sie ist eine «reale Fiktion»[186]. Die Nation existiert eben nicht nur im Kopf eines jeden, sondern sie ist eine soziale Realität, die sich in der Flagge am Rathaus ebenso ausdrückt wie im Personalausweis. Diese Tatsache ist ein nicht zu unterschätzender Aspekt, der in vielen dekonstruktivistischen Ansätzen vernachlässigt wurde und bis heute in der Kritik des Phänomens zu kurz kommt. Horkheimer hebt die Bedeutung des wahren Kerns des Nationalismus hervor: «Wenn im Nationalismus nicht ein Stück Wahrheit steckte, wären die Menschen auch nicht durch ihn zu manipulieren.»[187] Der wahre Kern des Nationalismus wird auf verschiedenen Ebenen wirkmächtig. Zum einen besteht er, wie Horkheimer sozialpsychologisch argumentiert, in dem «realen» Bedürfnis nach Gemeinschaft und einem Sinn des Lebens. Zugleich bekommt die Nation als vorgestellte Gemeinschaft durch den *banal nationalism*, die alltägliche, unbewusst wahrgenommene Manifestation des Nationalen, einen erfahrbaren und sichtbaren Inhalt. Den wahren Kern der Nation bekommt jeder Mensch aber vor allem durch die festgeschriebene nationale Zugehörigkeit mit all ihren Begleiterscheinungen direkt am eigenen Leibe zu spüren. Dazu gehören Pässe, Grenzen und Einreisebeschränkungen ebenso wie die Arbeitserlaubnis, das Wahlrecht und der Anspruch auf einen Kindergartenplatz. Der Glaube an die Nation manifestiert sich ganz real in den Institutionen moderner Staatlichkeit.[188]

Hier wird die dem Nationalismus immanente dialektische Verschränkung von Emanzipation und Unterdrückung offenbar. Erst *durch* die Unterordnung der Menschen unter das Zwangskollektiv Nation und die Anerkennung des Gewaltmonopols

185 Adorno 1954: 465
186 Claussen 2002: 29
187 Horkheimer 1988: 337
188 Der Prozess der Verdinglichung des Fiktiven in der Ideologie, wie ihn Althusser (1977) herausgearbeitet hat, wird in der Nation anschaulich: Die Idee materialisiert sich in der Institution.

sowie der damit verbundenen Zwänge emanzipieren sich die Menschen und bekommen Rechte. Dies liegt in der historisch engen Verbindung von Demokratie und Nationalstaat begründet.[189] Im demokratischen Staat konstituierte sich die Nation als Trägerin der Souveränität, dieser Nationalstaat wiederum stellte und stellt bis heute den Geltungsbereich der Bürgerrechte und den Rahmen der politischen Partizipation dar. Die Souveränität, die den Menschen hierdurch versprochen wird, wird ihnen aber zugleich von den unfreien Verhältnissen notwendigerweise vorenthalten. Nationale Zugehörigkeit ist aber nicht nur auf juristischer Ebene von Relevanz, sondern ebenso eine Frage gesellschaftlicher Akzeptanz und Gleichberechtigung. Sie «zielt nicht nur auf staatsbürgerliche Rechte, sondern auch auf das Recht, sich sozial, politisch, kulturell und geistig zu betätigen und zu entfalten».[190] In der Frage der Staatsangehörigkeit, der institutionalisierten nationalen Zugehörigkeit, wird ihre reale und zugleich existenzielle Bedeutung am konkretesten. Denn Staatenlosigkeit bedeutet zugleich Rechtlosigkeit für die Betroffenen, erst die offizielle Zugehörigkeit zu einer Nation macht die Menschen zu Rechtssubjekten.

Hannah Arendt betonte mit Verweis auf staatenlose Flüchtlinge in der Zwischenkriegszeit, dass die nationale Gemeinschaft stets besseren Schutz für die Menschen geboten habe, als die bloße Eigenschaft, Mensch zu sein: «Nun stellte sich plötzlich heraus, dass in dem Augenblick, in dem Menschen sich nicht mehr des Schutzes einer Regierung erfreuen, keine Staatsbürgerrechte mehr genießen und daher auf ein Minimum an Recht verwiesen sind, das ihnen angeblich eingeboren ist, es niemanden gab, der ihnen dieses Recht garantieren konnte, und keine staatliche oder zwischenstaatliche Autorität bereit war, es zu beschützen.»[191] Man muss gar nicht so weit in der Zeit zurück gehen, um dies beobachten zu können. Den Millionen Geflüchteten, die sich Mitte der 2010er Jahre vorrangig aus Syrien nach Europa aufmachten, wurden dort systematisch nicht nur die Bürger-, sondern auch ihre Menschenrechte vorenthalten. Diejenigen, die nicht aufgrund der Abschottungsmaßnahmen ertrunken waren, froren und hungerten zu Tausenden in provisorischen Lagern an den Außengrenzen der Europäischen

189 Ausführlicher hierzu siehe Jansen/Zepp 2021.
190 Rommelspacher 1992: 104
191 Arendt 1955: 605

Union – es gab keinen Staat und keine anerkannte Instanz, die sich für sie einsetzen würde oder könnte. Birgit Rommelspacher hebt den existenziellen Gehalt nationaler Zugehörigkeit hervor: «[Es] wird deutlich, daß nationale Identität nicht nur eine subjektive Definitionsfrage ist, welcher Kultur ich mich zugehörig fühle, welche Normen ich teile oder wo ich ein romantisches Bedürfnis nach Gemeinsamkeit stillen kann, sondern daß es in erster Linie darum geht, zu einer Gruppe zu gehören – und das ist seit dem 19. Jahrhundert bei uns die Nation –, die einem ein Existenzrecht verbürgt, die mehr oder weniger deutlich sagt, du hast ein Recht hier zu leben.»[192] Oder die einem aufgrund des «falschen» Passes eben jenes Recht verweigert.

5.7. Die nationale Weltordnung als zweite Natur

Bertolt Brecht schrieb in den Flüchtlingsgesprächen, dass der Pass «der edelste Teil von einem Menschen» sei und - «wenn er gut ist» - überall anerkannt werde, im Gegensatz zum Menschen selbst. Dass ein bedrucktes Stück Papier, wie im Fall von Brechts Protagonisten auf der Flucht vor den Nazis, über Leben und Tod entscheiden kann, wird – wie vielfältige andere Absurditäten, die mit der national eingerichteten Welt einhergehen – als Normalität angesehen. Das Nationale scheint die natürliche Ordnung der Menschheit zu sein. All die zahlreichen und ausführlichen Beschreibungen der historisch-gesellschaftlichen Entstehungsgeschichte der Nationen konnten diesem nationalen Gemeinschaftsglauben ebenso wenig anhaben wie der Nachweis ihrer sozial konstruierten Basis als vorgestellte Gemeinschaft. Selbst in der wissenschaftlichen Literatur zu dem Thema, die historisch richtig den Prozess der gesellschaftlichen Konstruktion der modernen Nation abbildet, sind immer wieder Stellen zu finden, in denen die Autor:innen selbst in die nationale Denkform zurückfallen und ein ethnisches bis völkisches Weltbild reproduzieren.[193] Hinzu kommen zahlreiche Bei-

192 Rommelspacher 1992: 104

193 Ein Beispiel unter vielen ist Peter Alter. Zuerst zeigt er in seinem Standardwerk *Nationalismus* (1985) die Unmöglichkeit der Bestimmung nationaler oder ethnischer Zugehörigkeit durch «objektive» Merkmale auf. Dann legt er jedoch selbst eine Tabelle über *Ethnische Zugehörig-*

spiele von Kritiker:innen des Nationalismus, die später selbst zu glühenden Verfechter:innen der nationalen Weltordnung wurden.[194]

Die Wirkmächtigkeit der nationalen Denkform, die sich dadurch auszeichnet, dass sich immer wieder «die Herrschaft (und das heißt [...] eine bestimmte Form gesellschaftlicher Praxis) gegen das bessere Argument durchsetzt»[195], ist oftmals schwer zu begreifen. Jener Aufklärungsresistenz lässt sich jedoch mit Hilfe der Ideologiekritik auf die Spur kommen. Denn eine wichtige Aufgabe moderner Ideologien besteht darin, gesellschaftlich Vermitteltes als etwas schon immer Dagewesenes zu präsentieren. «Die erste Funktion der Ideologie besteht im Vergessen ihres Ursprungs.»[196] Ganz besonders kommt diese ideologische Funktion im Nationalismus zum Tragen, da er nur auf diese Weise der Sinnstiftung und Herrschaftslegitimation dienen kann. Geschichtsrevisionismus und -vergessenheit sind daher untrennbare Kennzeichen jeder Nation und ihrer Mythen. Das Wesen der Nation als gesellschaftliches Verhältnis wird ebenso wie ihr historischer Ursprung als gedankliche Konstruktion vergessen und verdrängt. Stattdessen erscheint sie den Menschen als etwas Außenstehendes und Naturgegebenes. «Die Naturvorstellung wuchert in der *imagined community* an der leeren Stelle, die das Vergessen hinterlassen hat.»[197] Da die Nation *ist*, stellt sich die Frage gar nicht mehr, *was* die Nation ist. Anstatt als gesellschaftliches Verhältnis wahrgenommen zu werden, erstarrt sie zur «Zweiten Natur».

Die reale Herkunft der Nation und ihre mystifizierte Wahrnehmung stehen dabei in einem dialektischen Verhältnis zueinander. Durch ihr Denken und Handeln (re-)produzieren Menschen die Nation jeden Tag aufs Neue und nehmen zugleich das von ihnen Geschaffene als «Beweis» für die überhistorische und überindividuelle Existenz der Nation wahr. Die daraus resul-

---

keit der Bevölkerung Jugoslawiens 1971 vor, in der er die prozentuale ethnische Zusammensetzung des «Vielvölkerstaates» bestimmt.

194 Beispielhaft seien hier Tom Nairn, der zu einem glühenden Verfechter des schottischen Separatismus wurde, sowie Jürgen Elsässer, der Anfang der 1990er Jahre einer der wichtigsten Protagonist:innen der linksradikalen antideutschen Bewegung war und 20 Jahre später zu einem national-chauvinistischen Rechtspopulisten wurde, erwähnt.

195 Hauck 1992: 132

196 Georges Labica, zitiert nach Herkommer 1999: 6.

197 Claussen 2002: 29; Herv. i. Orig.

tierende nationale Denkform bestimmt wiederum das Handeln der Menschen. Wie Marx es herausgearbeitet hat, bestimmt das Sein das Bewusstsein. Das Sein, also die materielle Realität, besteht jedoch wiederum aus gesellschaftlicher Praxis, die aus diesem «notwendig falschen Bewusstsein» hervorgeht und es zugleich prägt.[198] Oder etwas einfacher ausgedrückt: «Die Welt ist nicht etwas an sich, sondern etwas, was jeden Augenblick geschaffen wird.»[199] Louis Althusser zitiert zur Veranschaulichung dieses Verhältnisses von Realität, Bewusstsein und gesellschaftlicher Praxis den Philosophen Pascal: «Knie nieder, bewege deine Lippen zum Gebet, und du wirst glauben!»[200] Auf den Nationalismus übertragen hieße das Beispiel folgendermaßen: «Steh auf, schwenke deine Fahne und deine Nation existiert!» Wenn, wie zum Beispiel während der Fußballweltmeisterschaft, hunderttausende Menschen auf öffentlichen Plätzen ihre Fahne schwenken und die Nationalfarben im Gesicht tragen, bekommt die Nation als vorgestellte Gemeinschaft einen realen Inhalt, sie wird zu einer kollektiven Erfahrung. Die kollektive Handlung des Fahnenschwenkens – und bereits die Tatsache, dass es diese Fahne gibt – wird als Ausdruck der Nation wahrgenommen, obwohl die Nation in Wirklichkeit ein Produkt dieser kollektiven gesellschaftlichen Praxis und der kulturellen Symbole ist. Fiktive Vorstellungen des Individuums sind also gleichermaßen real, «insofern seine Ideen seine materiellen Handlungen sind, die in materielle Praxen eingegliedert und durch materielle Rituale geregelt sind, die ihrerseits durch den materiellen ideologischen Apparat definiert werden, dem die Ideen dieses Subjekts entstammen».[201]

Die Verdinglichung, die Althusser hier hinsichtlich des religiösen Glaubens beschreibt, vollzieht sich in allen Ideologien, insbesondere jedoch im Nationalismus als der politischen Religion der Moderne. All das, was die Nation ausmacht – nationale Sitten, Bräuche und Rituale, Nationalhymnen und -fahnen, Sprachen, Pässe und Grenzen – sind Produkte menschlichen Handelns, die in einem spezifischen historischen und gesellschaftlichen Kontext entstanden sind und sich stetig verändern. In der nationa-

198 Die intellektuelle Anstrengung, der es bedarf, dieses Verhältnis theoretisch zu durchdringen, weist bereits auf die Schwierigkeit hin, es praktisch aufzulösen.

199 Horkheimer 1988 [1957]: 272

200 Althusser 1977: 138

201 Ebd.: 139

len Denkform jedoch gelten sie als beständige Grundkonstanten des nationalen Kollektivs, als Seele der Nation und überindividuelle Charaktereigenschaften der Gemeinschaft. Geschichte wird nicht als Abfolge menschlicher Handlungen wahrgenommen und dementsprechend gelten die aus ihnen resultierenden Verhältnisse (in diesem Fall die Nation) nicht als Produkte gesellschaftlicher Aktivität, sondern als Objekte der Naturgesetze. Gesellschaftlich Vermitteltes erscheint als etwas Natürliches, das sich selbst durch seine bloße Existenz bestätigt. Versuche der Aufklärung und Entmystifizierung stoßen dabei schnell an ihre Grenzen, denn die oben beschriebenen Institutionen der Nation existieren real und unabhängig davon, wie das Individuum zu ihnen steht. Diese realen Oberflächenphänomene verdecken die innere Organisation der Gesellschaft, in diesem Fall den fiktiven Charakter der Nation, und bringen die nationale Denkform als «notwendig falsches Bewusstsein» hervor. Hier zeigt sich die «Verselbständigung des ideologischen Apparates», wie es Herkommer in Anlehnung an Althusser formuliert.[202]

Zum Fortbestand dieser nationalen Realität bedarf es aber fortwährender gesellschaftlicher Praktiken, die jene nationalen Formen bewusst oder unbewusst reproduzieren. Aus diesem Grund sind die kontinuierliche kulturelle und nationale Selbstbestätigung sowie die Förderung nationalen Bewusstseins und nationaler Identität von solch großer Bedeutung für Nationalstaaten und nationalistische Bewegungen: «Zwar rechtfertigt sich der falsche Zustand fortwährend durch sein bloßes Bestehen, aber diese Botschaft muss uns immer wieder eingehämmert werden.»[203] In Bezug auf die Nation geschieht dies durch aggressive Kampagnen, die auf die Identifikation mit der Nation und nationale Solidarität abzielen, durch den subtileren *banal nationalism* und nationale Alltagssymbolik, sowie durch die Massenmedien, die uns tagtäglich erzählen, wer «für uns» eine Medaille geholt hat, wie viele «von uns» bei einem Unglück ums Leben gekommen sind und wie der deutsche Aktienindex steht. Der Nationalismus bedarf «des massenpsychologischen Apparats als nie stillstehenden Motor»[204].

Durch diesen kontinuierlichen, bewusst wie unbewusst forcierten Prozess des geistigen *nation building* wird die Wahr-

202 Herkommer 1999: 7
203 Schweppenhäuser 1990: 56
204 Horkheimer 1988: 89

nehmung fortwährend nach ethnischen und nationalen Kriterien differenziert und dem Bewusstsein eine Ordnung gegeben. Hieraus resultiert die Hegemonie der nationalen Denkform, die unbeeindruckt von wissenschaftlicher Kritik und den globalen Transformationen zweier Jahrhunderte, zwar nicht unverändert, aber ungebrochen fortbesteht. Im Bewusstsein spiegeln sich nicht die konkrete Erfahrung und gesellschaftliche Realität, sondern das Bewusstsein selektiert und strukturiert die Wahrnehmung.[205] Diese soziale Konstruktion von Wirklichkeit macht die Kritik an ihrer ideologisch verzerrten Wahrnehmung so schwierig. Die fortwährende Bedeutung der nationalistischen Ideologie zeigt die Grenzen der Aufklärung auf.

5.8. Ethnisierung des Sozialen

Nationalismus als Ideologie ethnischer Identifikation ist Teil des fortschreitenden Prozesses der Ethnisierung gesellschaftlicher Differenz. Dieser Prozess, in dem ethnische Kategorien als Erklärungsmuster für soziale und politische Konflikte verwendet werden, ist weltweit und in zunehmendem Maße zu beobachten.[206] Zum Verständnis der Wirkmächtigkeit sowie der ideologischen Funktionalität des Nationalismus in modernen Gesellschaften ist eine allgemeinere Betrachtung der Wirkungsweise des ethnischen Abstammungsglaubens nötig, der auch in der nationalen Denkform seinen Ausdruck findet.

5.8.1. Ethnische Identität als Antwort auf die Zumutungen der Moderne

Ethnie und Nation (ebenso wie Volk, Kultur und «Rasse») sind imaginierte Gemeinschaften, «Artefakte der modernen politischen Kollektivität»[207]. In diesen Kategorien drückt sich eine vermeintlich ursprüngliche Verfasstheit von Gesellschaften aus, die der Strukturierung der undurchsichtigen gesellschaftlichen Realität dient. Sie entsprechen dem «zwanghaften Drang [...],

205 Aus diesem Grund treffen Klischees auch stets zu.

206 Ausführlicher zum Prozess der Ethnisierung des Sozialen siehe Claussen et al 2000, Groenemeyer/Mansel 2003 und Büschges/Pfaff-Czarnecka 2007.

207 Berghoff 1999: 161

der Wirklichkeit sinnhafte Ordnung zu geben»[208]. Je weniger in der Wirklichkeit noch ein Sinn auszumachen ist, umso größer wird die Bedeutung dieser Identifikationsmuster. «Die Kategorie der ‹nationalen Identität› führt Sinn in die Gesellschaft ein, der durch die Geschichte infrage gestellt wird.»[209] Als vermeintlich natürliche und überindividuelle Kategorien erfüllen Ethnie und Nation gleiche bzw. komplementäre ideologische Funktionen. Als Kategorien kollektiver Subjektivität wirken sie nach innen integrierend und sinnstiftend, als Fixpunkt in der komplexen Moderne. Als Kategorien sozialer Grenzziehung dienen sie der Selbstverortung sowie der Rechtfertigung und Erklärung bestehender Ungleichheit. Die Ethnisierung sozialer und politischer Zusammenhänge stellt eine gesellschaftliche Verarbeitung der tiefgreifenden Umbrüche dar, die seit dem Ende des Zweiten Weltkrieges und ganz besonders nach dem Ende des *short century* stattgefunden haben: «Menschliche Gesellschaften, und die sozialen Beziehungen in ihnen, erlebten innerhalb der Lebenszeit von Menschen, die gerade mal mittleres Alter erreicht haben, eine Art ökonomisches, technologisches und soziologisches Erdbeben. Nie zuvor hat es etwas Vergleichbares in der Weltgeschichte gegeben, [...] dies sind keine lokalen oder regionalen Veränderungen, sondern globale – auch wenn ihre konkreten Auswirkungen von Land zu Land variieren.»[210]

Seit der Niederschrift dieser Beobachtung zu Beginn der 1990er Jahre haben die gesellschaftlichen Transformationen, nicht zuletzt durch die Digitalisierung der Kommunikation und der Massenmedien, nochmals an Geschwindigkeit und Tiefe zugenommen. Die Welt ist zu einem globalen Dorf geworden. Gleichzeitig ist die globale Gesellschaft im 21. Jahrhundert so kompliziert und widersprüchlich wie nie zuvor. Es ist kaum noch festzustellen, geschweige denn konkret erfahrbar, wer die Verantwortung für die eigene Kündigung, die Ausbeutung von Kindern auf Kaffeeplantagen oder den Bombenabwurf in einem entfernten Land trägt. Die hier offen zutage tretende Ohnmacht, die wenig moralische Handlungsmöglichkeiten zulässt, wird durch die Unbeständigkeit der Moderne verstärkt. Die Verhältnisse entwickeln sich so rasant weiter, dass kaum Zeit zur

208 Berger 1988: 23
209 Claussen 2002: 34
210 Hobsbawm 1992b: 56f.

Reflexion und bewusster Entscheidung bleibt, will man nicht von der Entwicklung abgehängt werden. Um diesem stetig drohenden Orientierungsverlust im Alltagsleben entgegenzuwirken, wird sich der Kultur und Herkunft als identifikatorischer Rahmen zugewandt.

Der Prozess der Ethnisierung wird durch ein weiteres Charakteristikum der Globalisierung verstärkt, das Hobsbawm im obigen Zitat bereits andeutet. Denn die Globalisierung bedeutet zwar eine Zunahme globaler Gleichzeitigkeit, jedoch keineswegs eine globale Angleichung der Lebensverhältnisse. Vielmehr muss von einer Globalisierung der sozialen Ungleichheit gesprochen werden. Im globalisierten Kapitalismus sind zwei Drittel der Weltbevölkerung marginalisiert. Das globale Vermögen konzentriert sich zu 85 Prozent auf die «oberen» zehn Prozent, während die «untere» Hälfte der Weltbevölkerung gerade mal ein Prozent auf sich versammelt. Über zwei Milliarden Menschen, ein Drittel der Weltbevölkerung, müssen von weniger als zwei US-Dollar am Tag leben, die Zahl der Hungernden nimmt seit 2008 wieder zu. Armut und Hunger konzentrieren sich dabei auf Südasien, Afrika und den pazifischen Raum. Parallel dazu sind ganze Staaten und Regionen vom Welthandel ausgeschlossen. Der Kapitalismus hat sich zweifelsohne über nationale und kulturelle Grenzen hinweg als das global vorherrschende ökonomische System durchgesetzt, sowohl die Produktion als auch das Kapital und die damit zusammenhängenden Institutionen haben sich globalisiert.

Dies ging jedoch keineswegs mit einer gleichen oder gar gleichberechtigten Teilhabe der Weltbevölkerung an der Globalisierung einher, die Menschen sind in sehr unterschiedlichem Maße von dem Prozess betroffen: Diejenigen, die am wenigsten davon profitieren, leiden am meisten unter seinen negativen Auswirkungen. Die ungleiche soziale Entwicklung bei gleichzeitiger politischer und ökonomischer Angleichung verstärkt die Unsicherheit und das Bedürfnis nach Halt gebender Gemeinschaft. Dies verändert zugleich das Verhältnis zur Nation. Auch wenn, wie gezeigt wurde, das staatsbürgerliche Verständnis von Nation die wenigste Zeit als identifikatorische Grundlage der nationalen Identität diente, gewinnt nun das ethnische Moment an zusätzlicher Bedeutung: «Der Prozess, der Bauern zu Franzosen und Einwanderer zu amerikanischen Staatsbürgern machte, kehrt sich heute um und lässt umfassendere nationalstaatliche Identitäten zerfallen in selbstbezügliche Gruppenidentitäten.»[211] Ethnische Identifikation ist in diesem Sinne auch als rückwärtsgewandtes Aufbegehren gegen die Zumutungen der globalisierten Moderne zu verstehen, vor denen das politische Konzept der Nation offenbar keinen Schutz bieten kann.

An der Ethnisierung des Sozialen zeigt sich die soziale Desorientierung, die nicht nur den Zerfall der feudalen Strukturen im 18. und 19. Jahrhundert kennzeichnete, sondern ebenso den Legitimationsverlust der bürgerlichen Gesellschaft und den Zusammenbruch des «real existierenden Sozialismus» im 20. Jahrhundert. Soziale Bindungen und traditionelle Gemeinschaftsformen sind in modernen Konkurrenzgesellschaften beständiger Zerstörung ausgesetzt, während zugleich nach dem «Ende der Geschichte» der Kapitalismus alternativlos erscheint und emanzipative Utopien gesellschaftlicher Veränderung als sinnstiftende Identifikationsmuster ausgedient haben. Übrig bleibt «das Gefühl von Ethnizität als letzter Gewissheit»[212]. Ethnizität ist ebenso wie der Nationalismus nicht antagonistisch zur Modernisierung, kein Überbleibsel aus den Tagen vor der Aufklärung oder ein bloßer Rückgriff auf Vergangenes.

Ganz im Gegenteil haben diese Phänomene ihren Ursprung in der gesellschaftlichen Modernisierung, die sich durch die Ökonomisierung sämtlicher Lebensbereiche auszeichnet und damit die Menschen zu Objekten der Ökonomie degradiert, die nur noch als ausführende Kräfte oder Hindernisse ihrer weiteren Entwicklung von Bedeutung sind. Es wird immer offensichtlicher (ganz besonders in Krisenzeiten), dass der Kapitalismus unentwegt «Überflüssige» produziert und die Menschen nur noch «Anhängsel» des Produktionsprozesses (Marx) sind. Je größer die daraus resultierende Ohnmacht, je bedrohter und isolierter sich der und die Einzelne im globalisierten Kapitalismus fühlt, desto mehr sehnen sich die Menschen nach Sicherheit in Form «naturgegebener» Zugehörigkeiten, nach einer Identifikation mit dem sozialen Umfeld, das vorrangig in kulturellen und nationalen Mustern wahrgenommen wird. Horkheimer beschrieb diese Entwicklung bereits in den 1960er Jahren: «Je weniger das Individuum im bürgerlichen Sinne noch eine Funktion hat», desto größer werde das Bedürfnis

211 Hobsbawm 2009: 95
212 Claussen 2000b: 39

nach Gemeinschaft.[213] Hierin liegt der globale Erfolg der Rechten begründet: In einer Welt, in der nichts mehr sicher scheint, weder das Geld auf der Bank noch der Arbeitsplatz oder der Familienzusammenhang, vermittelt sie «das Bild einer sicheren Festung»[214] durch Nation, «Rasse» oder auch Geschlecht (oder genauer: Männlichkeit). Die Attraktivität dieser Naturkollektive ergibt sich aus ihrem Charakter als «unkündbare» (Bini Adamczak) Solidar- und Anspruchsgemeinschaften im Angesicht immer prekärer werdender Verhältnisse und zunehmender Konkurrenz. Die Zugehörigkeiten zu diesen als naturgegeben wahrgenommenen Kollektiven gilt als nicht verhandelbar, da sie – und die damit verbundenen Privilegien – den Mitgliedern qua Geburt zustehen. Heitmeyer spricht von «Identitätsankern»[215], an die sich die Menschen klammern. Die darauf aufbauende kollektive Identität dient als Schutzraum gegenüber der Unsicherheit und Unbeständigkeit der Moderne, sie bindet die Menschen im Konkurrenzkampf aneinander, und wird zugleich gegen die Konkurrenz in Stellung gebracht.

5.8.2. Nationalismus als notwendig ethnisches Bewusstsein

Das Bedürfnis nach Gemeinschaft, nach einer unkündbaren Zugehörigkeit zu einem vermeintlichen Naturverband können verschiedene «Identitätsanker» erfüllen. Jedoch sind gewisse ideologische Funktionen der Nation bzw. der nationalen Identität vorbehalten, aufgrund der Realität der nationalen Ordnung der Welt. Wenn z.B. eine gefühlte ethnische Zugehörigkeit nicht ihren Ausdruck in einer bereits bestehenden Nation findet, sondern sich in Abgrenzung zum bestehenden Nationalstaat konstituiert, muss sie national werden, um ihre vermeintlich kollektiven Interessen und Ansprüche zu legitimieren, sofern damit Forderungen verbunden sind, die über Partizipation und Gleichberechtigung innerhalb des bestehenden Nationalstaates hinausgehen. Bei indigenen Bewegungen in Lateinamerika sind in den letzten zwei Jahrzehnten in zunehmendem Maße Tenden-

213 Horkheimer 1988: 381. Ihm zufolge könne dieses Bedürfnis gar «nur durch das Bekenntnis zur Nation befriedigt werden. Für den Durchschnittsmenschen gibt es keine andere Alternative». (Ebd.: 428)

214 Adamczak 2020.

215 Heitmeyer 2018.

zen sichtbar, sich auf den Status als eigene Nation und die damit einhergehenden Rechte zu berufen, anstelle Forderungen nach kultureller Anerkennung als Teil der bestehenden Nation aufzustellen. Was Nationalismus als kollektive Identifikationsmuster hauptsächlich von Ethnizität und anderen imaginierten Gemeinschaften unterscheidet, ist die *notwendig* nationale Form der Organisierung und Identifikation, wenn eine Gruppe als kollektiver Akteur am globalen Wettbewerb teilnehmen und ihre Interessen auf der politischen Weltbühne vertreten will. Nur die nationale Identifikation gibt den Einzelnen die Möglichkeit, sich selbst als *global player* zu imaginieren. Diese objektive Ebene, die aus der globalen Vorherrschaft der nationalen Form in den politischen wie ökonomischen Strukturen resultiert, begründet den ideologischen Charakter des Nationalismus als «notwendig falsches Bewusstsein». Der Status als Nation geht mit einem Rechtsanspruch einher, den die Selbstzuschreibung als Ethnie nicht besitzt. «Ein Verständnis des Phänomens ‹ethnische Minderheit› erfordert folglich ein Verständnis des Prozesses der Nationwerdung als Form moderner Vergesellschaftung.»[216]

Dies gilt auch umgekehrt. Denn die Nation musste ethnisch und mythisch aufgeladen werden, damit sie die hier beschriebenen Funktionen auf der subjektiven Ebene (Herrschaft, Identifikation, Sinnstiftung, Ordnungsmuster) erfüllen konnte. Erst so konnte sie zur politischen Religion der Moderne werden. Es ist kein Zufall, dass die Etablierung der Nation und die «Erfindung der Ethnie» (Georg Elwert) zeitlich zusammenfielen und dass das «Denken in ethnischen Kategorien eine Begleiterscheinung von Nationalisierungsprozessen»[217] war (und ist). Als politische Idee einer rationalen Ordnung, die nur auf dem gemeinsamen Willen ihrer Mitglieder beruht, war Nationalismus nicht in der Lage, das mystisch-emotionale Vakuum zu füllen, das die Religion hinterlassen hatte. Die entzauberte Welt war kühl und bot keinen Halt. Nationalismus als «politische Reaktion auf die Entzauberung der Welt» war zugleich Teil des «romantischen Aufstands gegen die kalte Vernunft»[218]. Diese Funktion kann die Nation aber nur unter Einbindung des ethnischen Moments erfüllen. Nationale Identifikation, die sich auf vormoderne Traditionen sowie die Vorstellung einer gemeinsamen tausendjäh-

216 Heckmann 1998: 58
217 Stender 2000: 73
218 Kröll 1995: 165

rigen Vergangenheit bezieht, ist nur durch den Glauben an eine gemeinsame ethnische Abstammung möglich. Der «historische Stammbaum», der der Nation fehlt, wird durch Ethnizität nachgeliefert.[219] Nur als ethnisches Identifikationsmuster kann die Nation Gemeinschaftsgefühl und Kollektivität vermitteln (wo es keine Gemeinschaft gibt) und ermöglicht die Verortung des Selbst in einer Welt, in der Grenzen und Unterschiede immer schwerer auszumachen sind (weil sie tatsächlich stetig abnehmen). Hierin liegt auch der Grund, warum sich ein rein politischer Nationalismus nie lange behaupten konnte und auch das «gemäßigte Methadon-Programm ‹Verfassungspatriotismus› das Bedürfnis nach der realen Droge Nationalismus nicht kurieren kann»[220].

Die ethnische Auffüllung der Vorstellung der Nation ist zugleich eine Reaktion auf die tatsächliche Traditionslosigkeit der Nation als bürgerliches Projekt, welches in seinem emanzipatorischen Sinne nie vollständig verwirklicht wurde. Die Nation stellt keinen Ausdruck einer gemeinsamen gesellschaftlichen Erfahrung mehr dar, wie es noch sowohl in der Französischen Revolution als auch in den antikolonialen Befreiungsbewegungen der Fall war. Um in differenzierten Gesellschaften, deren Mitglieder aufgrund sozialer Ungleichheit und fehlender kollektiver Erfahrung kein gemeinsames Schicksal verbindet, die Vorstellung der Nation als Schicksalsgemeinschaft am Leben zu erhalten, muss auf Kultur und Abstammung zurückgegriffen werden: «[D]ie Leere der Kategorie wird naturwüchsig aufgefüllt durch das Versprechen der Ethnizität, die als Ersatz für bewußte Tradition fungiert.»[221] Die Art und Weise, wie sich Nationalismus aktuell subjektiv in den Köpfen und real in den Institutionen und Alltagspraktiken manifestiert, nämlich als Ideologie *ethnischer* Identifikation, liegt in den gesellschaftlichen Verhältnissen der globalisierten Moderne begründet. Nationalismus als notwendig falsches Bewusstsein ist zugleich notwendig ethnisches Bewusstsein.

---

219 Zum Verhältnis von Ethnizität und Nationalismus siehe auch Hobsbawm 1992a

220 Claussen 2000a: 43

221 Claussen 2002: 36

6. Gewalt und Widerstand

Herr K. hielt es nicht für nötig,
in einem bestimmten Land zu leben.
Er sagte: «Ich kann überall hungern.»
Eines Tages aber ging er durch eine Stadt, die vom
Feind des Landes besetzt war, in dem er lebte.
Da kam ihm entgegen ein Offizier dieses Feindes
und zwang ihn, vom Bürgersteig herunter zu
gehen. Herr K. ging herunter und nahm an sich
wahr, daß er gegen diesen Mann empört war;
und zwar nicht nur gegen diesen Mann,
sondern besonders gegen das Land, dem der Mann
angehörte; also daß er wünschte, es möchte vom
Erdboden vertilgt werden.
«Wodurch», fragte Herr K., «bin ich für diese
Minute ein Nationalist geworden?
Dadurch, daß ich einem Nationalisten begegnete.
Aber darum muß man die Dummheit ja ausrotten;
weil sie dumm macht, die ihr begegnen.»
Bertolt Brecht
(Geschichten von Herrn Keuner)

Ethnizität[222] und Nationalismus sind Begleiterscheinungen moderner Vergesellschaftung. Die Ethnisierung gesellschaftlicher Differenz entsteht im Kontext von sozialer Ungleichheit und Exklusion, wie sie sowohl für die Globalisierung als auch für die innere Struktur moderner Gesellschaften innerhalb der kapitalistischen Ordnung charakteristisch sind. Die ethnische Übersetzung sozialer Konflikte ist Ausdruck jener sozialen Ungleichheit sowie des Bedürfnisses, sie zu rechtfertigen, zu erklären und oftmals auch, sie aufrecht zu erhalten. Gleichermaßen ist – nicht zuletzt als Folge der Ethnisierung – das Zusammenfallen ethnischer und sozialer Grenzlinien durchaus real und veranlasst die Betroffenen, sich im Kampf für Gleichberechtigung auf jene Zugehörigkeit zu beziehen.[223] So ist die (Selbst-)Ethnisie-

222 Der Begriff Ethnizität beschreibt den Prozess ethnischer Identifikation.

223 Ähnlich dem in Bezug auf die Nation beschriebenen Prozess der Materialisierung des Fiktiven hat die ursprünglich konstruierte ethnische Differenz einen realen Inhalt bekommen, sie ist zur realen Fiktion geworden. Das *Fiktive* liegt in der vorgestellten Homogenität der diskriminier-

rung gleichermaßen Protest gegen jene Ungleichheit. Ethnizität und Nationalismus sind nicht zu verstehen, ohne ihre Eigenschaft als Formen des Widerstandes mitzubetrachten.

Es wird sich kaum ein Ort auf der Welt finden lassen, in dem Menschen aufgrund einer ihnen von außen zugeschriebenen ethnischen Zugehörigkeit nicht verfolgt, unterdrückt und ausgeschlossen werden. Diese Fremdethnisierung ruft als Abwehrreaktion einen Prozess der Selbstethnisierung hervor, d.h. die zugeschriebenen Eigenschaften, an denen der Unterschied festgemacht wird und die als Begründung der Ausgrenzung dienen, werden von den Unterdrückten und Ausgeschlossenen angenommen und, in umgedeuteter Form, Teil ihres Selbstbildes. Im Prozess der Fremd- und Selbstzuschreibung wird ethnische Differenz also auch in Reaktion auf *exclusionary practices* konstruiert und dient als Instrument des Widerstandes gegen die Verfolgung. Die Identifikation mit einem ethnischen oder nationalen Kollektiv muss daher im Kontext historischer sowie aktueller Macht- und Herrschaftsverhältnisse gesehen werden. In Fällen staatlicher oder gesellschaftlicher Diskriminierung aufgrund einer zugesprochenen ethnisch-kulturellen Zugehörigkeit stellt die selbstbewusste und positive Betonung dieser Zugehörigkeit seitens der von Repression Betroffenen einen Teil des Emanzipationsprozesses dar. «Sie ist als abstrakte Negation der Negation Durchgangsstadium im Prozess der Befreiung.»[224] Oder einfacher ausgedrückt: «Black Power» ist eben etwas von Grund auf anderes als «White Power». Frantz Fanon spricht in diesem Zusammenhang von einer «historisch bedingten Notwendigkeit» eines «antirassistischen Rassismus» in den antikolonialen Befreiungsbewegungen.[225] Ebenso ist es durchaus verständlich, und dies ist besonders in Bezug auf separatistische Bewegungen von Bedeutung, dass sich Menschen, deren Freund:innen und Familien aufgrund ihrer vermeintlich andersartigen ethnisch-kulturellen Zugehörigkeit staatlich verfolgt, drangsaliert und getötet wurden (oder werden), nicht mit dem Verfolger-Staat identifizieren können oder wollen. Dies gilt für die Situation in Nordirland ebenso wie im Baskenland oder in Kurdistan. Ethnisierungsprozesse in Lateinamerika, die in den

---

ten Gruppe, deren *reale* Benachteiligung oder Unterdrückung auf alle zurückfällt, die ihr zugerechnet werden.

224 Auernheimer 2000: 260

225 Fanon 1966: 182; 118.

stärker werdenden indigenen Bewegungen ihren Ausdruck finden, gründen sich ebenfalls darauf, dass diese Gruppen seit der Befreiung von der spanischen Kolonialherrschaft aufgrund ethnischer Zuschreibungen zum größten Teil vom Projekt der Nation ausgeschlossen waren. In vielen Ländern Lateinamerikas, und auch in anderen Weltregionen, besaß der Nationalstaat für die Bevölkerungsmehrheit noch nie eine Legitimation, da diese zu keiner Zeit als gleichberechtigter Teil der Nation anerkannt wurde. Da die Exklusion auf der «ethnischen» Zugehörigkeit basiert, müssen die Menschen für ihre Emanzipation *notwendigerweise* die Anerkennung und Gleichberechtigung ihrer Gruppe einfordern.

Dies ist durchaus in einem vorrangig demokratischen Sinne möglich, wie das Beispiel der mexikanischen nationalen Befreiungsbewegung EZLN zeigt, oder mittlerweile auch das kurdische Konzept des demokratischen Konföderalismus.[226] In diesen Diskursen spielen Kultur und Tradition zwar eine wichtige Rolle, die politischen Forderungen werden jedoch aus dem Recht auf Partizipation und weiteren Bürger- und Menschenrechten abgeleitet. Ideologischen Charakter nehmen diese Bewegungen erst an, wenn eine naturgegebene Differenz und Andersartigkeit zur Legitimation ihrer Forderungen angeführt werden, wie es zum Beispiel im Baskenland häufig der Fall ist. In diesen Fällen wird die erfahrene Unterdrückung in den Kategorien der Unterdrücker:innen erklärt. Die behauptete Differenz und Andersartigkeit, die als Begründung für den Ausschluss und die Ungleichheit dienen, werden von den Ausgeschlossenen zur Legitimation politischer Forderungen verwendet, anstatt sie als Instrument der Unterdrückung zu denunzieren. Der Kampf um soziale Anerkennung im Sinne von Partizipation und Gleichberechtigung transformiert sich aufgrund der ethnisierten Wahrnehmung der Konflikte zu einem Kampf um kulturelle Anerkennung, der die realen Lebensverhältnisse der Betroffenen oft wenig tangiert: «Während sich die Philosophen an ihren Diskursen über kulturelle Anerkennung berauschen, bekommen zehntausende Kinder aus unterprivilegierten Schichten oder Ethnien keinen Platz in der Grundschule»[227], schrieben Pierre Bourdieu und Loïc Wacquant in Bezug auf die Situation in den USA.

---

226 Hierzu mehr in Kapitel 8.3.

227 Bourdieu, Pierre und Wacquant, Loïc (2000): Schöne neue Begriffswelt. In: Le Monde diplomatique vom 12.05.2000, S. 7.

Der entscheidende Unterschied, der in die Diskussion um den Begriff Nation zurückführt, liegt also auch bei Kämpfen gegen ein reale Unterdrückung darin, ob die Nation pragmatisch als politisches Projekt, in diesen Fällen des Widerstandes und der sozialen Befreiung, angesehen wird – oder als natürlicher Ausdruck einer ethnisch bestimmten Gemeinschaft. Aber auch hier gilt: In der Regel überlagern und vermischen sich die Konzepte. In der linken baskischen Unabhängigkeitsbewegung *Izquierda Abertzale* zum Beispiel ist es besonders schwer, die emanzipatorische von der ethnischen Motivation für den nationalistischen Kampf zu trennen. Die Verfolgung baskischer Kultur und Unterdrückung der Sprache unter der faschistischen Franco-Herrschaft hatten dazu geführt, dass jenen kulturellen Merkmalen quasi automatisch ein rebellischer und antifaschistischer Charakter zugesprochen wurde. Die Verwendung der baskischen Sprache gilt bis heute als Akt des Widerstandes. Die Forderung nach Einrichtung einer unabhängigen sozialistischen Republik im Baskenland wird aber selten mit jener Unterdrückung begründet, sondern in der Regel nur mit dem «Selbstbestimmungsrecht der Völker», bis hin zum völkischen Verweis auf die tausendjährigen Wurzeln der baskischen «Rasse», welche die «Ur-Familie Europas» darstelle. Demokratische und ethnische Argumentationsmuster vermischen sich dort bis zur Unkenntlichkeit.

Hier zeigt sich erneut, dass es weder möglich noch sinnvoll ist, eine strikte Trennlinie zwischen dem Nationalismus der Unterdrückten und dem Nationalismus der Unterdrücker:innen zu ziehen. Dies bedeutet jedoch nicht, den Entstehungskontext sowie die Motivation nationalistischer Bewegungen außer Acht zu lassen. Es macht durchaus einen Unterschied, ob Nationalismus aus einer dominanten Mehrheitsposition heraus entsteht und vorrangig imperiale und chauvinistische Ziele verfolgt – oder ob er sich als Instrument des Widerstandes und der Befreiung gegen eben jene Kräfte entwickelt hat. Italienische und griechische Partisan:innen-Gruppen, die sich im Namen der nationalen Befreiung gegen den deutschen Faschismus stellten[228], würde – zu Recht – niemand vorrangig als nationalistische Bewegungen bezeichnen. Auch der Zionismus, die Gründung Is-

228 Wie das italienische *Komitee der Nationalen Befreiung* CLN (Comitato di Liberazione Nazionale) und die griechische *Nationale Befreiungsfront* EAM (Ethnikó Apelevtherotikó Métopo).

raels als Schutzraum für Juden und Jüdinnen und sein Selbstverständnis als jüdischer Staat, in dem ethnische und besonders religiöse Zugehörigkeit eine wichtige Rolle spielen und in Folge vielfältige Ausgrenzungsmechanismen gegenüber der arabischen Bevölkerung existieren, sind aufgrund des globalen Antisemitismus und insbesondere der Shoah grundsätzlich anders zu bewerten als andere nationale Bewegungen und Staatsgründungen.[229] Den Kontext von Gewalt und Widerstand mit in die Analyse aufzunehmen, beantwortet aber nicht von vornherein die Frage der Solidarität. Und Verständnis für historische Entwicklungen ist nicht gleichbedeutend mit Einverständnis. Die Frage – aus einer emanzipatorischen Perspektive – besteht vor allem darin, wie die Nation als Subjekt der Befreiung bestimmt wird und wo die Grenzen einer Befreiung liegen, deren Subjekt die Nation ist.

229 Tatsächlich gibt es viele Gemeinsamkeiten im Entstehungskontext von Zionismus und nationalen Befreiungsbewegungen (v.a. dass sie als Antwort auf Unterdrückung und Verfolgung entstanden sind). Diese können bzw. wollen die meisten Vertreter:innen des klassischen Antiimperialismus in ihrem antizionistischen Weltbild aber nicht sehen.

7. Nationalismus als Strategie zur Befreiung: Revolutionärer Nationalismus

Das Verhältnis von Nationalismus und Befreiung ist ein schwieriges. Betrachtet man die hier vorangestellten Überlegungen zu Nationalismus als ideologische Denkform, als Herrschaftsinstrument und Ausgrenzungsmuster, erscheint jede mögliche Verbindung von Emanzipation und Nationalismus hinfällig und obsolet. Nationalismus war und ist der historische Gegenspieler des Kosmopolitismus. Aber in der Geschichte der Befreiungskämpfe, der vielen versuchten und wenigen erfolgreichen Revolutionen, hat Nationalismus auf die eine oder andere Weise immer eine wichtige Rolle gespielt. Der Begriff des Befreiungsnationalismus, der gerne – und vor allem innerhalb der linken Theoriebildung – in Abgrenzung zum konservativen staatstragenden oder imperialistischen Nationalismus verwendet wird, ist jedoch irreführend bzw. wenig aussagekräftig. Denn jeder Nationalismus generiert sich aus dem Gefühl heraus, unterdrückt zu werden. Sei es die absolutistische oder die koloniale Herrschaft, die französische Besatzung großer Teile Europas unter Napoleon oder das angebliche «Völkergefängnis» Sowjetunion, die «Überfremdung» oder gar die geheime Herrschaft «der Juden»: eine (behauptete) Unterdrückung und der Kampf um Befreiung sagen erstmal nichts über den emanzipatorischen Charakter solch einer Bewegung aus. Auch die Selbstbezeichnung als «revolutionär» lässt offen, in welche Richtung die damit verbundene grundlegende Umwälzung der politischen Ordnung ging oder gehen sollte. Schließlich gibt es heutzutage auch extrem rechte Gruppen, die sich als national-revolutionär bezeichnen und dabei sogar auf die linken nationalen Befreiungsbewegungen beziehen. Wann und unter welchen Umständen Nationalismus als revolutionär bezeichnet werden kann, bietet also viel Stoff für Diskussionen. Im Folgenden werden nationale und nationalistische Bewegungen betrachtet, die mit ihrer politischen Aktivität eine revolutionäre Umgestaltung der Verhältnisse verbanden, und zwar im Sinne von Freiheit, Gleichheit und Gerechtigkeit sowie später im Sinne des sozialistischen Kampfes für ein Ende jeglicher Unterdrückung und Ausbeutung. Die Darstellung beginnt mit den revolutionären nationalen Bewegungen, die *vor* der Einrichtung der nationalstaatlichen Ordnung aktiv waren und deren revolutionärer Gehalt eben in jener Einrichtung von Volkssouveränität in der Form eines Nationalstaates bestand.[230]

7.1. Frankreich und Nordamerika: National-revolutionäre Demokraten

Der Begriff der Nation war ursprünglich ein Begriff der Revolution. Die ersten nationalen Bewegungen traten in Zusammenhang mit der Französischen und (Nord-)Amerikanischen Revolution Ende des 18. Jahrhunderts in Erscheinung. Die Idee der Nation, wie sie in diesen beiden Revolutionen formuliert wurde, stand in enger Verbindung mit der Aufklärung und fußte auf der Überzeugung, dass es unveräußerliche, allgemeine Menschen- und Bürgerrechte gibt, die 1789 sowohl in der *Déclaration des Droits de l'Homme et du Citoyen* in Frankreich als auch in der *Bill of Rights* in Nordamerika niedergeschrieben wurden. Dieser frühe Nationalismus war insofern automatisch revolutionär, da die Einrichtung der Nation im Sinne der Volkssouveränität mit einer grundlegenden Transformation der gesellschaftlichen und politischen Ordnung und insbesondere des Herrschaftsverhältnisses einherging. Und er war zugleich kosmopolitisch, da die formulierten Menschenrechte – zumindest in der Theorie – für alle und über die eigenen staatlichen Grenzen hinaus gelten sollten. Das Volk, womit in der Französischen Revolution die Masse der Bevölkerung in Abgrenzung zur herrschenden Elite gemeint war, sollte sich zur Nation erheben und sein Schicksal selbst in die Hand nehmen. Das Ziel die-

230 In der weiteren Darstellung werden diese Bewegungen als *nationale* Bewegungen bezeichnet, in Abgrenzung zu den *nationalistischen* Bewegungen, die nach Einrichtung der nationalstaatlichen Weltordnung in Erscheinung traten. Bei Letzteren stellt sich die Frage, inwieweit die Bezeichnung «revolutionärer Nationalismus» überhaupt noch zutreffend ist. Denn genau genommen hatte der Nationalismus mit Einrichtung der Nationalstaaten seine revolutionäre Funktion verloren. Die politische Idee der Nation war in einer Zeit entstanden, als die Menschen noch nicht in Nationalstaaten organisiert waren. Das Revolutionäre bestand in dieser neuen Art der sozialen und politischen Organisation. Heute ist diese Organisationsform aber internationale Norm.

ser revolutionären Bewegungen war es, durch *Schaffung* einer Nation über sprachliche und ethnisch definierte Grenzen hinweg eine Einheit im Kampf gegen die Herrschenden zu erreichen. Sie kämpften aber nicht nur gegen eine von «oben» oder «außen» ausgeübte Herrschaft, sondern zugleich für eine innere Demokratisierung der Gesellschaften. Die Entstehung formal demokratischer Gesellschaften baute auf dem Konzept der Nation auf.

Im Falle Frankreichs war der Nationalismus eine breit gefächerte soziale Bewegung, angeführt vom aufsteigenden Bürgertum, in der aber auch vielfach sozial-revolutionäre Forderungen zu finden waren. Sie wendete sich gegen das *Ancien Régime* und die in die Krise geratene absolutistische Herrschaft. Die existenziellen Kämpfe der Bauernschaft für bessere Lebensbedingungen verbanden sich in der nationalen Bewegung mit dem bürgerlichen Interesse an politischen und wirtschaftlichen Freiheiten. Im französischen Konzept galt die Nation als Form der sozialen und politischen Organisation, woran zugleich der historisch enge Zusammenhang von Staat und Nation deutlich wird: Um zur souveränen Nation werden zu können, brauchte die Bevölkerung eine institutionalisierte Form der Selbstbestimmung mit der Möglichkeit Gesetze zu verabschieden und durchzusetzen – den Staat. Im Revolutionsjahr 1789 beschrieb Emmanuel Joseph Sieyès, einer der Haupttheoretiker der Französischen Revolution, in seiner Flugschrift über den «Dritten Stand» die Nation als «Gesellschaft, welche unter einem gemeinschaftlichen Gesetz lebt und durch ein und dieselbe gesetzgebende Versammlung vertreten wird». Für die Bestimmung der Nation spielten vermeintlich naturgegebene identitätsstiftende Merkmale kaum eine Rolle: «Französische Nationalität war französische Staatsbürgerschaft: Ethnische Zugehörigkeit, Geschichte, Sprache oder der in der Familie gesprochene Patois waren für die Definition der ‹Nation› ohne Bedeutung.»[231] Unabhängig dieser Merkmale sollten alle, die den Prinzipien der Französischen Revolution «Freiheit, Gleichheit, Brüderlichkeit» zustimmten, als Angehörige der Nation gelten.

In Nordamerika war die nationale Bewegung gegen die Herrschaft des britischen Empires gerichtet und hatte einen weniger ausgeprägten sozial-revolutionären Charakter als in Frankreich. Es ging vor allem um die Unabhängigkeit vom briti-

231 Hobsbawm 1991: 106

schen «Mutterland», von dem sich die dreizehn Kolonien durch Steuergesetze und mangelndes Mitspracherecht gegängelt und unterdrückt sahen. Zur Legitimation der Forderung nach Unabhängigkeit brauchte es eine neue kollektive Identität, die all die Eingewanderten im Kampf gegen die «Fremdherrschaft» miteinander vereinte: die amerikanische Nation. Kulturelle und ethnische Zugehörigkeitskriterien, auch wenn diese bis zum heutigen Tag auf vielen Ebenen ein wichtige Rolle in der US-amerikanischen Gesellschaft spielen, waren aufgrund des Charakters der nordamerikanischen Gesellschaft als Einwanderungsgesellschaft im *nation building* nicht von Belang. Die Amerikanische Revolution bestand vor allem in der Befreiung von der britisch-kolonialen Abhängigkeit. Die damit verbundene Transformation der Gesellschaft in einen demokratischen Nationalstaat war historisch gesehen zwar auch revolutionär, die Gesellschaftsordnung wurde jedoch nicht grundlegend verändert. Besitzverhältnisse und soziale Ungleichheiten blieben zum größten Teil unangetastet.

Aber die Nation – so fortschrittlich das Konzept zu seiner Zeit war – umfasste bereits damals schon nicht alle gesellschaftlichen Gruppen. Die Betonung des revolutionären und vorrangig demokratischen Charakters der frühen nationalen Bewegungen dient hier vor allem der Abgrenzung zu den später aufkommenden ethnisch legitimierten Nationalismen. Sie soll aber nicht darüber hinwegtäuschen, dass demokratische Rechte und Freiheiten auch nach der erfolgreichen Transformation der Gesellschaften in Nationalstaaten noch immer stark eingeschränkt waren. Rechtsstaatlichkeit und demokratische Mitbestimmung, wie sie im modernen Nationalstaat eingerichtet wurden, gingen in erster Linie aus Forderungen der besitzenden Klassen und des Bürgertums hervor, um hiermit ihre klassenspezifischen Interessen vor dem Zugriff und der Willkür der feudalen und absolutistischen Herrscher:innen zu schützen. Jedoch wollten sie durch die Demokratisierung nicht auch ihren eigenen privilegierten Status verlieren und mussten daher die von ihnen mit angestoßene Revolution im Zaum halten. Die Deputierten der französischen Nationalversammlung – in ihrer Mehrheit Angehörige der besitzenden Klassen – hatten zu Recht die Sorge, dass die Forderung nach Gleichheit auch das Eigentumsprinzip in Frage stellen könnte. Damit ihr Besitz und ihre Stellung in der Gesellschaft nicht in Gefahr gerieten, bedurfte es einer

Einschränkung des Prinzips von der Gleichheit aller Menschen: die bürgerliche Gleichheit, die die realen Eigentumsverhältnisse nicht antastet. Das Eigentumsprinzip als die historische Basis gesellschaftlicher Ungleichheit gilt bis heute als fester Bestandteil demokratischer Ordnungen.

So war die Nation bereits von Beginn an kein Verein freier und gleicher Menschen. Große Teile der Bevölkerung waren von demokratischer Partizipation ausgeschlossen. «Die Frauen, zumindest im jetzigen Stadium, die Kinder, die Ausländer und auch diejenigen, die nichts zur öffentlichen Gewalt beitragen, dürfen keinen aktiven Einfluss auf das Gemeinwesen nehmen», schränkte Sieyès noch im Revolutionsjahr 1789 das Bedeutungsfeld der Nation ein. Ebenso war in den ersten Jahren der Französischen Revolution das Wahlrecht an eine Mindeststeuerleistung gebunden. Die Ausweitung demokratischer Rechte auf die gesamte Gesellschaft ist erst das Produkt späterer gesellschaftlicher Auseinandersetzungen und sozialer Kämpfe gewesen. Beispielhaft hierfür steht das Wahlrecht für Frauen, dass in den meisten Nationalstaaten erst ab Beginn des 20. Jahrhunderts eingeführt bzw. erkämpft wurde (so z.B. in Deutschland 1918, in den USA 1920 und in Großbritannien 1928). Diese demokratischen Kämpfe – die stets auch die Forderung beinhalten, gleichberechtigter Teil der Nation zu sein – dauern bis zum heutigen Tag an: sei es bei der Gleichstellung der Frau, den Rechten von Homosexuellen oder in der Migrationspolitik.

Darüber hinaus verlief die Nationalstaatsgründung in Frankreich und den USA keineswegs gewaltfrei und ohne Zwang. Dass auch die Absolutsetzung einer rein politischen Kultur totalitäre Elemente in sich trägt, lässt sich am Beispiel des Jakobiners Georges Jacques Danton aufzeigen, der 1793 im französischen Konvent ausrief: «Rettet das Vaterland! [...] Trinken wir, wenn es nötig ist, das Blut der Feinde der Menschheit, aber Europa muss endlich frei sein.» Der *Terreur* der Jakobiner in der kurzen Phase echter Basisdemokratie während der Französischen Revolution zeigte ebenfalls die mit der Vorstellung von nationaler Einheit eng verbundene Gewalttätigkeit, die sich gegen alle vermeintlichen Vaterlandsverräter:innen richtete. Ebenso wurde die Vereinheitlichung des Staatsgebietes und der darin lebenden Bevölkerung vielerorts gegen den Willen der Menschen und zu Lasten breiter Schichten der Bevölkerung durchgeführt.

In den USA verlief das *nation building*, als Projekt der Nachkommen weißer europäischer Migrant:innen, unter Ausschluss und auf dem Rücken der *native americans*, die aus Angst vor dem Verlust ihrer relativen Selbstständigkeit oftmals die britischen Kolonialtruppen unterstützen. Balibar sieht die Massaker an *native americans* nach Erklärung der Unabhängigkeit gar als wichtiges Element des amerikanischen *nation building* an, nämlich als den Versuch, die im Einwanderungsland USA schwierige nationale Einheit durch die Bestimmung und Vernichtung des Anderen zu erreichen. Die schwarzen Sklav:innen wiederum, die zu jener Zeit ein Fünftel der Bevölkerung der dreizehn aufständischen Kolonien ausmachten, galten noch nicht einmal als Menschen und erst recht nicht als Teil der Nation. Ihre volle politische Gleichberechtigung wurde erst in den 1960er Jahren – fast 200 Jahre nach Einrichtung des demokratischen Nationalstaates USA – mit dem Ende der *segregation* erlangt. Bis zum heutigen Tage ist die Gleichberechtigung in vielen Bereichen nur eine formale, die sozialen Grenzen in der US-amerikanischen Gesellschaft verlaufen noch immer entlang von Hautfarbe und «ethnischer» Herkunft.[232]

Wenn man darüber hinaus die globalen Machtverhältnisse und besonders den Kolonialismus in den Blick nimmt, wird die emanzipatorische Reichweite der französischen und amerikanischen Revolutionen deutlich relativiert, wie Christian Spehr hervorhebt: «Bis zum Zweiten Weltkrieg bleibt die Welt im großen und ganzen von einem Herrschaftsmodell bestimmt, das ganz unverhohlen davon ausgeht, daß keineswegs alle Menschen die gleichen Rechte haben können wie die männliche, weiße Mittel- und Oberschicht der ‹entwickelten› Länder.»[233] Besonders deutlich wird dieses Weltbild an der Tatsache, dass die gerade erst durch Revolutionen entstandenen europäischen Nationalstaaten im Namen der Vernunft und der Gleichheit den halben Globus mit Gewalt in die koloniale Sklaverei zwangen. Frankreich und Großbritannien, die mit ihrer politischen und industriellen Revolution den Übergang in das aufgeklärte moderne Zeitalter anführten, waren im 19. Jahrhundert zugleich die größten Kolonialmächte und zeigten in den kolonialisierten

232 Trotz aller Kritik an seiner realen Umsetzung ist das US-amerikanische Nationenkonzept in seiner (relativen) Fortschrittlichkeit bis heute den ethnischen Nationsvorstellungen Europas weit voraus.

233 Spehr 1999: 26

Gebieten auf brutale Weise, dass die von ihnen proklamierten Menschenrechte eben doch nicht universal waren.

Eine ausführliche kritische Auseinandersetzung mit der bürgerlichen Emanzipation, ihren realen gesamtgesellschaftlichen Auswirkungen und die große Lücke zwischen Anspruch und Wirklichkeit der revolutionären Nationalbewegungen in der von ihnen eingerichteten demokratischen Ordnung kann und soll hier nicht geleistet werden. Trotz der doch sehr begrenzten Emanzipation, die eben nur eine bürgerliche und darüber hinaus Männern vorbehalten war, besaßen die ersten nationalen Bewegungen unzweifelhaft einen revolutionären und historisch fortschrittlichen Charakter, aufbauend auf einem Begriff von Nation als politischer Kampfbegriff der radikalen Veränderung. Aber es zeigte sich auch gleich zu Beginn die Widersprüchlichkeit des Begriffs, der Freiheit und Gleichheit schafft, indem er andere davon ausschließt.

7.2. Antikoloniale Unabhängigkeitskämpfe in Lateinamerika

Ausgehend von Europa verbreitete sich das Prinzip der Nation als Kategorie kollektiver Subjektivität über den Globus – von wo aus es dann wieder großen Einfluss auf Entwicklungen in Europa hatte.[234] Die zweite große welthistorische Strömung des Nationalismus stellt der Antikolonialismus dar. Während sich die nationalen Bewegungen in Europa gegen die Herrschaft der alten Dynastien und Königshäuser wendeten, stellte sich der Nationalismus in der sogenannten abhängigen Welt gegen die koloniale Besatzung.[235] Man kann zwei große Phasen nationaler Befreiungsbewegungen unterscheiden: Die erste Phase bezieht

234 So hatten z. B. die lateinamerikanischen Unabhängigkeitsbewegungen große Bedeutung für das – erst nach ihnen in Schwung gekommene – *nation building* in Spanien. In der (europäisch dominierten) Nationalismusforschung wird diesem Punkt häufig wenig Beachtung geschenkt. Der Fokus auf Europa resultiert aber nicht nur aus einer eurozentristischen Sichtweise. Die europäischen Staaten hatten aufgrund ihrer Machtposition durchaus enormen Einfluss auf globale Entwicklungen und setzten zudem vielerorts ihre Strukturen mit Gewalt durch.

235 Auch wenn bereits die nordamerikanische Unabhängigkeit eine Art antikoloniale Befreiung von britischer Herrschaft darstellte, wird der Begriff Antikolonialismus in der Regel erst in Verbindung mit dem Prozess der Dekolonisation, also für die frühen Unabhängigkeitskämpfe in La-

sich auf die Unabhängigkeitskämpfe in Lateinamerika. Sie begann im Übergang zum 19. Jahrhundert mit der sogenannten Sklavenrevolution in Haiti und endete bereits 1825 mit der fast vollständigen Unabhängigkeit des lateinamerikanischen Kontinents. Damit war jener Kontinent in der Nationalstaatsbildung vielen Regionen Europas, der sogenannten Heimat des Nationalismus, um einige Jahrzehnte voraus. Die zweite Phase, die «Blütezeit der antikolonialen Bewegungen» (Robert Foltin), begann mit dem Ende des Zweiten Weltkrieges und dauerte bis in die 1980er Jahre an. Der nationale Befreiungskampf dieser Zeit führte einerseits zur Dekolonisation Asiens und Afrikas, war andererseits aber nicht mehr nur auf kolonial beherrschte Gebiete beschränkt. Diese Phase stand im Zeichen des globalen Antiimperialismus und des Kampfes für die sozialistische Weltrevolution.

Der Weg zur Unabhängigkeit des lateinamerikanischen Kontinents begann mitten in der Karibik, in der französischen Kolonie Saint-Domingue. Im Jahre 1791, gerade mal zwei Jahre nach der revolutionären Umwälzung in Frankreich, rebellierten dort schwarze Sklav:innen unter Berufung auf die Freiheitsprinzipien der Französischen Revolution sowohl gegen die Sklaverei als auch gegen die Kolonialherrschaft. Der Kampf um die Unabhängigkeit dauerte 13 Jahre, bis die Aufständischen – auch «schwarze Jakobiner» genannt – dann im Jahr 1804 den ersten souveränen Nationalstaat Lateinamerikas proklamieren konnten: Haiti.[236] Der Fall Haiti ist aus vielerlei Perspektiven interessant. Nicht nur, dass es der zweite Nationalstaat auf amerikanischem Boden war, zugleich war die dortige Revolution keine primär bürgerliche, sondern eine soziale, an- und durchgeführt von den untersten Schichten der Gesellschaft. Und sie zeigt, welch großen Einfluss die liberalen Ideen der Französischen Revolution auf dem ganzen Globus hatten. Dass sich die unterdrückten Massen im Namen der Nation gegen die Fremdherrschaft erhoben und nicht nur politische Unabhängigkeit, sondern auch eine tiefgreifende soziale Revolution durchsetzten, sollte in dieser Phase jedoch die Ausnahme bleiben. Die darauf

---

teinamerika zu Beginn des 19. Jahrhunderts und später in Asien und Afrika ab Mitte des 20. Jahrhunderts, verwendet.

236 Für eine ausführliche Darstellung der Haitianischen Revolution aus antikolonialer wie marxistischer Perspektive siehe das 1938 erstmals erschienen Buch «Die Schwarzen Jakobiner» von C.L.R. James.

folgenden Unabhängigkeitsbewegungen auf dem Kontinent wurden in den meisten Fällen von dem dortigen Bürgertum angeführt, welches hauptsächlich aus Kreolen (*Criollos*), den in Amerika geborenen Nachfahren europäischer Migrant:innen bestand. Verglichen mit den revolutionären Nationalbewegungen in Frankreich und in Haiti entsprachen diese Unabhängigkeitsbewegungen weit weniger einer breiten sozialen Bewegung, in der sich auch die untersten Schichten der Gesellschaft wiederfinden konnten. Für (ehemalige) Sklav:innen und Indigene[237] war in dem Konzept von Nation meist kein Platz. Es schloss große Teile der vor Ankunft der Kolonialmächte bereits dort lebenden Menschen aus, im Regelfall wurden sie nicht als gleichberechtigte Individuen wahrgenommen.

Zwar überschnitten sich in manchen Gebieten auch soziale Kämpfe der marginalisierten Bevölkerung mit den Unabhängigkeitsbewegungen (so z.B. in der mexikanischen Revolution ab 1810). Andernorts (z.B. im Gebiet des späteren Venezuela) kämpften Sklav:innen in der Hoffnung auf soziale Befreiung aber auch auf Seiten der Kolonialmächte. Grundsätzlich lässt sich festhalten, dass die ersten antikolonialen Kämpfe vorrangig ein bürgerliches Projekt derjenigen Gruppen darstellten, die selbst erst im Zuge kolonialer Expansion in die Gebiete gekommen waren. Deren Hauptmotivation bestand darin, sich aus der Vormundschaft durch die europäischen «Mutterländer» zu befreien und den zunehmenden imperialistischen Bestrebungen Nordamerikas entgegenzutreten. Aus diesem Grund werden die Unabhängigkeitskämpfe bisweilen auch als Bürgerkrieg spanischer Migrant:innen bezeichnet.

Die nationalen Bewegungen zu jener Zeit strebten keine revolutionäre Transformation der Gesellschaft an, auch wenn sie in ihren Schriften und Reden das Projekt der nationalen Befreiung mit einer gesamtgesellschaftlichen sozialen Befreiung (Gleichstellung der indigenen Bevölkerung, Ende der Sklaverei) verbanden und sich auf die Erklärung der Menschenrechte beriefen, wie sie im Verlauf der Französischen und Amerikani-

237 Indigene ist ein problematischer Begriff, da er vielerorts als vermeintlich politisch korrekte Variante Bezeichnungen wie «Eingeborene», «Ureinwohner:innen» oder «Naturvölker» abgelöst hat, ohne dass sich der Sinngehalt geändert hätte. Er wird hier bezogen auf Lateinamerika trotzdem verwendet, da *indígenas* dort auch die Selbstbezeichnung der Menschen ist, deren Vorfahr:innen bereits vor der Ankunft der Spanier:innen auf dem Kontinent lebten.

schen Revolution verfasst worden war. Nicht zuletzt sollte auf diese Weise die Unterstützung der Sklav:innen und Indigenen gesichert und eigenmächtigen Aufständen dieser Gruppen – wie in Haiti – vorgebeugt werden. Die Revolution in Haiti hatte so einen widersprüchlichen Einfluss auf den Prozess der Dekolonisation in Lateinamerika. Einerseits gab sie den Anstoß für die folgenden Unabhängigkeitsbewegungen, gleichzeitig galt sie jenen bürgerlich geprägten Bewegungen als abschreckendes Beispiel dafür, was passieren kann, wenn sich die Unterdrückten tatsächlich erheben – was zu jener Zeit regelmäßig auf dem Kontinent vorkam. Der berühmteste lateinamerikanische Befreiungskämpfer Simón Bolívar, selbst Kakaoplantagenbesitzer und «Herr» hunderter Sklav:innen, schrieb in Bezug auf diese Aufstände 1828 in einem Brief, dass eine Revolte der Schwarzen «tausendmal schlimmer [sei] als eine spanische Invasion».[238] Also nahm man die Revolution lieber selbst in die Hand, um sie in geordnete Bahnen lenken zu können. Und dort, wo solche sozialen Rebellionen dennoch ausbrachen, wurden sie in der Regel von den Unabhängigkeitsbewegungen brutal bekämpft.

Das ambivalente Verhältnis von Nationalismus und Befreiung war also auch in den antikolonialen Bewegungen Lateinamerikas des 19. Jahrhunderts deutlich sichtbar. Ihr Nationalismus diente einerseits der Rechtfertigung und Durchsetzung partikularer bürgerlicher Interessen, andererseits stand er unter dem Zeichen der neuen demokratischen Prinzipien, der Aufklärung und des Kampfes für Freiheit und Gerechtigkeit. Der Bezug auf die revolutionären nationalen Bewegungen Europas ist bis heute vielerorts in der lateinamerikanischen Nationalsymbolik sichtbar, wie zum Beispiel die Jakobinermütze auf der Flagge Nicaraguas und im Staatswappen Haitis. Die Unabhängigkeitsbewegungen besaßen zweifelsohne einen politisch revolutionären Charakter, da ihr Ziel die Beendigung absolutistischer Vorherrschaft und die Einrichtung formal demokratischer Nationalstaaten war, was obendrein – wenn auch verzögert – mit der Abschaffung der Sklaverei einherging.[239] Zugleich waren sie

238 Bolívar bezeichnete andernorts die Abschaffung der Sklaverei als elementaren Bestandteil der Revolution, und setzte sich in der Ersten Republik Venezuelas (ab 1811) dafür ein. Zugleich teilte er die Sorgen der kreolischen Großgrundbesitzer:innen vor den sozialen und ökonomischen Folgen einer wirklichen Befreiung der Sklaven und Sklavinnen.

239 Die vollständige Abschaffung der Sklaverei auf dem Kontinent sollte noch bis 1888 (Brasilien) dauern.

mit Ausnahme Haitis und zu Teilen Mexikos vorrangig Bewegungen der besitzhabenden Schichten kolonialer Herkunft, die keineswegs eine grundlegende Veränderung der Gesellschaftsstruktur in einem sozial-revolutionären Sinne beabsichtigten, sondern in erster Linie für sich selbst mehr ökonomische und politische Freiheiten forderten.[240]

Diesbezüglich sind deutliche Parallelen zur nordamerikanischen Unabhängigkeitsbewegung festzustellen, in der sich ebenfalls in der Tradition der europäischen Aufklärung auf die Nation als Gesellschaftsvertrag berufen wurde, von dem breite Schichten der Bevölkerung jedoch ausgeschlossen blieben und wo zudem die Sklaverei noch viele Jahrzehnte unangetastet blieb. Die angestrebte Selbstbestimmung wurde zwar mit dem Verweis auf die Volkssouveränität legitimiert, tatsächlich jedoch sollte nur einem kleinen Teil der Bevölkerung die demokratische Partizipation ermöglicht werden. Der Weggefährte Bolívars und erste Präsident der Republik Venezuela, Francisco de Miranda, der selbst sowohl im Amerikanischen Unabhängigkeitskrieg wie auch in der Französischen Revolution aktiv mitgekämpft hatte, formulierte das hinter der lateinamerikanischen Unabhängigkeitsbewegung stehende bürgerliche Projekt ganz offen: Man müsse sich am Beispiel der Amerikanischen Revolution orientieren, um das Beispiel der Französischen Revolution zu verhindern, schrieb er 1799 in einem Brief. Das Ergebnis der lateinamerikanischen Unabhängigkeitskämpfe fasst der Historiker Hans-Joachim König dementsprechend zusammen: «So bedeutete die Konstituierung von neuen Staaten in ihrer Gründungsphase nicht viel mehr als die Selbstlegitimierung der kreolischen Eliten aus Großgrundbesitzern, Kaufleuten und Beamten, die sich mit ihren Interessen und ihrem nationalen Projekt durchgesetzt hatten.»[241]

Der antikoloniale und vor allem revolutionäre Charakter der Unabhängigkeitsbewegungen dieser Epoche ist daher min-

240 Castañeda Delgado (2005) stellt in einer Studie die Bezeichnung der Auseinandersetzungen als Befreiungs- oder Unabhängigkeitskriege grundsätzlich in Frage. Schließlich hätten die *ejércitos realistas* (Truppen zur Verteidigung der spanischen Monarchie und ihres kolonialen Herrschaftsanspruches) zu neunzig Prozent aus Amerikaner:innen nicht-spanischer Herkunft bestanden, während in den Unabhängigkeitsbewegungen die europäischen Spanier:innen, die auf der iberischen Halbinsel geboren waren, wichtige Positionen einnahmen.

241 König 2006: 338

destens diskussionswürdig. Der erfolgreiche Kampf gegen die spanische Kolonialherrschaft ging nicht mit einer inneren Dekolonisierung einher. Die Folgen dieser verpassten bzw. verhinderten historischen Chance sind bis heute überall auf dem Kontinent zu sehen, der mit die höchste soziale Ungleichheit weltweit aufweist, wo in vielen Ländern weiterhin quasi feudale Verhältnisse herrschen und breite Schichten der Bevölkerung rassistisch ausgegrenzt und diskriminiert werden. Frantz Fanon schrieb 1961: «[D]er Schmalspur-Faschismus, der nun schon ein halbes Jahrhundert lang in Lateinamerika triumphiert, [ist] das dialektische Resultat des halbkolonialen Staates in der Unabhängigkeitsperiode.»[242] Das Konzept der Nation in den Befreiungskriegen Lateinamerikas war zweifelsohne politisch und nicht ethnisch definiert, aber eben nur für einen begrenzten Teil der Gesellschaft bestimmt. Anders gesagt: Die Ausgeschlossenen wurden noch nicht einmal als Menschen wahrgenommen, weshalb es nicht als Widerspruch erschien, eine Nation als politischen Ausdruck des Staatsvolkes zu schaffen, von der gleichzeitig Millionen ausgeschlossen waren. Dass all die Anführer der Unabhängigkeitsbewegungen aus jener Zeit (Simón Bolívar, Antonio José de Sucre, José de San Martín) sowohl eine wichtige Referenz für nachfolgende revolutionäre nationale Befreiungsbewegungen darstellten als auch bis heute große Vorbilder der lateinamerikanischen Linken und wichtiger Bestandtteil der nationalen Mythen sozialistischer Staaten in Lateinamerika sind[243], weist auf die selektive Wahrnehmung auch im linken Nationalismus hin.

242 Fanon 1966: 147
243 So lautet die offizielle Bezeichnung des von Hugo Chávez initiierten gesellschaftlichen Transformationsprozesses in Venezuela *Bolivarische Revolution.*

8. Nationalismus als Strategie zur Befreiung: Antikolonialismus und nationale Befreiungsbewegungen nach 1945

Die zweite große Phase nationaler Befreiungsbewegungen begann mit dem Ende des Zweiten Weltkrieges. Bereits zuvor hatte es auch außerhalb Lateinamerikas antikoloniale Kämpfe gegeben, die bisweilen sogar Erfolg hatten (z.B. Irland 1921 oder Ägypten 1922). Aber erst in der Nachkriegszeit setzte sich global «das Modell der nationalen Befreiung durch, das vom antifaschistischen Kampf auf die Dekolonisierungsbewegungen übergriff»[244]. Die Alliierten wurden nun in ihren Kolonien mit den selben Forderungen nach Freiheit und Selbstbestimmung konfrontiert, in deren Namen sie selbst gerade erst gegen den deutschen Faschismus in den Krieg gezogen waren.

Die Aufteilung der Welt in zwei Blöcke politisch konträrer Systeme, in der sich sozialistische und kapitalistische Staaten gegenüber standen, gab den Befreiungsbewegungen zusätzlichen Aufschwung. Plötzlich ging alles sehr schnell: 1947 löste sich Indien aus der britischen Herrschaft, in den 1950er Jahren wurde die Unabhängigkeit Indonesiens (von der Niederlande) und Indochinas (von Frankreich) erkämpft und im folgenden Jahrzehnt befreite sich der Großteil Afrikas von der Kolonialherrschaft. Alleine 1960, im sogenannten Afrika-Jahr, erklärten 18 Kolonien ihre Unabhängigkeit. Zur gleichen Zeit entstand auf dem lateinamerikanischen Kontinent die nächste Welle nationaler Befreiungskämpfe, aus der auch die kubanische Revolution hervorging. In dieser Phase sind zwei Formen nationaler Befreiungsbewegungen zu unterscheiden: einerseits die antikolonialen Bewegungen, die in den kolonial beherrschten Gebieten, vor allem in Afrika und Asien, für die Unabhängigkeit ihrer Staaten eintraten. Andererseits entstanden nun vielerorts außerhalb eines kolonialen Kontextes sozial-revolutionäre Bewegungen, die für die Befreiung der Nation kämpften. Was beide Varianten einte, war, dass ihr Befreiungskampf im Kontext

244 Claussen 2002: 32

einer globalen linken antiimperialistischen Bewegung stattfand und sich vielerorts auf sozialistische und kommunistische Ideen gründete. Die Bewegungen sahen ihre nationalen Kämpfe als Teil des Kampfes für die sozialistische Weltrevolution. Der revolutionäre Nationalismus unterlag also einer Transformation, die darin bestand, dass «der Radikalismus der Russischen Revolution als Hauptideologie an die Stelle des Radikalismus der Französischen Revolution trat»[245].

8.1. Der Kampf gegen die koloniale Herrschaft in Afrika

Während das ethnische Konzept der Nation in der Nachkriegsordnung des Ersten Weltkrieges zur internationalen Norm von Staatlichkeit erhoben wurde, entdeckten die antikolonialen nationalen Befreiungsbewegungen im 20. Jahrhundert das emanzipative Potenzial des Nationalismus wieder und stellten ihn erneut in den Dienst der Revolution. Sie bezogen sich auf das Ideal des demokratischen Nationalstaates mit einer souveränen Bevölkerung und einem Mindestmaß an bürgerlicher Gleichheit und Freiheit – wovon die kolonial beherrschten Länder weit entfernt waren. Die Befreiungsbewegungen forderten also nichts anderes als die in den Ländern der Kolonialmächte zuvor formulierten, vorgeblich universal gültigen demokratischen Prinzipien und Freiheitsrechte.[246] Die Nation stellte im antikolonialen Befreiungsnationalismus ein oppositionelles politisches Konzept dar, welches sich auf das Volk als Einheit der Unterdrückten mit einem gemeinsamen Willen zur Befreiung gründete. Eduardo Mondlane, von 1962 bis zu seiner Ermordung 1969 Präsident der mosambikanischen Befreiungsbewegung *Frente de Libertação de Moçambique* (FRELIMO), führte dies 1964 aus: «Mosam-

245 Hobsbawm 1991: 161

246 Der Hinweis, dass sich der antikoloniale Nationalismus auf Konzepte der Kolonialmächte bezog, wird bisweilen als eurozentristische Sichtweise kritisiert. Die Befreiungsbewegungen hätten sich zwar an europäischen Ideen orientiert, diese jedoch mit eigenen Konzepten von Freiheit und Selbstbestimmung aufgefüllt. So schreibt Chatterjee (1993: 5): «The most creative results of the nationalist imagination in Asia and Africa are posited not on an identity but rather on a difference with the ‹modular› forms of the national society propagated by the modern West.»

bikanischer Nationalismus entstand, wie praktisch aller afrikanischer Nationalismus, direkt aus dem europäischen Kolonialismus heraus. Mosambiks ureigenste Quelle nationaler Einheit ist die gemeinsame Erfahrung (des Leidens) des Volkes während der letzten hundert Jahre unter der kolonialen Kontrolle Portugals.» Wie in dem Zitat deutlich wird, waren vermeintliche ethnische oder kulturelle Gemeinsamkeiten für das antikoloniale Nationsverständnis kaum von Bedeutung. Dies lag vor allem im kolonialen Verhältnis begründet. Erstens waren die Staaten, in denen die antikolonialen Bewegungen kämpften, in der Regel durch von außen vorgenommene, willkürliche Grenzziehungen entstanden. Die meisten Grenzen auf dem afrikanischen Kontinent waren 1884 auf der Berliner Konferenz von den europäischen Kolonialmächten gezogen worden, um ihre gegenseitigen Besitzansprüche zu regeln. In der Regel verliefen diese quer zu existierenden sprachlich oder kulturell differenzierten Gebieten. Zweitens spielte die Nation als ethnisch oder kulturell definierter Bezugspunkt in Kolonialgebieten kaum eine Rolle, da sich die Menschen dort traditionsgemäß in anderen Einheiten organisierten. Und drittens gab die koloniale Unterdrückung und repressive Politik für die Bevölkerung wenig Anlass, sich positiv auf die von den Kolonialmächten geschaffenen Einheiten zu beziehen.

Stattdessen gab es vielerorts Versuche, über (kolonial)staatliche Grenzen hinweg die Unterdrückten im Kampf gegen die Kolonialherrschaft zu vereinen. Auf dem afrikanischen Kontinent fand dies seinen Ausdruck im Konzept des Panafrikanismus. Der 1959 in Johannesburg gegründete *Pan Africanist Congress* (PAC) wurde mit dem Ziel gegründet, ganz Afrika von der Kolonialherrschaft zu befreien und die *United States of Africa* einzurichten. «Afrikanischer Nationalismus ist die einzige befreiende Kraft, welche die Massen, die aus Angehörigen verschiedenartiger Stämme bestehen, in eine feste, disziplinierte und vereinte kämpfende Kraft zusammenschweißen kann» schrieb Robert Mangaliso Sobukwe, der Vorsitzende des PAC im Jahr 1959. Andernorts gab es ähnliche Bestrebungen. Der zentralamerikanische Befreiungskämpfer Augusto César *Sandino* war bereits Anfang des 20. Jahrhunderts für die Gründung einer «lateinamerikanischen Nationalität» eingetreten, um als vereinter Kontinent gegen die Abhängigkeit von Nordamerika zu kämpfen. In den arabischen Ländern entwickelte sich im Zuge der antikolonialen Kämpfe der Panarabismus.[247]

Der antikoloniale Nationalismus sollte also ganz im republikanischen Sinne sprachliche, kulturelle und ethnische Grenzen überwinden und die Menschen des afrikanischen Kontinents im Widerstand vereinen. Er gründete sich auf dem «hypothetischen [...] Willen der innerhalb kolonialer Verwaltungsgrenzen lebenden Bevölkerung»[248] – ausgenommen die herrschende Elite. Da diese in kolonialen Zeiten zugleich eine «ausländische» Elite war, trug letztendlich auch der Befreiungsnationalismus eine ethnische Komponente in sich. Diese lag jedoch vor allem darin begründet, dass zu Kolonialzeiten in den abhängigen Ländern die sozialen Bruchlinien mit den ethnischen zusammenfielen. «Die herrschende Art ist zunächst die, die von woanders kommt, die nicht den Autochthonen ähnelt, die Art der ‹Anderen›», beschrieb Frantz Fanon das Kolonialverhältnis.[249] Wenn Kultur und Tradition ins Spiel gebracht wurden, dann meist in Abgrenzung zum europäisch-rassistischen Bild und in Verbindung mit der Erfahrung kolonialer Unterdrückung. Eine wichtige Rolle in den afrikanischen Befreiungsbewegungen spielte hierbei der Begriff der *Négritude*, der von Aimé Césaire, einem Kommunisten afro-karibischer Herkunft, als Konzept des Widerstandes und des kulturellen Empowerments entwickelt wurde. Fanon sah darin die «logische Antithese zur Beleidigung der Menschheit durch den weißen Mann».[250]

Grundsätzlich bleibt festzuhalten, dass «die Entkolonialisierung Lateinamerikas nach 1815, Asiens und Afrikas nach 1945 [...] überwiegend gemäß der ‹französischen› Nationsidee»[251] verlief. Sie beriefen sich nicht auf eine vorgeblich bereits existierende ethnische Gemeinschaft, sondern ihr erklärtes Ziel war das *nation building*, die Erschaffung von Einheit durch die Herausbildung eines kollektiven politischen Bewusstseins.

247 Das Konzept des Panarabismus steht zwar auch für die Schaffung einer staatenübergreifenden Nationalität, unterschied sich jedoch von der panafrikanischen und der panamerikanischen Idee. In letzteren stellte die kollektive Erfahrung von Unterdrückung und Sklaverei das identitätsstiftende Hauptmerkmal dar. Die vom Panarabismus angestrebte Einheit beruhte von Beginn an aber auch auf der Zusammenführung arabischer Kultur, Sprache und Religion.

248 Ansprenger 2000a: 39

249 Fanon 1966: 33

250 Ebd.: 180

251 Ansprenger 2000a: 39

Ihr Nationalismus war ein Akt des Widerstandes gegen die brutale Gewalt kolonialer Herrschaft der europäischen Länder, die «systematische Antwort auf ihre weltumspannenden Raubzüge»[252]. Im Gegensatz zu den lateinamerikanischen Unabhängigkeitsbewegungen des 19. Jahrhunderts war der sozial-revolutionäre Aspekt dabei weitaus deutlicher ausgeprägt. Zwar stammten auch im Antikolonialismus oftmals maßgebliche Akteure nicht aus den untersten Schichten, sondern aus der (europäisch) gebildeten Mittelschicht (*colonial intelligentsia)*, die gegenüber der Mehrheitsgesellschaft privilegiert war. Die Motivation der nationalen Befreiungsbewegungen bestand aber nicht vorrangig in der Erlangung wirtschaftlicher Freiheiten, sondern sie traten für eine grundlegende Demokratisierung ihrer Gesellschaften ein, für ein Ende jeglicher Diskriminierung und Unterdrückung sowie in vielen Fällen für die Einrichtung des Sozialismus. Diese beriefen sich dabei auf die Thesen Lenins, der den Imperialismus als «die höchste Stufe des Kapitalismus» bezeichnet hatte – somit war ihr antiimperialistischer Kampf zugleich ein antikapitalistischer.[253]

Dass sich der Prozess der Dekolonisation auf dem ganzen Globus in den Bahnen des Nationalismus vollzog, hat verschiedene Gründe. Erstens stellte er das erfolgreichste revolutionäre Konzept der Moderne dar, mit dem sich Gesellschaften kollektiv aus «Fremdherrschaft» befreit hatten. Zweitens zwang der Imperialismus die Bewegungen gewissermaßen, sich in ihrem Widerstand auf das Konzept der Nation, und damit auf eine Kategorie ihrer Unterdrücker:innen, zu berufen. Das «Selbstbestimmungsrecht der Völker», die völkerrechtliche Grundlage der Entkolonialisierung, galt nur für Nationen. Damit ihre Forderung nach Demokratie im Sinne der Volkssouveränität international anerkannt wurde, mussten sich die Gesellschaften zur Nation erheben. In Verbindung hiermit steht auch der dritte Grund: Wenn die Gesellschaften – und vor allem ihre bürgerliche Elite[254] – im Anschluss an die Unabhängigkeit als gleich-

252 Nairn 1978: 22

253 Manche Bewegungen vermieden jedoch Selbstbezeichnungen als «kommunistisch» oder «marxistisch», da sie sich nicht entlang der politischen Achse der Blockkonfrontation einordnen wollten. Zudem stammten diese Konzepte aus Europa, und damit aus dem Ursprungsort ihrer Unterdrückung.

254 Über den bürgerlichen Charakter der Eliten in den Kolonialländern herrscht Uneinigkeit, da dort eigentlich nicht von einer bürgerlichen Ge-

berechtigter Akteur an der Weltmarktkonkurrenz teilnehmen wollten, mussten sie Zugang zur nationalstaatlich verwalteten Welt erlangen.

Wenn die Frage nach dem emanzipatorischen Gehalt nationaler bzw. nationalistischer Kämpfe gestellt wird, muss bezüglich der antikolonialen Befreiungskämpfe zuallererst die Tatsache betont werden, dass diese in ihrer großen Mehrheit – zumindest formell – erfolgreich waren. Ein großer Teil der aktuell existierenden Nationalstaaten ist das Produkt erfolgreicher nationaler Befreiungskämpfe, nicht selten an- und durchgeführt von sozialistischen und kommunistischen Bewegungen.[255] Sie haben es geschafft, die koloniale (Welt-)Herrschaft zu brechen und nationale Unabhängigkeit zu erlangen. Wenn man hingegen die soziale Befreiung betrachtet, sind sie quasi alle gescheitert. Sei es Vietnam, Indonesien oder Indien – Angola, Mosambik oder Südafrika: von einer befreiten Gesellschaft sind diese Länder weit entfernt. Die nationalen Befreiungsbewegungen, deren sozial-revolutionäre Motivation oftmals weit über das Ziel des republikanischen Nationalismus, also die Einrichtung formeller Demokratie, hinausging, haben meist noch nicht einmal diese Zwischenetappe erreicht, wie man an der Situation bezüglich grundlegender Menschen- und Bürger:innenrechte, sozialer Ungleichheit und Armut feststellen kann. Diese Situation ist nicht ohne die Geschichte kolonialer Unterdrückung und postkolonialer Ausbeutung zu verstehen, ohne Berücksichtigung der globalen politischen und ökonomischen Machtverhältnisse, in denen die Unabhängigkeit erlangt wurde – und wie sie im Anschluss bekämpft und sabotiert wurde. Ebenso darf nicht vergessen werden, dass Kolonialherrschaft ein System aus institutionalisiertem Rassismus, systematischer Folter und offenem Terror gegen die Bevölkerung bedeutete. Der erkämpfte Sturz dieses Unterdrückungssystems ist nicht zu unterschätzen. Trotzdem bleibt am Ende die nüchterne Feststellung von Étienne Balibar: «Gemessen an ihren Idealen war die Entkolonisierung ein Fehlschlag; sie war unvollständig und wurde pervertiert.»[256]

---

sellschaft gesprochen werden kann. Siehe dazu Fanon 1966.

255 1946 bestanden die Vereinten Nationen aus 35 Mitgliedsstaaten. 1970 waren es bereits 127, von denen viele aus den antikolonialen Kämpfen hervorgegangen waren.

256 Balibar 1990: 56

8.1.1. *Antikolonialer Nationalismus bei Frantz Fanon*

Frantz Fanon gilt als der wichtigste Theoretiker des antikolonialen Befreiungskampfes. Er wurde 1925 auf der Karibikinsel Martinique geboren, die zu jener Zeit noch unter französischer Kolonialherrschaft stand. Nach einem Studium der Medizin und Philosophie in Frankreich ging er nach Algerien, wo er sich der Nationalen Befreiungsfront Algeriens (FLN) anschloss und später als Botschafter der provisorischen algerischen Regierung (GPRA) auftrat. Er starb 1961, kurz nach Erscheinen seines Buches *Die Verdammten dieser Erde* und ein Jahr bevor Algerien offiziell die Unabhängigkeit erlangte. *Die Verdammten dieser Erde* gilt als Manifest des Antikolonialismus und wurde auf der ganzen Welt als «Gebrauchsanweisung für den bewaffneten Befreiungskampf» gehandelt.[257] In seinem Buch benennt Fanon Gewalt als unvermeidliches Mittel, um sich aus der Gewalt des Kolonialismus befreien zu können und zeigt die Dialektik kolonialer Unterdrückung und antikolonialer Befreiung, und damit auch ihre Widersprüche auf. Er überträgt dabei die marxistische Gesellschaftsanalyse auf die kolonialen Verhältnisse, deren Situation sich aufgrund des Standes der Produktionsverhältnisse («Unterentwicklung»), direkter kolonialer Herrschaft, des Fehlens einer nationalen Bourgeoisie und anderer Faktoren grundlegend von den europäischen Gesellschaften unterschied. Anhand seiner Ausführungen soll hier das antikoloniale Konzept von Nation und nationaler Befreiung konkreter dargestellt werden.

Fanon entwickelt in seiner Schrift ein antikoloniales Konzept von Nation, dass die Unterdrückten im Kampf vereinen soll. Nationale Identität entstehe ihm zufolge durch die Bewusstwerdung der Unterdrückung und durch die kollektive Erfahrung des Kampfes gegen sie. Die Mobilisierung der Massen im Befreiungskampf führe in das Bewusstsein «den Begriff der gemeinsamen Sache, des nationalen Schicksals, der kollektiven Geschichte ein».[258] Hierdurch erst wird die Bildung einer Nation möglich: Sie ist ein «in Blut und Zorn geschaffenes Bindemittel»[259]. Aufgabe des Nationalismus sei es, ethnische und regionale

257 Wolter 2002
258 Fanon 1966: 76
259 Ebd.: 77

Identifikationen zu überwinden, die vor allem der kolonialen Herrschaft dienlich seien. «[I]m bewaffneten Kampf vereinigen sich die Menschen mit ihren Feinden von gestern» und reinigen «das Gesicht der Nation von seinen lokalen Zügen».[260] Das revolutionäre Subjekt sieht er in erster Linie in der Landbevölkerung, der Guerilla sowie dem «Lumpenproletariat» (Arbeitslose, Slumbewohner). Die städtische Bevölkerung sei bereits zu sehr dem kolonialen Denken verhaftet, «verwestlicht».

Die Unabhängigkeit sieht Fanon keineswegs als Endziel des Befreiungskampfes. Ganz im Gegenteil beschreibt er an vielen Stellen den Nationalismus als bürgerliches Projekt der Herrschaftslegitimation, was der Verhinderung wirklich radikaler Veränderungen diene. Kurz nach der ersten großen Welle der Dekolonisation im «Afrika-Jahr» 1960 geschrieben, zeigt er in dem Buch anhand vielfältiger Beispiele auf, dass nationale Befreiung keineswegs auch soziale Befreiung beinhaltet. So beklagt er, dass die «Farce der nationalen Unabhängigkeit»[261] oftmals nur bedeute, dass die eigene Elite die Ausbeutung der Nation nationalisiere. Die nationale Bourgeoisie nehme den Platz der kolonialen Bourgeoisie ein, um bei der «Verteilung der Unabhängigkeitstorte»[262] ein möglichst großes Stück zu bekommen. Ihr Nationalismus sei ein Beruhigungswerk, ihre Forderung nach Nationalisierung bestehe bloß in der Übertragung der kolonialen politischen und ökonomischen Vorrechte auf die Autochthonen – anstelle die Ökonomie in den Dienst des gesamten Volkes zu stellen. Mit der Unabhängigkeit würden die eigenen Großgrundbesitzer zu den «neuen Kolonialherren», die nun ihr *partikulares* Interesse als *nationales* Interesse hinstellen: «Die Ausbeutung der Landarbeiter wird verschärft und legitimiert», aber «natürlich im Namen des nationalen Aufbaus».[263] Die Herrschaftsverhältnisse bleiben also unangetastet, nur die Herrscher ändern sich – es findet eine «Negrisierung und Arabisierung der Kader» statt. Der nationale Befreiungskampf wird daher feststellen müssen, «daß er zur gleichen Zeit, da er die koloniale Unterdrückung abbaut, auf Umwegen dazu beiträgt, einen neuen Ausbeutungsapparat aufzubauen».[264]

260 Ebd.: 113
261 Ebd.: 56
262 Ebd.: 164
263 Ebd.: 132
264 Ebd.: 123

Für Fanon ist der antikoloniale Nationalismus nicht per se revolutionär. Ganz im Gegenteil sieht er große Gefahren damit verbunden, wenn die nationale Befreiung nicht mit grundlegenden gesellschaftlichen Veränderungen (wie z.B. Landreform, Änderung der Produktionsverhältnisse) einhergeht. «Dem Bauern, der immer noch in der Erde herumscharrt, dem Arbeitslosen, der immer noch arbeitslos ist, will es trotz den Nationalfesten, trotz den immerhin neuen Fahnen nicht gelingen, sich davon zu überzeugen, daß sich in seinem Leben wirklich etwas geändert hat. [...] Die Massen haben Hunger, und daß es heute afrikanische Polizeikommissare gibt, beruhigt sie nicht übermäßig. Die Massen fangen an zu schmollen, sich abzuwenden und sich für diese Nation, die ihnen keinen Platz einräumt, nicht mehr zu interessieren.»[265] In Folge der missglückten Befreiung, die mit der Ablösung der *direkten* Kolonialherrschaft durch die *abstrakte* kapitalistischer Herrschaft einhergeht, findet ein «Rückfall in die Stammespositionen» statt, wie Fanon beobachtet: «[V]oller Ingrimm muß man den erstaunlichen Triumph der ethnischen Gemeinschaften mitansehen.»[266] Die im antikolonialen Kampf entstandene nationale Einheit löst sich in brutale Konflikte zwischen «Ethnien», «Stämmen» und Religionen auf. Rassismus gegen Menschen anderer afrikanischer Länder kompensiert die nicht stattgefundene soziale Befreiung: «Vom Nationalismus sind wir zum Ultra-Nationalismus, zum Chauvinismus, zum Rassismus übergegangen. Man verlangt die Ausweisung dieser Ausländer, man verbrennt ihre Läden, man demoliert ihre Verkaufsstände, man lyncht sie [...].»[267] Der innerafrikanische Rassismus steht dem kolonialen Denken dabei in nichts nach, wie Fanon an vielen Beispielen deutlich macht.

Trotz des – von Fanon selbst ausführlich beschriebenen – ausgrenzenden und Herrschaft legitimierenden Charakter des Nationalismus, der besonders nach «erfolgreicher» nationaler Befreiung zu Tage tritt, hält er am Nationalismus als revolutionärem Instrument der antikolonialen Befreiung fest. Fanon ist davon überzeugt, dass der antikoloniale Kampf ein nationaler sein muss. Auf der einen Seite beschreibt er Unabhängigkeit als notwendige Minimalforderung, um überhaupt den weiteren sozialistischen Aufbau des Landes durchführen zu können.

265 Ebd.: 144
266 Ebd.: 135
267 Ebd.: 133

Dieser werde jedoch nur Erfolg haben, wenn man nicht der nationalen Bourgeoisie die führende Rolle dabei überlasse. Die fortschrittliche Aufgabe, die der Bourgeoisie in Europa zukam (Modernisierung, Industrialisierung, Schaffung eines Proletariats und eines kollektiven «nationalen» Bewusstseins), könne sie in Afrika aufgrund ihrer fehlenden Macht nicht übernehmen. Stattdessen führe die von der Bourgeoisie angeführte Unabhängigkeit zum Aufbau eines autoritären Regimes mit starrer Bürokratie, Parteiapparat und Polizeidiktatur. Auf diese Weise werde die neue nationale und die alte koloniale Bourgeoisie gemeinsam ihre Macht sichern und die weitere Ausbeutung des Landes organisieren. Die Frage, ob die bürgerliche Phase in den kolonialisierten Ländern übersprungen werden kann, «muss durch die revolutionäre Aktion und nicht durch Nachdenken entschieden werden», ist Fanon überzeugt.[268] Nationale Befreiung, als revolutionäres Konzept der Landbevölkerung und der Guerilla, ist für ihn etwas gänzlich anderes als die von nationalistischen Parteien erkämpfte, oder öfter ausgehandelte Unabhängigkeit.

Auf der anderen Seite sieht er die Nation als notwendiges Konzept an, in dem das revolutionäre kollektive Bewusstsein seinen Ausdruck finde. Nur ein nationales Bewusstsein, das er von der Bourgeoisie und der «zutiefst kosmopolitischen Bildung ihres Geistes»[269] abgrenzt, könne die Einheit im Kampf gegen die Herrschenden – sowohl nationaler und kolonialer Herkunft – hervorbringen. Eine wichtige, und zugleich ambivalente Rolle sprach Fanon dabei der «Nationalkultur» zu. Sie sei für das noch zu erschaffende Selbstbewusstsein und die Würde der Unterdrückten notwendiges Rüstzeug, um aus der verinnerlichten Unterwertigkeit hinaustreten zu können. «Andernfalls kommt es zu schwerwiegenden psychoaffektiven Verstümmelungen. Menschen ohne Ufer, ohne Grenzen, ohne Farbe, Heimatlose, Nicht-Verwurzelte, Engel.»[270] An dieser und anderen Stellen beschreibt Fanon Kultur als Essenz von «Identität», und damit als etwas Lebensnotwendiges. Meist jedoch verwendet er den Kulturbegriff als politisches Konzept, auf den Kampf und gesellschaftliche Strukturen bezogen. So betont er, dass die «verbissene und besessene» Suche nach einer Nationalkultur zwar

268 Ebd.: 149
269 Ebd.: 127
270 Ebd.: 185

angesichts der Verneinung und Vernichtung jeglicher «Identität» durch den Kolonialismus verständlich und notwendig sei, jedoch an sich weder für den Befreiungskampf noch für eine zukünftige Gesellschaftsordnung Bedeutung besäße. «Die negro-afrikanische Kultur verdichtet sich um den Kampf der Völker und nicht um Gesänge, Gedichte und Folklore», stellt Fanon klar.[271] Aus diesem Grund müsse der «allgemeine und undifferenzierte Nationalismus» mit revolutionären Inhalten gefüllt werden. Sonst bleibe er eine «zerbrechliche, grobe Form ohne Inhalt» und führe zum Rückfall «von der Nation wieder zur ethnischen Gemeinschaft, vom Staat wieder zum Stamm».[272] Ein rein nationales Bewusstsein mag zwar für die Erlangung der Unabhängigkeit ausreichend sein, so Fanon, aber nicht für die soziale Befreiung. Daher sei die Politisierung der Massen eine «historische Notwendigkeit»: «Wenn der Nationalismus nicht erklärt, bereichert und vertieft wird, wenn er sich nicht sehr rasch in politisches und soziales Bewußtsein, in Humanismus verwandelt, dann führt er in eine Sackgasse.»[273] Zynisch könnte man dies, wie Udo Wolter, damit umschreiben, dass Fanon «die Nation vor dem Nationalismus retten» wolle.

In der Gesamtbetrachtung lässt Fanon keinen Zweifel, dass die nationale Befreiung nur als Bestandteil bzw. notwendige Begleiterscheinung der sozialen Befreiung gelten dürfe – und nicht umgekehrt.[274] Der entscheidende Wettstreit sei kein nationaler: «Die Aufständischen, die Desperados, die mit Messern und Äxten bewaffneten Gruppen finden ihre nationale Identität im unerbittlichen Kampf, den der Kapitalismus und der Sozialismus gegeneinander führen: in diesem Kampf sind sie zu Hause.»[275] Diese Motivation des Befreiungskampfes

271 Ebd.: 199

272 Ebd.: 127

273 Ebd.: 174

274 Es gibt durchaus viele, die Fanon anders lesen und als Stichwortgeber eines klassischen Antiimperialismus und Befürworter sämtlicher nationaler Befreiungsbewegungen ansehen. Dass dies möglich ist, liegt vor allem in seiner dialektischen Herangehensweise sowie seiner z.T. ambivalenten und sprunghaften Argumentation. Siehe hierzu Wolter 2002.

275 Fanon 1966: 66. Fanon betont jedoch, dass hiermit nicht eine Positionierung in der Block-Konfrontation gemeint ist. Eine Orientierung am Sowjetsystem würde den Antikolonialismus nur zum Spielball des globalen Konfliktes machen, der nicht der ihre ist. Seine distanzierte Haltung zum westlichen Kommunismus brachte ihm von der Kommunistischen Partei Frankreichs große Kritik ein.

könne nicht durch den «Zauber einer neuen Nationalflagge» zum Erlöschen gebracht werden, wie Fanon betont. Wenn das kämpfende Volk dies erkannt habe, sei es «gegen alle Mystifizierungsversuche, gegen alle Hymnen auf die Nation gewappnet». Aber «ohne diesen Kampf, ohne die Erkenntnis in der Praxis [des sozial-revolutionären Gehaltes des Kampfes – T.M.] ist alles nur Karneval und Tralala: ein Minimum an Neuordnung, ein paar Reformen an der Spitze, eine Nationalflagge und ganz unten die unteilbare, immer noch ‹mittelalterliche› Masse, die in ihrer dumpfen Bewegung verharrt».[276]

Frantz Fanons Gedanken zum revolutionären Nationalismus, und besonders zu seinen Fallstricken, waren seiner Zeit weit voraus. Nationalismus bedeutete für ihn radikaler Humanismus. Fahnen, Mythen und Kultur hatten für ihn nur Daseinsberechtigung als revolutionäre Symbolik, nicht aber als folkloristischer Selbstzweck.[277] Die Geschichte der Dekolonisation hat dabei gezeigt, dass die von ihm beschriebenen Gefahren des Nationalismus – denen zum Trotz er an dem Konzept festhielt – sich fast überall bewahrheitet haben. Jene Regression traf ihn sogar *post mortem* selbst: «Nur drei Jahre nach seinem Tod wurde der große Theoretiker der algerischen Revolution im Zuge der von der FLN eingeschlagenen Arabisierungspolitik öffentlich zum nicht-arabischen Fremden erklärt, dessen Denken für die neue algerische Gesellschaft keinen Wert besitze.»[278]

276 Ebd.: 126

277 Aus diesem Grund lehnte Fanon z.B. die Idee der *Négritude* ab. Zwar zeigte er Verständnis für das Konzept als antirassistische und antikoloniale Widerstandshaltung, aber sah darin keinerlei Nutzen für die soziale Befreiung. In *Schwarze Haut, Weiße Masken*, seinem 1952 erschienenen ersten Buch, bringt er diese Haltung in einem Satz anschaulich zum Ausdruck: «[I]ch werde mich keinesfalls mit der Wiederbelebung einer zu Unrecht nicht beachteten Kultur des Negers befassen».

278 Wolter 2002

8.2. Sozialrevolutionäre Kämpfe in Lateinamerika

Die Kolonialzeit war mit der Dekolonisation Afrikas in den 1970ern an ihr historisches Ende gelangt. Zumindest formal sind, mit wenigen Ausnahmen, alle Staaten der Erde souverän und unabhängig. Trotzdem waren vielerorts auch nach dem offiziellen Ende der Kolonialzeit Bewegungen entstanden, die für die Befreiung ihrer Nation eintraten. Der nationale Befreiungskampf außerhalb kolonialer Abhängigkeitsverhältnisse muss dabei genauer betrachtet werden. Denn durch das Ende real existierender kolonialer «Fremdherrschaft» bekommt die Forderung nach nationaler Befreiung eine neue Bedeutung. Herrschende und Beherrschte stehen sich in den ehemaligen Kolonien nicht mehr als Vertreter:innen verschiedener Nationen gegenüber, sondern innerhalb ein und derselben Nation. Institutionelle Diskriminierung und polizeiliche Repression, Zwang und Ausbeutung, Kontrolle und Gewalt werden nicht mehr von außen *gegen* die Gemeinschaft, sondern im Rahmen der erkämpften Souveränität *innerhalb* der Gemeinschaft ausgeübt. Es stellt sich daher die Frage, wer hier eigentlich von wem befreit werden soll.

Für die ehemals abhängigen Gebiete lässt sich, zumindest bis in die 1980er Jahre, feststellen, dass die nationalen Befreiungsbewegungen in erster Linie sozial-revolutionär ausgerichtet waren. Beispielhaft hierfür ist der lateinamerikanische Kontinent, auf dem sich noch über hundert Jahre nach dem offiziellen Ende der Kolonialzeit zahlreiche nationale Befreiungsbewegungen gründeten, die für eine revolutionäre Veränderung der Gesellschaftsordnung eintraten.[279] Die Ursache für diese postkolonialen Befreiungskämpfe lag darin, dass die Dekolonisation eben keineswegs in allen ehemaligen Kolonien eine Verbesserung der Lebensbedingungen für die Bevölkerung zur Folge hatte. Wie beschrieben waren in Lateinamerika von Beginn an große Teile der Bevölkerung von dem bürgerlichen

279 So u.a. 1961 in Nicaragua die *Frente Sandinista de Liberación Nacional* FSLN (Sandinistische Front der Nationalen Befreiung), 1964 das *Ejército de Liberación Nacional* ELN (Armee der Nationalen Befreiung) in Kolumbien, 1980 die *Frente Farabundo Martí para la Liberación Nacional* FMLN (Nationale Befreiungsfront Farabundo Martí) in El Salvador und 1983 in Mexiko das *Ejército Zapatista de Liberación Nacional* EZLN (Zapatistische Armee der Nationalen Befreiung).

Emanzipationsprojekt der Nation ausgeschlossen gewesen. Hinzu kamen vielfältige faschistische Militärdiktaturen und autoritäre Regime, die in der zweiten Hälfte des 20. Jahrhunderts über lange Zeit große Teile des Kontinents fest im Griff hatten. In anderen Teilen der Welt wurde die Entkolonialisierung im Einvernehmen mit den Kolonialmächten, oder sogar unter ihrer Leitung, durchgeführt. Dem souveränen Nationalstaat wurden nicht selten Machthaber:innen vorangestellt, die den kolonialen Eliten wohlgesonnen waren und diese in autoritärer Staatsführung und Repression noch übertrafen.

In Staaten, in denen die Unabhängigkeit tatsächlich *gegen* den Willen der Kolonialmächte erkämpft wurde, entwickelten sich wiederum oftmals unter der Herrschaft ehemaliger Befreiungsbewegungen neue Diktaturen. Und selbst in den Ländern, wo sich formell demokratische Systeme herausbildeten, wurden vorhandene soziale Ungleichheiten und Machtkonzentrationen durch die Unabhängigkeit oftmals nicht berührt. Nicht zu vergessen die globalen Macht- und Herrschaftsverhältnisse: Viele schwache Staaten, nicht selten ehemalige Kolonien, sind zwar formal souverän, stehen jedoch durch die Prozesse der kapitalistischen Globalisierung und ihrer Instrumente (Freihandelszonen, Strukturprogramme der Weltbank und des Internationalen Währungsfonds (IWF), multinationale Konzerne, Entwicklungshilfe etc.) in starker wirtschaftlicher und dadurch auch politischer Abhängigkeit. Diese neokolonialen Verhältnisse haben sich vielerorts durch den Siegeszug des Neoliberalismus zementiert und lassen nationale Souveränität nur noch als Illusion oder Farce erscheinen. Aus dieser fortwährenden Unfreiheit und Ungleichheit legitimierte sich der postkoloniale Befreiungskampf: «Stand zum Ende der Kolonialzeit vor allem der Befreiungskampf mit dem Ziel der (nationalen) Unabhängigkeit im Vordergrund, ist es seither der Kampf gegen extreme wirtschaftliche und soziale Ungleichheit (z.B. als koloniales Erbe) und gegen politische Unterdrückung (z.B. durch diktatorische Regime).»[280]

Die Kämpfe waren also als soziale, radikaldemokratische und antifaschistische Kämpfe nicht primär gegen eine «Fremdherrschaft» gerichtet (auch wenn der Einfluss anderer Staaten, besonders der USA, in der antiimperialistischen Rhetorik eine große Rolle spielte). Nationale Befreiung bedeutete zuerst einmal nur die Wiedererlangung bzw. an den meisten Orten über-

280 Schubert/Klein 2006: 37

haupt erst Durchsetzung wahrer Volksherrschaft im ganz simplen Sinne bürgerlicher Demokratie und rechtsstaatlicher Garantien, gegen die fortbestehenden autoritären und feudalen Strukturen. Oftmals war der Titel «nationale Befreiung» nicht viel mehr als ein angesagtes Label, dass sich linksradikale und sozialistische Organisationen gaben, um ihre Verbundenheit mit antikolonialen und revolutionären Kämpfen in der Welt auszudrücken. Zugleich konnte man sich darauf verlassen, durch den Bezug auf die Nation größere Unterstützung in der Bevölkerung zu gewinnen. Der sozial-revolutionäre Befreiungskampf in Lateinamerika trat in der Regel mit einer klar und offen formulierten politischen Ausrichtung auf: Marxismus-Leninismus, militärische Disziplin und der Kampf für die «Volksmassen» prägten die Guerillas der 1970er und 1980er Jahre. Diskussionen über Nation und Nationalismus nahmen – im Gegensatz zum Antikolonialismus – relativ wenig Platz ein.

Die Blütezeit der Guerillas und Befreiungsbewegungen ist in Lateinamerika mittlerweile an ihr Ende gelangt, auch wenn sich die Zustände, aus denen diese Bewegungen hervorgegangen waren, nicht gerade zum Besseren entwickelt haben. Gegen diese wird auch weiterhin vielfältig gekämpft. Jedoch haben sich die sozialen Bewegungen und ihre Strategien verändert. Radikale Reformen und Revolution, so die neue Strategie sozialer Bewegungen, sollen nicht mehr *gegen* den Staat und seine Institutionen, sondern *durch* den Staat umgesetzt werden. In vielen lateinamerikanischen Staaten hat sich im Übergang zum 21. Jahrhundert in Verbindung mit breiten sozialen Protesten das politische Kräfteverhältnis verschoben, so dass dort Linksregierungen entstehen konnten. Hieraus ging auch der «Sozialismus des 21. Jahrhunderts» hervor, der auf gewisse Weise die parlamentarische Nachfolge der Befreiungsbewegungen angetreten hat und ab den 2000er Jahren eine Zeit lang in Venezuela, Bolivien und Ecuador die Regierungspolitik bestimmte. Wie in allen Nationalstaaten spielt auch in diesen «sozialistischen Staaten neuen Typs» Nationalismus eine große Rolle. Jedoch wird er in antiimperialistischer Tradition als Verteidigung nationaler Souveränität gegenüber multinationalen Unternehmen und dem Einfluss starker kapitalistischer Staaten verstanden. Ein ethnisches Verständnis von Nation spielt so gut wie keine Rolle.[281] Ganz

281 In Kuba ist das deutlich daran zu sehen, dass einer der Nationalhelden, Ernesto Che Guevara, aus Argentinien kam.

im Gegenteil ist die Einbeziehung bisher ausgegrenzter Bevölkerungsgruppen, insbesondere der indigenen, Teil des neuen sozialistischen Projektes. So lautet der offizielle Titel Boliviens seit der Machtübernahme durch den indigenen Bauernführer Evo Morales im Jahr 2006: «plurinationaler Staat».

Die mexikanische Befreiungsbewegung *Ejército Zapatista de Liberación Nacional* (EZLN) gehört zu den letzten wirklich aktiven Befreiungsbewegungen des Kontinents. Jedoch sticht sie aus verschiedenen Gründen aus den in der Geschichte Lateinamerikas zahlreichen Guerillas und nationalen Befreiungsbewegungen heraus. Die EZLN wurde 1983 in den Tropenwäldern der Region Chiapas gegründet, in einem der ärmsten Gebiete Mexikos im Südosten des Landes. Aber erst zehn Jahre später, im Januar 1994, betrat sie das erste Mal öffentlichkeitswirksam die weltpolitische Bühne, als sie quasi ohne Vorwarnung einen bewaffneten Aufstand durchführte und mit ihrer Guerilla-Armee mehrere Städte der Region einnahm. Die EZLN fordert eine revolutionäre, basisdemokratische Umgestaltung der Gesellschaft und ein Ende der Diskriminierung der indigenen Gruppen. Dabei tritt sie mit einer bis dato ungewöhnlichen Mischung aus anarchistischen Theorieansätzen, indigener Folklore und Popkultur, Guerilla-Militanz und revolutionärer Poesie auf. Ihr kosmopolitisches Selbstverständnis, ebenso wie ihre Absage an den revolutionären Dogmatismus und militärischen Pathos traditioneller Befreiungsbewegungen, wird bereits an ihren globalen Vernetzungstreffen unter dem Motto «intergalaktische Treffen gegen Neoliberalismus und für Menschlichkeit» deutlich.[282] Die EZLN sah sich als Teil der globalisierungskritischen Bewegung, die ab Mitte der Neunziger Jahre das wichtigste Projekt gelebten Internationalismus der außerparlamentarischen Linken darstellte. Der Widerstand gegen die neoliberal geprägte Globalisierung und ihre Institutionen wie Freihandelszonen, Weltbank und IWF war einer der wichtigsten Pfeiler dieser globalen Bewegung. Der Beginn des Aufstandes in Chiapas schloss daran an und war bewusst auf den 1. Januar 1994 gelegt, der Tag an dem das Freihandelsabkommen NAFTA zwischen Mexiko, den USA und Kanada in Kraft trat. Diese kosmopolitische Modernität, die sich sowohl in der Theorie als auch in der Praxis der EZLN ausdrückt, mach-

282 An dem ersten Treffen im Juli 1996 nahmen über 5000 Aktivist:innen aus über 50 Ländern teil.

te sie für viele Jahre zu dem meist unterstützten Befreiungskampf.[283] Trotz ihrer Selbstbezeichnung als Nationale Befreiungsbewegung spielt das Nationale in der EZLN so gut wie keine Rolle, was bereits an Parolen wie *Un mundo donde quepan muchos mundos* (Eine Welt, in der viele Welten Platz haben) zu sehen ist. Ihr Kampf ist ein sozialer, für Menschenrechte und Basisdemokratie, und bezieht sich trotz ihrer indigenen Basis auf die gesamte Bevölkerung Mexikos (*Todo para todos, nada para nosotros* – Alles für alle, nichts für uns). Die EZLN kann als postmoderne Variante nationaler Befreiungskämpfe angesehen werden, die in ihrer Gestalt bereits das Ende der klassischen nationalen Befreiungsbewegungen ankündigt.

8.3. Nationale Befreiungsbewegungen in Europa

Auch in Europa stand in der Linken für lange Zeit das Konzept der nationalen Befreiung hoch im Kurs. Im Rahmen der 1968er Rebellionen wurden Befreiungsbewegungen im Trikont und unterdrückte «Völker» zur hauptsächlichen Solidaritätsadresse und oftmals zugleich Projektionsfläche linker Revolutionsphantasien. Die internationale Solidarität äußerte sich nicht nur in vielfältigen Solidaritätskampagnen, Unterstützer:innengruppen und später auch Arbeitsbrigaden, die insbesondere nach Lateinamerika organisiert wurden. In den 1960er Jahren entstanden auf dem europäischen Kontinent selbst auch zahlreiche Gruppen, die sich nicht nur in der Frage der Militanz, sondern auch inhaltlich an der zur damaligen Zeit scheinbar erfolgreichsten Strategie für die Revolution orientierten. Die antikolonialen Befreiungskämpfe in der abhängigen Welt schwappten sozusagen zurück in das «Herz der Bestie» (Ernesto Guevara). Jedoch fanden sie dort unter ganz anderen gesellschaftlichen Bedingungen statt. Dies wirkte sich auch auf die inhaltliche Ausrichtung der Befreiungsbewegungen aus.

Ein diesbezüglich aufschlussreiches Dokument der europäischen nationalen Befreiungsbewegungen ist die *Charte de*

283 Die internationale Solidarität ging soweit, dass es Anfang der 2000er Jahre Zeiten gab, in denen Menschenrechtsbeobachter:innen wieder nach Hause geschickt wurden, weil die zapatistischen Dörfer mit Aktivist:innen aus der ganzen Welt überfüllt waren.

Brest, die 1976 von acht linksnationalistischen Organisationen (darunter die nordirische IRA und die baskische ETA) unterzeichnet wurde.[284] Ihr Ziel war es, auf europäischer Ebene die «unterdrückten Völker» zu vereinen und eine «gemeinsame Strategie im nationalen Befreiungskampf» zu entwickeln. Die «Erklärung über den Kampf gegen den Imperialismus in Westeuropa», so der Untertitel der *Charte de Brest*, sollte das Grundsatzprogramm der «revolutionären sozialistischen Befreiungsbewegung» in Europa darstellen. Das Dokument besteht aus vier Teilen: Einer Analyse «des Imperialismus» und der politischen Situation in Europa (Teil I), einer Abhandlung über das Verhältnis von «Nationaler Frage» und Sozialismus (Teil II), einem Abschnitt über die «Mittel des revolutionären Kampfes» (Teil III) sowie einer Schlusserklärung (Teil IV). In dem letzten Teil der *Charte de Brest* werden die grundlegenden Pfeiler des westeuropäischen nationalen Befreiungskampfes, die «theoretische Basis der revolutionären Praxis im Kampf für ein sozialistisches Europa» festgelegt. Die ersten drei Punkte darin lauten:

1. «Wir bekräftigen das unveräußerliche Recht der Völker auf nationale Selbstbestimmung»
2. «Wir kämpfen gegen die wirtschaftliche, soziale, politische und kulturelle Unterdrückung unserer Völker und damit sie in allen Bereichen die Macht wiedererlangen»
3. «Wir kämpfen auch gegen alle Formen und Strukturen, die die Entfremdung, die Ausbeutung und die Herabwürdigung

284 Eine erste Fassung wurde 1974 in der französischen Hafenstadt Brest von Vertreter:innen der bretonischen UDB (*Unvaniezh Demokratel Breizh)*, der irischen IRA (*Irish Republican Army*) sowie der galicischen UPG (*Unión do Povo Galego*) verfasst. An einem zweiten Treffen im April 1976, diesmal in der kleinen französischen Ortschaft Mûr-de-Bretagne, nahmen insgesamt acht linksnationalistische Gruppen teil: die erwähnten UPG, UDB und Sinn Fein/IRA (unter dem gemeinsamen Namen *Irish Republican Movement*), die walisische CG (*Cymru Goch*), die baskische EHAS (*Euskal Herriko Alderdi Sozialista*), aus Katalonien die Gruppen PSAN-P (*Partit Socialista d'Alliberament Nacional-Provisional*) und die (französische) ECT (*Esquerra Catalana dels Treballadors*) sowie LOC (*Luta Occitana*) aus dem südfranzösischen Gebiet Okzitanien. Auf dem Treffen wurde eine zweite Version der *Charte de Brest* verabschiedet, auf die sich hier bezogen wird. Die sardinische SPS (*Su Populu Sardu*) sowie die baskische ETA (*Euskadi Ta Atasuna*) schlossen sich später der Erklärung an. Unbelegten Informationen zufolge gehörte auch die flämische *Volksunie* zu den Unterzeichnern. Aus der Volksunie entstand 1978 die mittlerweile verbotene rechtspopulistische und rassistische Partei *Vlaams Blok*, die heute als *Vlaams Belang* in Belgien aktiv ist.

des Menschen aufrechterhalten, insbesondere gegen den Faschismus, den Rassismus und die Sektiererei»

Die hier vorgenommene Reihenfolge zeigt bereits einen wichtigen Unterschied zu den gleichzeitig stattfindenden nationalen Befreiungskämpfen in Afrika, Asien und Lateinamerika auf: Die ersten beiden Punkte beziehen sich auf das Recht und die Unterdrückung von *Völkern*, erst im dritten Punkt wird «auch» die Befreiung des *Menschen* gefordert. Das Subjekt der Befreiung war nicht das Volk als Gesamtheit der Bevölkerung bzw. der Unterdrückten, sondern die «Völker» als sprachlich und kulturell differenzierte Gemeinschaften. Die angeklagte Unterdrückung bezog sich vor allem auf die Verweigerung des ethnisch verstandenen Selbstbestimmungsrechts, was als Recht auf einen eigenen Staat angesehen wurde, nicht als demokratisches Prinzip der Volksherrschaft. So entstand eine eigentlich paradoxe Situation: Linke Befreiungsbewegungen in Europa verwendeten das Konzept der Kulturnation zur Legitimation ihres Kampfes und bezogen sich dabei auf revolutionäre und antikoloniale Befreiungsbewegungen, die sich am republikanischen Nationenkonzept orientierten.

Dieser Unterschied, den beide Seiten zumeist ignorierten oder schlichtweg nicht wahrnahmen, lag vor allem im Entstehungskontext der europäischen Befreiungsbewegungen begründet. Zur Schaffung nationaler Identität braucht es eine Einheit stiftende Grundlage, welche die Mitglieder der Gesellschaft aneinander bindet. In den abhängigen Ländern war diese Grundlage in erster Linie die Erfahrung der Kolonialherrschaft, in den Militärdiktaturen die Gewaltherrschaft und Repression. In den Gebieten, in denen die oben genannten Bewegungen aktiv waren, war die Situation aber eine grundlegend andere. Im Falle Nordirlands oder des Baskenlandes, wo zu jener Zeit bisweilen bürgerkriegsähnliche Zustände und eine massive staatliche Repression vorherrschte, fand die Unterdrückung entlang ethnisch-kultureller Zuschreibungen statt. Die widerständige Antwort bestand in der positiven Bezugnahme auf die Kategorien der Diskriminierung und einer Betonung der Differenz als Rechtfertigung des Befreiungskampfes. In den französischen Regionen wiederum kann von Unterdrückung keine Rede sein. Ethnische Zugehörigkeit, Kultur und Sprache ersetzten dort als gesellschaftlichen Kitt das Moment der kollektiven Erfahrung, auf dem das *nation building* der antikolonialen Kämpfe basierte. In der *Charte de Brest* wird daher die «offizielle Einrichtung der Sprachen und Kulturen unserer Völker» als «integraler Teil der Einrichtung des Sozialismus in unseren Ländern» bezeichnet. Frank-Olaf Radtke sah darin eine «romantische Verklärung, die nach Jahren des vergeblichen ‹Klassenkampfes› an nationalen Befreiungsbewegungen ihr Vorbild fand und nun wieder die Begriffe ‹Nation› und ‹Volk› in den ‹linken› Diskurs einführte».[285]

Nationalismus und Sozialismus waren für die europäischen Befreiungsbewegungen untrennbar miteinander verbunden: «Der nationale Befreiungskampf ist nicht nur mit dem sozialen Befreiungskampf verknüpft, sondern es ist ein und derselbe Kampf», heißt es in der *Charte de Brest*. Der grundsätzliche Widerspruch zwischen der inhaltlichen Ausrichtung am kosmopolitischen Marxismus und der Berufung auf Nation und Kultur als überzeitliche Konstanten wurde scheinbar aufgelöst, indem gefordert wurde, die marxistische Gesellschaftsanalyse auf die «nationalen Realitäten» zu übertragen: «Der Sozialismus ist keine abstrakte Sache, sondern er muss an die spezifischen Konditionen jeden Landes angepasst werden» und «wer den nationalen Rahmen des Sozialismus verneint, unterstützt in der Mehrheit der Fälle den aktuellen Rahmen der imperialistischen Staaten». Die in Spanien aktiven nationalen Befreiungsbewegungen *Izquierda Abertzale* (Baskenland) und *Esquerra Independentista* (Katalonien) haben in zahlreichen Texten diese «Anpassung» des Marxismus an die «nationale Realität» ausgeführt.[286] Darin wird der Staat ebenso wie die moderne Nation – ganz im Sinne Marx´ – als bürgerliche Organisationsform beschrieben, die im Rahmen von Industrialisierung und Ausbreitung des Kapitalismus aufgekommen sei. Die linksnationalistische Antwort auf den Nationalstaat als Ausdruck der kapitalistischen Moderne bestand jedoch in der Rückbesinnung auf das Konzept der Kulturnation und eine angeblich naturgegebene, vor-kapitalistische Ordnung. Moderne Nationalstaaten seien von Natur undemokratisch, weil sie nicht die natürliche Einheit des «Volkes» widerspiegelten, so die Argumentation der Linksnationalist:innen. Als künstlich geschaffene Konstrukte bestünde ihre Aufgabe in der Unterdrückung und Vernichtung kultureller Unterschiede und «nationaler Identitäten» im Dienste des Kapitalismus – woraus im Um-

285 Radtke 1991: 85

286 Ausführlicher zum Linksnationalismus und den nationalen Befreiungsbewegungen in Spanien siehe Mense 2016 und 2021.

kehrschluss die Bewahrung von Kultur und nationaler Identität als antikapitalistische Handlung erscheint. Auch in der Brester Grundsatzerklärung der europäischen nationalen Befreiungsbewegungen wird «der Kampf für die essentielle Einheit des Volkes» als «die oberste Aufgabe der revolutionären Avantgarde der unterdrückten Völker in Westeuropa» beschrieben. Durch diese – oftmals widersprüchliche – Vermischung ethnischer und marxistischer Argumentationen wird der Klassenwiderspruch zu einem Konflikt zwischen Nationen. Die Arbeiterklasse als das historische Subjekt der kommunistischen Bewegung wird ethnisiert und in der Folge dem ethnisch definierten Volk ein proletarischer Charakter zugesprochen. In den linken Unabhängigkeitsbewegungen in Spanien ist fast durchgängig vom baskischen bzw. katalanischen «Arbeitervolk» (*pueblo trabajador*) die Rede. Die europäischen Befreiungsbewegungen waren also weniger national, als vielmehr nationalistisch ausgerichtet. Im Gegensatz zu jenen, die in Afrika oder Lateinamerika im Namen der gesamten Bevölkerung des Staates kämpften, sahen sich die europäischen Befreiungsbewegungen als revolutionäre Avantgarde der eigenen ethnisch definierten Gruppe.

8.4. Von den kurdischen Bergen an die baskische Küste

Viele der zuvor genannten Befreiungsbewegungen haben es nie geschafft, zu einem ernstzunehmenden politischen Akteur zu werden. Es gab aber Gebiete, in denen linksnationalistische Bewegungen im Kontext einer größeren nationalistischen gesellschaftlichen Mobilisierung aktiv waren und – nicht zuletzt durch ihre Militanz – große Bedeutung erlangten. Zu den bekanntesten Beispielen gehören die Konflikte in Nordirland, im Baskenland sowie in Kurdistan[287].

Was diese nationalen Befreiungsbewegungen – neben ihrem antikolonialen Selbstverständnis und der Selbstverortung als Teil der globalen Bewegung für den Sozialismus – vor allem verband, war eine Geschichte von Unterdrückung und Diskri-

287 Kurdistan liegt nicht auf dem europäischen Kontinent, wird hier aufgrund der geographischen Nähe sowie der Bedeutung des Befreiungskampfes in der (west-)europäischen Linken aber ebenfalls mitbehandelt.

minierung als ethnisch definierte Minderheit. Der Befreiungskampf wendete sich nicht nur, aber auch gegen diese Repression und Ungleichbehandlung, woraus sich zu einem Teil die starke ethnische Komponente erklären lässt, die sich in allen drei Bewegungen findet. Die Forderung nach Befreiung bezog sich auch auf das Recht, die eigene Kultur, Bräuche und Traditionen zu leben und vor allem die eigene Sprache zu benutzen. In Nordirland, Kurdistan und im Baskenland war dies lange Zeit Repressionen ausgesetzt. Die bereits beschriebene «Negation der Negation» war ein wichtiger Faktor bei der Entstehung dieser nationalen Befreiungsbewegungen. Die Gruppe Demontage unterscheidet in ihrem Buch *Postfordistische Guerilla* grob drei Tendenzen nationaler Befreiungsbewegungen: völkisch, republikanisch und sozialistisch. Dabei ordnet sie die kurdische Arbeiterpartei, *Partiya Karkarên Kurdistan* (PKK), dem völkischen Flügel zu, da diese ihren Antiimperialismus «nicht primär als antikoloniale Befreiung und Bekämpfung der Nord-Süd-Hierarchie der kapitalistischen Ausbeutung, sondern als notwendige Selbstkonstituierung *ihres Volkes*»[288] verstehe. Zur republikanischen Strömung zählt sie die *Irish Republican Army* (IRA) sowie die baskische Guerilla *Euskadi Ta Askatasuna* (ETA), auch wenn letztere «von der Tendenz her überwiegend völkische Elemente aufweist»[289]. Die Einordnung stammt von Ende der 1990er Jahre und die Bewegungen haben sich seitdem stark verändert, ebenso wie die gesellschaftlichen Verhältnisse, in denen sie agieren. Am Beispiel der ETA und der PKK sollen diese Transformationen kurz dargestellt werden.

8.4.1. Die kurdische Arbeiterpartei PKK: Demokratischer Konföderalismus

Die PKK wurde 1978 gegründet, als führende Organisation des «kurdischen nationalen Befreiungskampfes» und «untrennbarer Bestandteil der sozialistischen Weltrevolution». Sie forderte die Einrichtung einer klassenlosen Gesellschaft in einem «unabhängigen und vereinten Kurdistan», das – wenn man das vermeintliche «Siedlungsgebiet» der kurdischen Bevölkerung zum Maßstab nimmt – über vier existierende Staaten (Türkei, Syrien, Iran und Irak) verteilt wäre. Die Einordnung der PKK in die Kategorie

288 Gruppe Demontage 1998: 219. Herv. i. Orig.
289 Ebd.: 104

«völkischer Nationalismus» durch die Gruppe Demontage war zu jener Zeit durchaus gerechtfertigt, liest man sich damalige Texte der Gruppe und ihres Anführers Abdullah Öcalan durch. Von der «patriotischen Pflicht», das «tausendjährige Heimatland» zu verteidigen, ist dort die Rede und Kosmopolitismus wird als «niederträchtiges Verbrechen» bezeichnet. In einem Interview in der *Zeit* rechtfertigte Öcalan 1997 gar deutschen Rassismus gegenüber Kurd:innen, schließlich würde das «entwickelte Deutschland aufgrund der Rückständigkeit unseres Volkes etwas verschmutzt». Ungefähr zur gleichen Zeit zündeten sich in Deutschland aus Protest gegen das PKK-Verbot und die Repression kurdische Aktivist:innen auf Autobahnen selbst an und starben als Märtyrer:innen für die Organisation und ihren Führer. Die Argumentation des kurdischen Befreiungskampfes war von Ethnonationalismus geprägt, der mit Antiamerikanismus und Antisemitismus durchsetzt war. Die hiesige Solidaritätsszene knüpfte daran an: Mit «Die Kurden sind das größte und älteste Volk auf der Erde, dem sein Recht auf Selbstbestimmung vorenthalten wird» wurde 1999 in einem Flugblatt die Unterstützung des kurdischen Befreiungskampfes begründet. Seit der Entführung Öcalans in Kenia im selben Jahr und seiner anschließenden Inhaftierung in der Türkei (wo er bis heute im Gefängnis sitzt) hat sich die inhaltliche Ausrichtung der kurdischen Befreiungsbewegung jedoch grundlegend verändert.

Im Jahr 2004 entstand in der Haft Öcalans Buch *Jenseits von Staat, Macht und Gewalt.* Das Buch ist eine Absage an die marxistisch-leninistische Kampfrhetorik und den klassischen Antiimperialismus sowie zugleich ein Plädoyer *gegen* die Schaffung eines kurdischen Nationalstaates und für den «Demokratischen Konföderalismus». In späteren Schriften arbeitete er dieses Konzept weiter aus, unter anderem in einer gleichnamigen Broschüre, die 2012 auf Deutsch erschien.[290] Die Idee dahinter ist die Einrichtung einer «Demokratie ohne Staat»: Eine basisdemokratische Gesellschaftsform als fortlaufender Prozess, der auf Strukturen der kommunalen Selbstorganisation und Selbstverwaltung aufbaut und in dem «alle Arten gesellschaftlicher und politischer Gruppen, Religionsgemeinschaften oder geistiger Strömungen sich direkt in allen regionalen Entscheidungs-

290 Öcalan orientiert sich dabei stark an den Thesen des US-amerikanischen Ökoanarchisten Murray Bookchin und seinem Konzept des *libertarian municipalism*.

prozessen ausdrücken können». Als Grundpfeiler der neuen Gesellschaftsordnung werden Ökologie und Feminismus angegeben, sowie eine alternative Ökonomie, die sich nach den «Bedürfnissen der Gesellschaft» richten soll. Die Kritik an Sexismus und am Patriarchat nimmt großen Platz in dieser Theorie ein, sie werden als wesensmäßige Bestandteile der kapitalistischen Ordnung sowie des Nationalstaates begriffen. Das Konzept des Demokratischen Konföderalismus entstand nicht zuletzt aus einer kritischen Auseinandersetzung mit Nationalismus und besonders dem Nationalstaat, der nun als «Feind der Völker» und «Statthalter des globalen kapitalistischen Systems» abgelehnt wird. Das «Projekt der demokratischen Moderne», wie Öcalan den Demokratischen Konföderalismus in Abgrenzung zur kapitalistischen Moderne auch bezeichnet, wird dementsprechend als «anti-nationalistische Bewegung» charakterisiert. Am Konzept der politischen Nation wird festgehalten, jedoch wird sich explizit gegen die Vorstellung einer «homogenen monolithischen Einheit» ausgesprochen. Stattdessen wird betont, dass Gesellschaften in sich widersprüchlich und heterogen sind und dass eine «demokratische Nation» auf dieser Heterogenität, auf «ethnischer, kultureller und politischer Vielfalt» aufbauen müsse. Bisweilen ist noch immer eine starke ethno-folkloristische Komponente in der Argumentation zu erkennen. In «Krieg und Frieden in Kurdistan» (2008) zum Beispiel legt Öcalan den Beginn der kurdischen Kultur auf 20.000 v. u. Z. und beschreibt das «kurdische Volk» als «eines der ältesten autochthonen Ethnien der Region», was sich bis zum heutigen Tag seine «Existenz als ethnische Gemeinschaft» bewahrt habe. Auch das «Selbstbestimmungsrecht der Völker» wird weiterhin verteidigt, jedoch wird es nicht mehr als Argument für eine Staatsgründung in Anschlag gebracht.[291] Vor allem aber wird nicht mehr eine vermeintliche ethnische Differenz zur Legitimation des Befreiungskampfes herangezogen, sondern es geht um eine basisdemokratische Umgestaltung der Gesellschaft, von der alle profitieren sollen und die auch als Beispiel für andere Länder im Mittleren Osten gelten soll.[292]

291 Öcalan schreibt hierzu: «Die nationale Frage ist kein Hirngespinst der kapitalistischen Moderne. Nichtsdestotrotz war es die kapitalistische Moderne, welche die nationale Frage der Gesellschaft aufgezwungen hat.» (Öcalan 2012: 36)

292 Die Aussagen Öcalans zu Israel sind nicht weniger interessant. Israels Stärke im Mittleren Osten resultiere aus seinen «starken demokrati-

Basierend auf diesen Grundsätzen wurde seit Sommer 2012 – in Folge des syrischen Bürgerkrieges und des entstandenen politischen Vakuums – in Rojava[293] (kurdisch für «der Westen» oder «Land des Sonnenuntergangs») im Nordosten Syriens eine demokratische Selbstverwaltung aufgebaut, quasi ein Rätesystem auf kommunaler Ebene.[294] 2013 erklärten die drei zu Rojava gehörenden Kantone ihre Autonomie und im Januar 2014 wurde ein «Gesellschaftsvertrag» für diese Regionen verabschiedet. 2016 wurde dann die «Demokratische Föderation Nordsyrien-Rojava» ausgerufen, die zwei Jahre später in «Autonome Administration von Nord- und Ostsyrien» umbenannt wurde. Hediya Yousef, von 2016 bis 2018 Co-Präsidentin von Rojava, umschrieb in einem Interview die Föderation als etwas «jenseits des Nationalstaates», einen Ort, «wo alle Menschen, alle Minderheiten und alle Geschlechter gleichberechtigt vertreten sind». Dies findet seinen Ausdruck u.a. darin, dass in der Selbstbezeichnung «Autonome Administration von Nord- und Ostsyrien» kein Bezug auf den mehrheitlich kurdischen Hintergrund des Projektes zu finden ist. Auch in der Sprach- und Kulturpolitik wird versucht, diesem Anspruch gerecht zu werden: «Alle Sprachen Nordsyriens sind in allen Lebensbereichen, im Erziehungswesen und kulturellen Leben und in Verwaltungsangelegenheiten gleichwertig. Jedes Volk gestaltet sein Leben und regelt seine Angelegenheiten in seiner Muttersprache», heißt es in Artikel vier des 2016 aktualisierten Gesellschaftsvertrages. Ulf Petersen spricht bezüglich Rojava von einer «Revolution gegen die Ethnisierung des Sozialen»[295]. Auch wenn die Autonome Föderation staatsähnliche Strukturen aufweist, sollen die sonst mit einem zentralistischen Nationalstaat verbundenen Zwangs- und Unterdrückungsmechanismen nicht reproduziert werden. Stattdessen hat die kurdische Befreiungsbewegung den Anspruch, über den Nationalstaat hinaus ein postnationa-

---

schen und kommunalen Strukturen». Öcalan weiter: «Die Juden gehören zu den Kulturträgern des Mittleren Ostens. Die Verweigerung ihres Existenzrechts ist ein Angriff auf den Mittleren Osten als solchen.» Statt in alter antiimperialistischer Manier im Nahostkonflikt ein unterdrücktes «Volk» gegen ihre Besatzer kämpfen zu sehen, wird er als Beweis für «das völlige Versagen der kapitalistischen Moderne und des Nationalstaates» angeführt. (Öcalan 2012: 44f.)

293 Rojava besteht aus den drei Kantonen Efrîn, Kobanî und Cizîrê.

294 Ausführlicher zu der Entwicklung in Rojava siehe Ayboğa/Flach/Knapp 2015, Küpeli 2015 und Schmidinger 2017.

295 Petersen 2015: 34.

les, pluralistisches und auf Gleichberechtigung basierendes Gesellschaftssystem zu entwickeln.[296] «Eine demokratische Nation gegen den Nationalstaat», wie es Hediya Yousef ausdrückte.

Die kurdische Befreiungsbewegung hat zu Beginn des 21. Jahrhunderts einen erstaunlichen Prozess durchgemacht. Die PKK und ihr Umfeld haben den Zusammenbruch des Realsozialismus zum Anlass genommen, ihr eigenes Politik- und Revolutionsverständnis selbstkritisch zu hinterfragen. Mit dieser Neuausrichtung hat sich die PKK deutlich von anderen nationalen Befreiungsbewegungen abgesetzt, in denen die ethnische Legitimation immer mehr an Bedeutung gewonnen hat. Dies soll hier am Beispiel der baskischen ETA aufgezeigt werden.[297]

8.4.2. Die baskische Guerilla ETA: Ethnisierter Sozialismus

Die ETA hatte keinen primär sozialistischen Ursprung. Vielmehr entstand sie im Umfeld eines starken bürgerlichen baskischen Nationalismus, den sie erst später mit sozialistischen Ideen auffüllte. Zwar definierte sie sich zu ihrer Gründung 1959 als «baskische revolutionäre Bewegung der nationalen Befreiung», vermied anfangs aber jede weltanschauliche Festlegung. In ihrer Grundsatzerklärung, den *principios* aus dem Jahr 1962, beschrieb sie als Ziel ihres Kampfes die Demokratisierung der politischen und ökonomischen Sphäre und die Garantie der Menschenrechte, solange diese nicht dafür eingesetzt würden, die «baskische Souveränität anzugreifen oder ein diktatorisches Regime (sei es faschistisch oder kommunistisch) einzurichten». Die baskische Bourgeoisie sah sie anfangs nicht als Feind, son-

---

296 Inwieweit das in der Praxis tatsächlich umgesetzt wird, ist eine andere Frage. Zum einen gibt es auch weiterhin einen Teil der kurdischen Befreiungsbewegung (z.B im Irak), die für die Gründung eines unabhängigen Staates Kurdistan eintritt. Darüber hinaus gibt es Machtkämpfe zwischen den verschiedenen (kurdischen) Fraktionen und Berichte, dass die PYD (die syrische Schwesterpartei der PKK) als dominante politische Kraft in Rojava autoritär agiert, bis hin zu Vorwürfen, eine Parteiendiktatur einrichten zu wollen. Weitere Kritikpunkte betreffen den Militarismus, das Märtyrertum, den Fortbestand patriarchaler Strukturen sowie den autoritären Führerkult um *Apo* Öcalan. Diese sind hier nicht vorrangig Thema, da es um ihr Nation-Verständnis und dessen emanzipativen Gehalt geht.

297 Die ETA war lange Zeit einer der aktivsten und bekanntesten nationalen Befreiungsbewegungen Europas. Sie gab im Mai 2018 nach fast 60-jährigem Bestehen ihre Auflösung bekannt.

dern wollte sich mit ihr «unter der Führung des Proletariats» im «revolutionären Kampf» vereinen. In den *principios* betonte sie ihre Ablehnung von Rassismus und der Diskriminierung von Migranten, zu denen auch die nicht-baskischen Spanier gezählt wurden, jedoch mit einer Einschränkung: «solange diese sich nicht gegen die nationalen Interessen des Baskenlandes stellen». Das vom traditionellen baskischen Nationalismus zu jener Zeit weiterhin vertretene Rasse-Konzept[298] wurde von der ETA durch die kulturalistische Variante der ethnischen Selbstdefinition ersetzt, in der die Sprache und die Territorialität die Hauptmerkmale darstellen. Erst ein Jahr später bezeichnete sich die ETA explizit als sozialistische Organisation und bezog sich auf die Unabhängigkeitskämpfe in Kuba, Algerien und Vietnam. Beeinflusst durch die Schriften des antikolonialen Theoretikers Frantz Fanon sah sie Gewalt als unvermeidliches Instrument der nationalen Befreiung an.

In den Anfangsjahren gab es dabei durchaus Diskussionen über die nationalistische Ausrichtung. So formulierte die marxistisch-leninistische Abspaltung *ETA-Berri* (Neue ETA) 1968 eine deutliche Kritik am baskischen Nationalismus: «Wir Kommunisten gehen nicht von einer nationalistischen Konzeption der Welt aus» erklärten sie damals in ihrer Zeitung *Komunistak*. Die Vereinheitlichung von Sprachen und Kulturen betrachteten sie hingegen als Fortschritt auf dem Weg zu einer «Weltgesellschaft». In der von dem traditionellen Flügel der ETA geforderten «Euskarisierung» (Einrichtung einer kulturellen Hegemonie des Baskischen) hingegen sahen sie die Gefahr faschistischer Tendenzen, wenn nach Ende der Unterdrückung die «sprachliche Diktatur» des Spanischen bloß durch die Diktatur des Baskischen ersetzt würde. Daher stellten sie den revolutionären Cha-

298 Der baskische Nationalismus wurde Ende des 19. Jahrhunderts maßgeblich von einer Person geprägt: Sabino Arana. Arana war ein konservativer Katholik aus bürgerlichem Hause, der von der «Reinheit des baskischen Blutes» überzeugt war und die «baskische Rasse» vor dem schädlichen Einfluss durch Juden, Araber und *maketos* (innerspanische Migrant.innen) bewahren wollte. Er gründete 1895 die *Partido Nacionalista Vasco* (PNV), die bis heute führende Partei des baskischen Nationalismus. Zudem prägte er den Begriff *Euskal Herria* (für das gesamte baskische Gebiet inklusive der französischen Teile) und entwarf die Flagge sowie die Hymne des Baskenlandes, die bis heute die offiziellen (National-)Symbole sind. Arana begründete also quasi im Alleingang innerhalb weniger Jahre die kulturell-symbolischen und inhaltlichen Grundlagen des baskischen Nationalismus.

rakter der traditionell-kulturalistischen Strömung, der *ETA-Bai*, in Frage: «Welche Revolution? Wenn es darum geht, zu konkretisieren von wem sich der revolutionäre Kampf befreien soll und wofür [...], sind die Widersprüche, Verallgemeinerungen und leeren Worte an der Tagesordnung».

Der marxistisch-internationalistische Flügel konnte sich nicht durchsetzen, die Gruppe um *ETA-Berri* ging ein paar Jahre später in der Kommunistischen Bewegung Spaniens (MCE) auf. Anfang der 1970er Jahre konnte die marxistische Strömung nochmal Kraft gewinnen und bestimmte im Anschluss an die sechste Versammlung (daher auch *ETA-VI* genannt) für zwei Jahre die politische Linie. Aber auch *ETA-VI* schloss sich bald der gesamtspanischen Revolutionären Kommunistischen Liga (LCR) an und überließ den nationalistischen Hardlinern das Feld. Inhaltlich hat sie sich seit dem Ende des faschistischen Franco-Regimes 1978 und der daran – wenn auch verspätet – anschließenden Gleichstellung der baskischen Bevölkerung immer stärker dem Nationalimus zugewandt. Die Forderung nach Sozialismus ritualisierte sich, der sozialrevolutionäre Kampf wurde auf die Zeit nach der erreichten Unabhängigkeit gelegt. Zuletzt ging die ETA sogar so weit, dass sie sich auf das Kosovo – ein Produkt brutaler ethnisierter Gewalt – als erfolgreiches Beispiel nationaler Befreiung bezog. Ebenso verleugnet die baskische Guerilla ihren antifaschistischen Ursprung als eine der wichtigsten Widerstandsgruppen gegen das faschistische Regime des spanischen Diktators Francisco Franco (1939–1975f.). Ihr vorrangiges Ziel, so schrieb die ETA im Jahr 2009 in einem Kommuniqué zu ihrem fünfzigjährigen Bestehen, sei nicht gewesen «den Franquismus zu besiegen, sondern das Baskenland zur Freiheit zu führen».

Der Historiker Sebastian Balfour hat das Weltbild der *Izquierda Abertzale* treffend zusammengefasst: «Der linke baskische Nationalismus vereint eine Mischung aus essentialistischen und antikolonialen Vorstellungen. Der 3.-Welt-Diskurs von der Kolonisierung des Baskenlandes durch Spanien und Frankreich wird begleitet von einer ziemlich widersprüchlichen Erzählung des goldenen Zeitalters und seines Falls, des Helden- und Märtyrertums, von einer ethnischen und kulturellen Idealisierung und einer Ablehnung der neuen spanischen Demokratie als illegitimes und autoritäres System.»[299] In Katalonien ist die Situation ähnlich. So zeigt z.B. die Berufung auf die «Katalanischen Länder»

299 Balfour 2009: 13

(*Països Catalans*) die weiterhin starke ethnische Komponente im katalanischen Linksnationalismus. Die Katalanischen Länder gelten als das historisch und natürlich angesehene Sprach- und Siedlungsgebiet der katalanischen Nation.[300] Aus ihrer bloßen Existenz wird das Naturrecht auf einen eigenen Staat abgeleitet, der die angeblich Jahrhunderte lange Unterdrückung beenden soll.[301] Zugleich sieht sich die katalanische Befreiungsbewegung selbst vorrangig als demokratisches Projekt mit dem Ziel der Einrichtung einer sozialistischen Republik, in der alle Einwohner:innen (unabhängig ihrer Herkunft) als Katalan:innen gelten sollen. Mittlerweile beziehen sich Teile der *Esquerra Independentista* dabei auch auf das kurdische Konzept der Demokratischen Konföderation.

An den europäischen nationalen Befreiungsbewegungen lässt sich die grundsätzliche Ambivalenz und Widersprüchlichkeit des Nationalismus aufzeigen, insbesondere wenn er als Linksnationalismus auftritt. Als Instrument der Befreiung aller Menschen gedacht, trägt er die Ausgrenzung aufgrund der Bestimmung des Kollektivs anhand ethnischer und kultureller Merkmale bereits in sich.[302] Sie wollen eine sozialistische Welt erschaffen, in der aber zugleich jedes «Volk» einen eigenen Staat besitzen soll. Ihre Forderung nach Unabhängigkeit bezieht sich nicht primär auf das demokratische Prinzip der Volkssouveränität, sondern auf ein spezifisches historisch, kulturell und bisweilen auch «natürlich» bestimmtes Gebiet, in dem sich

---

300 Hierzu gehört nach Meinung der Linksnationalist:innen Valencia, die Balearen, ein kleiner Teil der Region Aragonien sowie die südfranzösische Region Roussillon und der Staat Andorra. Bisweilen wird auch noch die Ortschaft L´Alguer auf der italienischen Insel Sardinien hinzugerechnet.

301 Dies ist die Argumentation, die alle Strömungen des katalanischen Nationalismus vereint: Als bereits existierende Nation, die sich sprachlich, kulturell und geschichtlich von Spanien unterscheide, habe Katalonien Anspruch auf staatliche Unabhängigkeit. Deutlich wird dieses Verständnis in dem Motto «Wir sind eine Nation, wir entscheiden», unter dem in den 2010er Jahren mehrmals über eine Million Menschen in Barcelona demonstriert haben.

302 Dieses Dilemma zeigt sich u.a. im baskischen und katalanischen Linksnationalismus an vielfältigen Diskussionen über den Umgang mit innerspanischen Migrant:innen in den 1970er und 1980er Jahren. Aus antirassistischer Perspektive wurde sich mit ihnen solidarisiert und ihr Recht auf kulturelle und sprachliche Selbstbestimmung verteidigt. Zugleich stellten sie eine Bedrohung der geforderten sprachlich-kulturellen Homogenität und damit der nationalen Einheit dar.

das ethnisch definierte Volk selbst regiert. Hiermit unterscheidet sich der europäische Befreiungsnationalismus elementar von seinen revolutionären Vorbildern im Trikont: Keine antikoloniale oder sozial-revolutionäre nationale Befreiungsbewegung hatte je die Loslösung von einem bestehenden Staat gefordert. Unabhängigkeit, Selbstbestimmung und Volkssouveränität waren für jene stets rein politische, demokratische Forderungen, die sie für die Gesamtheit der Bevölkerung erkämpfen wollten.

8.5. Separatismus und Ethnonationalismus: Selbstbestimmungsrecht der Völker statt sozialistische Weltrevolution

Seit dem Ende der Kolonialzeit und ganz besonders mit dem Zusammenbruch des Sowjetsystems hat sich der Sinngehalt der nationalen Befreiung elementar verändert. Statt sozialer, demokratischer und revolutionärer Forderungen werden nun vorrangig kulturelle und ethnische Besonderheiten in den Vordergrund gestellt und zur Legitimation politischer Forderungen herangezogen. «Für nationale Befreiungsbewegungen und für regionalistische Bewegungen ist sie [die kulturelle Identität – T.M.] zur politischen Botschaft geworden.»[303] Zur Beschreibung dieser oppositionellen Bewegungen hat sich in der Forschung mittlerweile der Begriff Ethnonationalismus durchgesetzt.[304] Ethnonationalistische Bewegungen entsprechen zwar weiterhin der gängigen Definition nationaler Befreiungsbewegungen[305], un-

---

303 Auernheimer 2000: 248

304 Wie beschrieben hat sich das ethnische Verständnis von Nation global durchgesetzt. Hierdurch stellt sich die Frage, ob der Begriff des Ethnonationalismus nicht irreführend ist, da er impliziert, dass es auch weiterhin einen nicht-ethnischen Nationalismus gebe. Nationalismus war von Beginn an eine Mischung aus politischer Legitimation und ethnischer Differenzierung, je nach historischer Situation hat das eine oder das andere Moment mehr Gewicht bekommen. Im Ethnonationalismus hat das Ethnische aber nicht bloß mehr Gewicht als bei anderen Nationalismen, für ihn ist «die ethnische Form konstitutiv, nicht der Nationalismus» (Stender 2002: 63). Ausführlicher hierzu auch Claussen et al. 2000.

305 Im *Handwörterbuch Internationale Politik* werden nationale Befreiungsbewegungen als Organisationen definiert, die «die staatliche Unabhängigkeit eines ihrer Auffassung nach unter Fremdherrschaft stehenden Volkes anstreben» (Ansprenger 2000a: 37).

terscheiden sich in der Forderung nach Unabhängigkeit jedoch grundlegend von den antikolonialen und sozialrevolutionären Kämpfen: Während in jenen Unabhängigkeit bzw. Befreiung die demokratische Kontrolle des bestehenden Nationalstaates bedeutete, sind ethnonationalistische Bewegungen separatistisch und wollen ihre nationale Souveränität durch Abtrennung erreichen. Weder die landesweite oder gar globale Arbeiterklasse, noch alle Unterdrückten unabhängig ihrer Herkunft sind das Subjekt der Befreiung, sondern (vorerst) nur die ethnisch definierte Wir-Gruppe.

In der ethnonationalistischen Deutung der nationalen Befreiung sind Unabhängigkeit und nationale Souveränität zum Selbstzweck geworden. Sie sind nicht mehr Teil einer Vorstellung gesamtgesellschaftlicher Veränderung, sondern werden als Naturrecht für alle «Völker» gefordert. Das «Selbstbestimmungsrecht der Völker», ursprünglich das juristische Instrument der Dekolonialisierung, wird als «nationalistische Option für Staatsgründungen auf ethnischer Grundlage mißinterpretiert».[306] Der Kampf hierfür ist im Ethnonationalismus mit keiner politischen Utopie mehr verbunden, auch wenn er als globales politisches Projekt dargestellt wird, das den «Völkern» der Erde die Freiheit bringen soll. Eine Beobachtung von Eric Hobsbawm, die er 1978 niederschrieb, fasst die Legitimation dieses postmodernen nationalen Befreiungskampfes äußerst treffend zusammen: «Wir sind unmerklich an dem Punkt gelandet, wo die Schaffung eines weiteren Nationalstaates zum Selbstzweck geworden ist, wo das Argument eines Linken nicht mehr zu unterscheiden ist von dem der Ruritanier aller Zeiten, deren Wortführer uns stets versichert und zweifellos auch daran geglaubt haben, was für Ruritanien gut sei, müsse auch gut sein für die Welt – und wenn nicht, sei es auch egal.»[307] Nach Hobsbawm sind solche separatistischen Bewegungen die «für das letzte Drittel des 20. Jahrhunderts charakteristischen nationalistischen Bewegungen».[308] Tatsächlich würde eine Darstellung aller Gruppen, die für «ihr» Selbstbestimmungsrecht als Nation eintreten, den Rahmen dieses Buches sprengen. Beispielhaft

306 Werz 2000: 14

307 Hobsbawm 1978: 67. Ruritanien ist ein fiktives Land in Osteuropa, das später auch von Ernest Gellner zur Erklärung der Herausbildung des ethnisch-kulturalistischen Nationalismus verwendet wurde.

308 Hobsbawm 1991: 194

soll hier erwähnt werden, dass in Europa über vierzig regionale Parteien existieren, die für sich beanspruchen, «staatenlose Völker» oder «Nationen ohne Staaten» zu repräsentieren. Die Wenigsten können auf einen ernstzunehmenden Rückhalt in der Bevölkerung zurückgreifen und bei vielen ist es fraglich, ob sie aufgrund ihrer Größe überhaupt als Bewegung gelten können. Aber immerhin bilden diese Parteien eine eigene Fraktion im Europäischen Parlament, die *European Free Alliance* (EFA), die 2014 bei den Wahlen zum Europaparlament 12 Sitze gewann und dort mit den europäischen Grünen koaliert. In ihr lassen sich auch Bewegungen finden (u.a. die galicische UPG und die bretonische UDB), die sich Mitte der 1970er Jahre in der *Charte de Brest* noch als sozialistische nationale Befreiungsbewegungen definierten. Ethnonationalistische Rechtfertigungen ließen sich bereits damals bei ihnen finden, jedoch haben diese seit dem Ende der antikolonialen Kämpfe und des realsozialistischen Experiments immer stärker an Bedeutung gewonnen. Die ehemals noch vorhandene Verbindung von Nationalismus und Sozialismus ist heutzutage kaum noch vorzufinden.

Diese Entwicklung begann bereits im Kontext des globalen *ethnic revival* ab den 1970er Jahren, in dem Ethnizität zu einem Instrument oppositioneller, vermeintlich emanzipatorischer Bewegungen wurde: «Ethnische Zugehörigkeit, definiert als primordiale Bindungen, etablierte sich so auch als Kritik gegen die universalistischen, ‹kalten› Institutionen der modernen Gesellschaft».[309] Diese «Kritik» findet sich auch im europäischen Befreiungsnationalismus: Nationalismus wird als antikapitalistische Strategie dargestellt, die Verteidigung nationaler Identität und Kultur gilt als Schutz gegen die kapitalistische Moderne. «Wenn wir nicht verteidigen, was Unseres ist – unsere Sprache, unsere Kultur und unser nationales Erbe –, werden sie das Land zerstören, uns in Sklaven verwandeln und keine Spur unserer Existenz übriglassen», schrieb die linksnationalistische katalanische IPC (*Independentistes dels Països Catalans*) im Jahr 1981. Ethnonationalismus «wurde als neuer Ansatzpunkt für eine Politik der Umwälzung und als Kristallisationspunkt linker Mobilisierung verstanden. Regionale Bewegungen erschienen als Widerstandspotential gegen die kapitalistische Vereinheitlichung und Zerstörung von Lebensformen».[310]

309 Groenemeyer 2003: 20

310 Radtke 1991: 85.

Die Entstehung ethnonationalistischer Bewegungen ist meist mit tatsächlicher oder empfundener Diskriminierung der «ethnischen» Gruppe verbunden, die in der Regel eine Minderheit im Nationalstaat stellt. Der Ethnonationalismus hat insofern einen antikolonialen Charakter, da seine Vertreter:innen dem jeweiligen Zentralstaat koloniale Unterdrückung der eigenen Gruppe vorwerfen. Der Antiimperialismus als theoretische Basis der traditionellen nationalen Befreiungsbewegungen, der sich gegen die Unterdrückung der Peripherie durch das Zentrum wendete, wird dabei vom globalen Rahmen auf die nationalstaatliche Ebene gebracht: Das Zentrum ist nun der Zentralstaat, die Peripherie das Territorium der vermeintlich unterdrückten «ethnischen» Gruppe. Blaschke spricht in diesem Zusammenhang von «internem Kolonialismus», der die Entstehung ethnischer Oppositionsbewegungen in der «internen Peripherie» begünstige.[311] Hier muss jedoch angemerkt werden, dass zum Beispiel im Falle Spaniens die baskische und katalanische Peripherie, für deren Befreiung gekämpft wird, wirtschaftlich weitaus besser gestellt ist als das Zentrum. Dies lasst nicht nur den Vergleich mit (neo)kolonialen Verhältnissen fragwürdig erscheinen, sondern stellt zudem die Kritik ungleicher Zentrum-Peripherie-Beziehungen auf den Kopf.

Die Ende der 1970er Jahre formulierte Beobachtung Hobsbawms, dass die ethnonationalistischen Befreiungsbewegungen weiterhin «sozialrevolutionäre und marxistisch-leninistische Phraseologie»[312] verwenden würden, muss mittlerweile revidiert werden. Hobsbawm hatte seine Analyse des Nationalismus noch vor der Auflösung des Sowjet-Blocks niedergeschrieben und so den «postmodernen Ethnonationalismus [...], der drastisch im Zerfall osteuropäischer Gesellschaften nach 1989 in Erscheinung trat»[313] noch nicht mit darin aufnehmen können. Statt der sozialistischen Weltrevolution stellt nun das «Selbstbestimmungsrecht der Völker» den ideologischen Kitt dieser Bewegungen dar. Die Rückbesinnung auf den ethnischen Nationalismus dient dabei «als ‹Ersatzideologie› für den obsolet gewordenen Marxismus-Leninismus oder als Antwort auf die Effizienz- und Legitimitätskrise westlicher Staats- und Gesellschaftsmodelle»[314]. Auch

311 Blaschke 1989: 247ff.
312 Hobsbawm 1991: 176
313 Stender 2002: 58
314 Helmerich 2004: 20

auf dem afrikanischen Kontinent sind in Folge der missglückten Befreiung – die eben nur eine nationale, aber keine soziale war – vielerorts separatistische und ethnonationalistische Bewegungen entstanden. Ethnonationalistische Bewegungen haben auf gewisse Weise das Erbe der nationalen Befreiungsbewegungen angetreten. Sie sehen sich als Fortführung der revolutionären antikolonialen Befreiungskämpfe, reagieren auf die Transformation der globalen Herrschafts- und Abhängigkeitsverhältnisse jedoch mit einem Rückgriff auf ethnische Konzepte: «Die Verbindung erscheint vielmehr als eine fortgesetzte Regression: Die universalen, fortschrittlichen Bestandsteile aus den Anfangszeiten der nationalen Befreiungsbewegungen waren nicht von langer Dauer; heute werden nationalistisch verkleidete ethnische Kategorien in Erklärungsmuster für soziale und politische Konflikte sowie historische Traditionslinien umgefälscht.»[315]

8.5.1. Von Waffen und Wurzeln: ETA versus EZLN

Auf anschauliche Weise wird der Unterschied zwischen alter und neuer nationaler Befreiung in einem Briefwechsel zwischen der baskischen Guerilla ETA und der mexikanischen EZLN aus dem Jahre 2003 deutlich. Er wird hier ausführlicher zitiert, da er bezüglich der verschiedenen Vorstellungen von Nation, Kultur und auch Sinn und Zweck des Befreiungskampfes sehr aussagekräftig ist. Auslöser des Briefwechsels war eine Ende des Jahres 2002 in der linksliberalen mexikanischen Tageszeitung *La Jornada* veröffentlichte Stellungnahme von *Subcomandante* Marcos, dem damaligen Sprecher der EZLN, in der er sich unter der Überschrift *Dem Wort eine Chance geben* zum baskisch-spanischen Konflikt äußerte. Darin forderte er von beiden Seiten Gesprächsbereitschaft ein und bat zugleich die ETA, als ersten Schritt einen einseitigen Waffenstillstand auszurufen. Die ETA zeigte sich empört über diese Einmischung in ihre inneren Angelegenheiten und veröffentlichte im Januar 2003 eine Antwort in der linksnationalistischen baskischen Tageszeitung *Gara*:
«*An die Kinder der EZLN*

Unsere Sprache [...] ist das Euskara, das Baskisch, die lingua navarrum. Es ist eine alte und eine junge Sprache. Als Latein und Griechisch, heute tote Sprachen, die mächtigen Sprachen

315 Werz 2000b: 6

waren, so wie es heute Englisch und Spanisch sind, hat unsere Sprache, das Euskara, schon seit Menschengedenken dazu gedient, ‹Berg› und ‹Fluss› zu sagen: ‹Mendia›, ‹Ibaia›. […] Und ‹Euskal Herria› ist das Volk der Basken. Wir, die wir mit allen Waffen, die wir zur Hand haben, für die Freiheit unseres Volkes kämpfen, ziehen es vor zu sagen, dass ‹Euskal Herria› das Volk Euskaras, unserer Sprache ist. Unsere Sprache ist unsere Heimat. Frei. Und unsere Kinder sehen uns kämpfen. Manchmal ohne uns zu sehen […]. Aber sie verstehen das alles ohne Worte. Sicher so wie ihr, die Kinder der EZLN.

An die Alten der EZLN

Unser Volk ist ein altes Volk. Wir lebten in einer offenen Gegend, beschützt nur durch ihre Berge und Täler und durch ihre Bewohner, die sich weigern, unterworfen zu leben, die selbst entscheiden wollen, ohne dass jemand ihnen Vorschriften macht. Die Wurzeln unseres Volkes liegen sehr tief in der Geschichte verankert. So tief, dass wir fast sicher sind, dass unsere Wurzeln im Erdinneren die Wurzeln des chiapanekischen Volkes streicheln. Und von dort her rührt der Respekt für euer Volk, den ihr am Leben erhalten habt. Weil wir in euren schwieligen Händen, in euren müden Augen, in euren grauen Haaren nur die Hände, Augen und Haare unserer Väter und Großväter und ihrer Vorfahren sehen. […] Wir sind von hier, so von hier wie jeder, der in unser Land kommt, wenn er es sein will, einer von uns ist. Es ist nicht die Hautfarbe, die uns zu Basken macht. Wir könnten mit einer gewissen Ironie sagen, dass es die Hartnäckigkeit im Kampf für die Freiheit ist, die uns baskisch erhält.

An die Männer und Frauen der EZLN

Die Würde eines kämpfenden Volkes ruft bei uns Gefühle der Achtung hervor. […] Es stimmt, dass wir manchmal wie ein egoistisches Volk erscheinen. ‹Mitten in Europa mit Waffen in der Hand kämpfen! Aber was wollen die denn noch?› kann man schreien, wenn man das Lebensniveau betrachtet, dass Europa dank der Plünderung der ganzen Welt genießt. Wir wollen Freiheit. Schlicht und einfach. Die Freiheit, als Volk selbst zu entscheiden. Wie wir uns organisieren, wie wir leben, und auch wie man die schrecklichen Ungerechtigkeiten beendet, die die europäischen Staaten begehen. Unsere Solidarität mit dem Kampf des chiapanekischen Volkes ist bedingungslos. Wir würden euch niemals sagen, was ihr zu tun habt oder wie (außer wenn ihr uns fragen würdet). […]

Der öffentliche Weg ohne vorherige Absprachen, auf dem Sie diesen Vorschlag gemacht haben, zeugt von einem tiefen Mangel an Respekt dem baskischen Volk und all denen gegenüber, die in ihren Organisationen auf eine oder andere Weise für die Freiheit kämpfen. […] Damit verabschieden wir uns von euch. Einen rebellischen und revolutionären Gruß von den Indigenen Europas. Agur.

Es lebe das freie Chiapas! Es lebe das freie Baskenland!»

Die EZLN antwortete in der ihr typischen ironisch-sarkastischen Weise. Der Brief beginnt mit (wenig ernst gemeinten) Erzählungen, wie die Antwort der ETA in den Bergen Mexikos angekommen ist, bevor auf den Inhalt eingegangen wird:

«Erstens – Ich muss Sie darüber aufklären, dass die Kinder der EZLN nicht alles ohne Worte verstehen, wie Sie irrtümlich in Ihrem Brief annehmen. Aus diesem Grund, behandeln wir sie auch wie Kinder. […] Wir reden mit ihnen. Wir bringen ihnen bei, dass es das Wort ist, gemeinsam mit der Liebe und der Würde, das uns zu Menschen macht. Wir bringen ihnen nicht bei zu kämpfen. Oder doch schon, aber mit dem Wort zu kämpfen. Sie lernen. Sie wissen, dass wir das hier nur machen, damit sie nicht das selbe tun müssen. […] Die ETA behauptet das baskische Volk zu repräsentieren, und wenn wir sie mit dem Vorschlag beleidigen, dem Wort eine Chance zu geben, dann beleidigen wir das ganze baskische Volk. […]. Anders als […] Sie selbst, behaupten wir nicht irgendjemanden zu repräsentieren außer uns selbst. Wir repräsentieren nicht die ganze mexikanische Bevölkerung (es gibt viele politische und soziale Organisationen in diesem Land). Wir repräsentieren nicht die mexikanische Linke (es gibt andere konsequente linke Organisationen). Wir repräsentieren nicht den bewaffneten mexikanischen Kampf (es gibt hier mindestens 14 linke politisch-militärische Organisationen). Ebenso wenig repräsentieren wir alle indigenen Völker Mexikos (es gibt glücklicherweise viele indigene Organisationen in Mexiko, einige davon besser organisiert als die EZLN). […] Wir beziehen uns auf uns selbst, und verstecken uns nicht hinter vermeintlichen Repräsentationen, die in den meisten Fällen ohne Wissen der ‹Repräsentierten› übernommen werden. […]

Aus den Bergen des mexikanischen Südostens, und, für wen es kümmert, im Namen der Kinder, Männer, Frauen und Alten der EZLN.

P.S.: Bevor ich es vergesse, hinsichtlich Ihres Schlusses ‹Es lebe das freie Chiapas!›: Wir bitten Sie nicht um Respekt, nur um geografische Kenntnisse. Chiapas ist ein Staat des mexikanischen Südostens. Keine Organisation oder Person hat vor, für die Befreiung von Chiapas zu kämpfen [...], und schon gar nicht die Zapatisten. Wir wollen uns nicht von Mexiko unabhängig machen. Wir wollen Teil davon sein, aber ohne aufzuhören, das zu sein, was wir sind: Indios. Da wir also eigentlich für Mexiko kämpfen, für die indigenen Völker von Mexiko und für alle mexikanischen Männer und Frauen, ganz gleich, ob sie Indios sind oder nicht, sollte der Schluss lauten: Es lebe Mexiko mit seinen Indigenen![316]»

Aus diesem kurzen Briefwechsel lässt sich vieles herauslesen: die Bedeutung der Sprache im baskischen Nationalismus, die Legitimation des Kampfes durch eine natürliche Bindung zur Region, eine mythische vorzeitliche Vergangenheit sowie eine ausgeprägte nationale Identitätskonstruktion, die bisweilen in völkische Muster abrutscht. Und nicht zuletzt der Sinngehalt von Freiheit, der im baskischen Linksnationalismus zuallererst bedeutet, als «ethnisches» Volk über die eigenen Belange entscheiden zu können – unabhängig davon, welche Gesellschaftsform im Anschluss eingerichtet wird. Der Antikapitalismus der ETA erschöpft sich am Festkrallen an alten vermeintlichen Gewissheiten wie Sprache, Kultur, Geschichte und Territorium, die als Schutzschild gegen die kapitalistische Moderne in Stellung gebracht werden. Ihre Antwort auf den modernisierten globalen Kapitalismus ist nicht eine den veränderten Verhältnissen angepasste Kritik der Gesellschaft, sondern der Rückzug in den behüteten «Schoss der Nation». Die EZLN hingegen setzt sich für die staatsbürgerlich-demokratische Integration der «Indios» ein, die sie mit dem Kampf für eine gesamtgesellschaftliche Demokratisierung verbindet. Der kapitalistischen Globalisierung setzt sie basisdemokratische Strukturen der Selbstorganisation entgegen. Damit unterscheidet sie sich elementar von der ETA und anderen separatistischen Befreiungsbewegungen, die unter Berufung auf das «Selbstbestimmungsrecht der Völker» die behauptete vorpolitische Existenz einer ethnisch differenzierten

316 Der Vollständigkeit halber soll hier noch ein weiteres P.S. aus der Antwort der EZLN erwähnt werden: «Vielleicht ist es ja schon offensichtlich, aber da ich es gerne sagen möchte: ich scheiße auch auf die revolutionären Avantgarden des Planeten.»

Gemeinschaft als Legitimation für staatliche Unabhängigkeit anführen.

8.5.2. Ethnonationalismus als postkoloniales Zerfallsprodukt

Diese Umkehr sozialrevolutionärer Befreiungsbewegungen in identitäre Abwehrkämpfe ist Ausdruck der beschriebenen Ethnisierung des Politischen und hängt mit den globalen Transformationen der letzten Jahrzehnte zusammen. Die Kolonialzeit ist an ihr historisches Ende gelangt und mit ihr auch die Zeit der traditionellen nationalen Befreiungskämpfe. Anstelle von Vietnam, Kuba oder Algerien wird sich nun auf den Kosovo als erfolgreiches Beispiel nationaler Befreiung bezogen. Das Ende der Blockkonfrontation verstärkt diese Entwicklung: Es gibt keinen gemeinsamen Feind mehr, keine Imperien oder Staatenblöcke, gegen die sich die verschiedenen Nationalismen unter dem Banner des Antiimperialismus oder des Sozialismus zusammenschließen könnten. Hinzu kommt der mit der Auflösung des Sowjetsystems in Verbindung stehende Legitimationsverlust marxistischer Theorien und kommunistischer Utopien, den der «real existierende Sozialismus» durch seine konkrete Gestalt bereits selber eingeleitet hatte. «Menschen, die sich mit dem marxistisch-leninistischen Etikett nicht mehr in die Öffentlichkeit trauen, machen nun einzelne unterdrückte Völker zum Träger ihrer Identifikationen.»[317] Der Ethnonationalismus stellt eine gesellschaftliche Verarbeitung der globalen gesellschaftlichen Umbrüche zum Ende des 20. Jahrhunderts dar. Er ist eine «moderne Ideologie, als Alltagsreligion beschreibbar, in der sich Restbestände der geschichtlichen Erfahrungen von Säkularisierung, Nationenbildung und Realsozialismus miteinander verbinden»[318]. Seit dem Zusammenbruch des sowjetischen Ostblocks ist er die übergreifende legitimatorische Grundlage oppositioneller nationalistischer Bewegungen geworden. Diese haben damit ihre ursprünglich revolutionäre Herkunft aufgegeben und sich nun vollends der nationalistischen Hegemonie angeglichen, in der die Legitimation von Unabhängigkeit, Selbstbestimmung und Souveränität auf nationalen und ethnischen Mythen aufbaut. Der Unterschied besteht nur darin, ob die For-

317 Claussen 2000a: 51f.
318 Ebd.

derung aus einer Position der Schwäche *gegen* den Staat und seine kulturelle Hegemonie aufgestellt wird, oder *vom* Staat und der Mehrheitsbevölkerung zur Aufrechterhaltung jener Hegemonie. Der Ethnonationalismus stellt die spezifische Form des Nationalismus unserer Zeit dar.

Auch die Balkan-Kriege der 1990er Jahre, in denen auf beiden Seiten nationale Befreiungsbewegungen gegeneinander antraten, entsprachen der sich durchsetzenden ethnonationalistischen Hegemonie. Die nationalistischen Konflikte waren also keineswegs ein durch das «Ende der Geschichte» wieder zum Leben erweckter Dinosaurier oder ein Rückfall in vergangene Zeiten. Eine Ansicht, die übrigens damals auch in der linken Theoriebildung vertreten wurde. Christoph Butterwegge schrieb damals: «Was sich überall in Südost- und Ostmitteleuropa regt [...] ist im Grunde genommen gar kein Nationalismus, sondern ein bornierter Regionalismus und Tribalismus, der selbst kleinste Volkssplitter veranlaßt, sich vom Nationalstaat abzuspalten [...].»[319] Ähnlich argumentierte Robert Kurz: «Dieser tertiäre Nationalismus (der mit dem europäischen ‹primären Nationalismus› und dem ‹Befreiungsnationalismus› des 20. Jahrhunderts nichts gemein hat) ist also ein völlig gegenläufiger ethnischer Schein-Nationalismus, und er ist ein Produkt der Verzweiflung, von der die Menschen in den Zusammenbruchsökonomien des totalen Weltmarktes heimgesucht werden.»[320]

Diese Einordnungen des Ethnonationalismus weisen zwei grundlegende Mängel auf: Erstens kann das Phänomen zwar als ein «Produkt der Verzweiflung» betrachtet werden, jedoch tritt dieses keineswegs nur in «Zusammenbruchsökonomien» auf. Ganz im Gegenteil entfaltet er gerade auch in wohlhabenden und produktiven Regionen seine Wirkung: in Katalonien und im Baskenland, in Norditalien, Flandern, Südtirol und Schottland. In diesen Fällen dient er der Verteidigung des eigenen regionalen Standortvorteils in der Weltmarktkonkurrenz gegenüber den ökonomisch schwächeren Zentralstaaten.[321] In Spanien zum Beispiel konnte man beobachten, dass die «peripheren» Nationalismen durch den Crash der spanischen Ökonomie zu Beginn des 21. Jahrhunderts deutlich an Stärke gewonnen ha-

319 Butterwegge 1993: 80

320 Kurz 1993: 124

321 Eser (2013) verwendet zur Beschreibung dieses Phänomens die Begriffe *Wettbewerbsregionalismus* und *peripherer Entwicklungsnationalismus.*

ben – jedoch nicht weil diese Regionen in gleichem Maße von der Krise betroffen waren, sondern weil durch die gesamtspanische Rezession ihre wirtschaftlich bessere Stellung in Bedrängnis geriet. Nicht erst der soziale Abstieg, sondern bereits die Angst davor bindet die Menschen an fiktive Gemeinschaften. Und diese Angst ist ein Klassen und Regionen übergreifendes charakteristisches Moment der Moderne. In Deutschland, dem Land der Krisengewinner:innen, kann man dieses Phänomen am Anstieg rassistischer Gewalt und nationalistischer Einstellungen ebenso beobachten. Nationalismus hat stets in Krisenzeiten an Bedeutung gewonnen, aber keineswegs nur bei den von der kapitalistischen Entwicklung Abgehängten und Zurückgelassenen, wie es die Modernisierungsverlierer-These darstellt. Oder anders gesagt: Gültigkeit besitzt jene These nur, wenn man jeden und jede als VerliererIn in der Moderne betrachtet – für diese Ansicht gibt es angesichts der Totalität der kapitalistischen Herrschaft, in der die Menschen nur noch bloßes Anhängsel des Produktionsprozesses sind, durchaus berechtigten Anlass.

Zweitens erschwert die Bezeichnung «gegenläufiger ethnischer Schein-Nationalismus» das Verständnis über Form und Funktion nationaler Identifikation. Der Ethnonationalismus ist eine den veränderten Verhältnissen des 21. Jahrhunderts angepasste Form der nationalistischen Ideologie und daher weder «gegenläufig» noch «Schein». Er ist Ausdruck der sich verschärfenden Weltmarktkonkurrenz, in der Ethnizität zunehmend als politische Ressource an Bedeutung gewinnt, um der eigenen Gruppe einen guten Platz im globalen Hauen und Stechen zu sichern. In ihm «versucht jede Nation, ihre Wurzel so tief wie möglich in die Geschichte zu verorten, um vor der Konkurrenz bestehen zu können»[322]. Der langjährige ETA-Aktivist Fernando Alfonso bringt dies in seinem Buch *Wofür kämpfen wir Basken?* auf den Punkt: «Euskal Herria, die tausendjährige Heimat der Basken, des ältesten Volkes des Kontinents, das [...] als die Wurzel Europas gilt, möchte ein weiterer Stern auf seiner blauen Fahne sein. Euskal Herria ist die Wurzel und will ein Stern sein.»[323] Zugleich ist der Ethnonationalismus Ausdruck

322 Wieland 2000: 5

323 Alonso 2004: 320. Fernando Alonso arbeitete lange Zeit für die (mittlerweile verbotene) linksnationalistische Tageszeitung *Egin*. 1996 wurde er wegen Mitgliedschaft in der ETA verhaftet und zu einer langjährigen

des Verlustes sowohl bürgerlicher als auch sozialistischer Tradition. Der liberale Nationalismus hat durch das Ende des bürgerlichen Zeitalters, im Sinne des Verschwindens bürgerlicher Autonomie, seine Grundlage verloren und sich zunehmend ethnisch artikuliert. Der revolutionäre Nationalismus der antikolonialen Befreiungskämpfe, der nach dem Ende des Zweiten Weltkrieges nochmal die Tradition der französisch-republikanischen Nationsidee unter sozialistischen Vorzeichen reanimiert hatte, hat sich mittlerweile ebenfalls überlebt. In diesem Falle haben die Entkolonialisierung und der Zusammenbruch des sowjetischen Ostblocks ihn seines Gehaltes beraubt. Übrig bleibt der Ethnonationalismus als postkoloniales Zerfallsprodukt.

Haftstrafe verurteilt. In dem besagten Buch verbreitet er weitere völkische Mythen. Dazu gehört die Behauptung, dass die Blutgruppe «Null Negativ» unter Basken viel häufiger vorkomme und sich das baskische Volk vor über 40.000 Jahren in den Bergen in einer «autochthonen Evolution» entwickelt habe.

9. Die Linke und die nationale Frage

Die Zeit der nationalen Befreiungsbewegungen scheint an ihr historisches Ende gelangt zu sein. Die baskische ETA, die letzte Guerilla auf dem europäischen Kontinent, hat 2018 ihre Auflösung bekanntgegeben. Auf der anderen Seite des Globus hat die dienstälteste Guerilla Lateinamerikas, die kolumbianische FARC, Mitte 2016 den bewaffneten Kampf eingestellt, ihre Waffen abgegeben und eine legale Partei gegründet. Nationalismus als offen formulierte Strategie der Befreiung findet sich nur noch selten auf dem Globus. Die linken Unabhängigkeitsbewegungen in Katalonien und im Baskenland gehören zu den letzten ihrer Art. Als Massenbewegung sind nationale Befreiungsbewegungen faktisch nicht mehr existent, ebenso wenig wie eine globale antiimperialistische Bewegung, in die sie eingebettet waren. Auch in Deutschland ist – abgesehen von kleineren Solidaritätszirkeln und der Parteinahme für linksnationalistische Bewegungen im Baskenland und in Irland – das Thema «nationale Befreiung» nicht mehr von großem Interesse. Ein wenig flammte die Diskussion Mitte der 2010er Jahre nochmal auf. Aufgrund ihrer Kämpfe gegen die religiös-faschistischen Truppen des Islamischen Staates (IS) und dem Aufbau basisdemokratischer Strukturen wurde die kurdische Befreiungsbewegung wieder zu einem wichtigen Bezugspunkt in der Linken, in der sie seit Mitte der 1990er Jahre kaum noch Beachtung gefunden hatte. Daneben gehören die Zapatist:innen in Chiapas, die sich zumindest dem Namen nach als nationale Befreiungsbewegung ansehen, noch zu den wenigen Konstanten eines linken Internationalismus. Als positiver Bezugspunkt linker Theorie und Praxis hat Nationalismus hierzulande jedoch längst ausgedient, scheint es. Auf der Seite der Kritiker:innen werden schon seit geraumer Zeit vorrangig theoretische Detailfragen innerhalb eines antinationalen oder zumindest antinationalistischen *common sense* diskutiert.[324] Das spezifische Verhältnis der Linken zur Nation ist offenbar kein großes Thema mehr.

324 So in einem Aufsatz der Bremer Gruppe *associatione delle talpe*: «Antideutsch, antinational, hegemonial...» Einsehbar unter: http://associazione.files.wordpress.com/2008/06/antideutsch-antinational-hegemonial.pdf

Kämpfe um nationale Befreiung waren jedoch historisch eines der wichtigsten Themenfelder linker Bewegungen. Durch ihre Widersprüchlichkeit zwischen Universalität und Partikularismus, zwischen globaler Emanzipation und lokalen Kämpfen für die Nation, waren sie zugleich oft ein Streitthema, insbesondere in Regionen, wo diese Kämpfe nicht stattfanden. Und auch das Verhältnis zur jeweils eigenen Nation ist nie abschließend geklärt worden. Seit Beginn der kommunistischen Bewegung hat die Linke ein äußerst wechselhaftes, konfliktreiches und oft auch widersprüchliches Verhältnis zu Nation, Nationalismus und nationalen Befreiungsbewegungen an den Tag gelegt.

9.1. Marx und das vaterlandslose Proletariat

Der Nationalismus steht wie eingangs geschrieben für das «historische Versagen des Marxismus», womit Tom Nairn vor allem auf das Nicht-Vorhandensein einer Theorie von Marx zu Nation und Nationalismus hinweist. Tatsächlich haben sich Marx und Engels zu Lebzeiten nie systematisch mit Nationalismus beschäftigt. Die sogenannte nationale Frage war ihrer Meinung nach keine, die für die ausgebeutete und unterdrückte Klasse von Belang sei. Dies wird im *Kommunistischen Manifest* deutlich: «Die Arbeiter haben kein Vaterland. Man kann ihnen nicht nehmen, was sie nicht haben» heißt es dort selbstbewusst und in vollstem Vertrauen auf das Klassenbewusstsein. Nationale Identität betrachteten sie als Teil bourgeoisen Denkens und Handelns, und daher den Arbeiter:innen fremd, wie sie 1846 in der Deutschen Ideologie erklärten: «Und endlich, während die Bourgeosie jeder Nation noch aparte nationale Interessen behält, schuf die große Industrie eine Klasse, die bei allen Nationen dasselbe Interesse hat und bei der die Nationalität schon vernichtet ist [...]»[325]. Der kosmopolitische Charakter des Kapitals, die Grenzenlosigkeit von Ausbeutung und Unterdrückung, schaffe automatisch eine ebenfalls kosmopolitische Arbeiter:innenklasse, so die Überzeugung. In dieser Fehleinschätzung liegt eine der Ursachen, warum die Begründer des wissenschaftlichen Marxismus dem Nationalismus nicht die ihm nötige Bedeutung beigemessen haben.

325 Marx/Engels 1846: 60

Der bisweilen deterministische Charakter des historischen Materialismus als Geschichtsphilosophie trug ebenfalls seinen Teil dazu bei, dass Marx und Engels – zumindest in ihren ersten Schriften – gar keine Veranlassung sahen, sich näher mit dem Nationalismus auseinanderzusetzen. Nationalismus galt ihnen als bloße Begleiterscheinung der kapitalistischen Entwicklung und des bürgerlichen Fortschritts. Den Nationalstaat sahen sie als notwendiges Zwischenstadium an, in dem die materiellen Voraussetzungen für die klassenlose Gesellschaft geschaffen werden. Unter der «Diktatur des Proletariats» würde er die Vorstufe zur kommunistischen Weltgesellschaft darstellen. National sei der Klassenkampf nur vorübergehend im territorialen Sinne, aufgrund der national organisierten Herrschaft: «Obgleich nicht dem Inhalt, ist der Form nach der Kampf des Proletariats gegen die Bourgeoisie zunächst ein nationaler.»[326] Mit dem Ende der Klassengesellschaft falle dann letztendlich auch die «feindliche Stellung der Nationen gegeneinander»[327]. Nationalismus wurde also als Übergangsphänomen angesehen, das mit der kapitalistischen Epoche entstanden und mit ihr auch wieder verschwinden würde. Die kommunistische Revolution würde – sozusagen als Nebenprodukt – daher auch «die einzelnen Individuen [...] von den verschiedenen nationalen und lokalen Schranken»[328] befreien.

Die Marx und Engels zugeschriebene These, dass der Kapitalismus aufgrund seiner globalen Ausbreitung und damit verbundenen Angleichung der Lebensumstände grundsätzlich – also auch außerhalb der Arbeiter:innenklasse – einen Prozess der Entnationalisierung fördere, muss dabei differenziert betrachtet werden. Zum einen war zu Lebzeiten von Marx und Engels der Kapitalismus noch jung und die globale nationalstaatliche Entwicklung noch nicht weit fortgeschritten. Gewisse, der kapitalistischen Modernisierung immanenten Tendenzen waren im 19. Jahrhundert noch nicht sichtbar gewesen. Zum anderen wird zwar in Texten von Marx und Engels an zentralen Stellen dem entstehenden Weltmarkt die Eigenschaft zugeschrieben, nationale Unterschiede aufzulösen, zugleich wird aber betont, dass die «aparten nationalen Interessen» der Bourgeosie fortbestehen werden. Also wurde zwar von der Tendenz ausge-

326 Marx/Engels 1848: 473
327 Ebd.: 479
328 Marx/Engels 1846: 37

gangen, dass das Nationale durch die Internationalisierung des Kapitals an Bedeutung verliert, aber nicht davon, dass es ein gegenläufiges Moment im Kapitalismus darstelle und zwangsläufig ganz verschwinde. Daher komme dem Proletariat – wie Engels bezüglich des *Festes der Nationen* 1845 in London schrieb – die Aufgabe zu, die Nationalität zu vernichten. Die Befreiung von der Nation war also das explizite Ziel der kommunistischen Bewegung.

Es war kaum vorstellbar, dass das Proletariat, das aufgrund seiner Stellung im Produktionsprozess «von Natur ohne Nationalvorurteile» und daher «wesentlich humanitarisch, antinational» geprägt, für den Nationalismus empfänglich sei. Aus weiteren Gründen schien Nationalismus und Marxismus unvereinbar: Eine Gesellschaft, die auf dem Widerspruch der Klassen aufbaut, kann nicht zugleich als Nation ein und dasselbe Interesse haben. Die propagierte Einheit der Nation überdeckt jene real existierenden Klassengegensätze, ist also Herrschaftsinstrument. Hinzu kommt die Eigenschaft des Nationalismus, oberste Loyalität für die Nation einzufordern, während im Gegensatz im Marxismus ausschließlich das weltweite Proletariat bzw. der Mensch an sich das Subjekt der Befreiung darstellt und somit oberste Priorität genießt.[329] Ausgehend von diesen Grundüberzeugungen gab es für die beiden Vordenker der internationalen Arbeiterbewegung nur eine logische Konsequenz, die in der bekannten Schlussparole des *Kommunistischen Manifests* deutlich wurde: «Proletarier aller Länder, vereinigt euch!»

329 Löwy (1999: 23) fasst das kosmopolitische Weltbild von Marx und Engels in vier Punkten zusammen: 1. Die gesamte Menschheit ist das Subjekt der Befreiung und damit der «letztendliche Rahmen der politischen Reflexion und Praxis». 2. Kommunismus kann nur global sein. 3. In der klassenlosen Gesellschaft existieren keine Staaten mehr. 4. Die Arbeiterklasse und ihre Interessen sind universal und übernational.

9.2. Proletarischer Internationalismus

Das Kommunistische Manifest von 1848 und und die Gründung der Ersten Internationale im Jahr 1864 standen am Anfang der revolutionären Arbeiterbewegung und damit auch der Sozialdemokratie.[330] Wie die Selbstbezeichnung als *Internationale* bereits zeigt, stand für die Arbeiterbewegung in ihrer Anfangszeit außer Frage, dass der Klassenkampf nur global geführt werden kann. Kosmopolitismus und internationale Solidarität gehörten historisch zu den Grundpfeilern der proletarischen Bewegung, die in radikaler Opposition zu der herrschenden Ordnung stand, in der die Nation einen immer festeren Platz einnahm. In einem *Manifest an das arbeitende Volk in Österreich* der österreichischen Sozialdemokratie aus dem Jahre 1868 wurde dies auf den Punkt gebracht: «Die Zeit der Nationalitätenabsonderung ist vorüber, das Nationalitätenprinzip steht heute nur noch auf der Tagesordnung der Reaktionäre. […] Der Arbeitsmarkt kennt keine Nationalitätsgrenzen, der Weltverkehr schreitet über alle Sprachgrenzen hinweg. Das überall herrschende Kapital, dessen Ausdruck und Maßstab das Geld ist, kümmert sich nicht um die vermeintliche Abstammung. In den Werkstätten arbeiten unter den gleichen Bedingungen Arbeiter der verschiedensten Nationalitäten nebeneinander und müssen sich den gleichen wirtschaftlichen Gesetzen fügen.»[331] Das kosmopolitische Selbstverständnis der frühen Arbeiterbewegung zeigt sich hier nicht nur im Inhalt, sondern auch an dem Umstand, dass der Aufruf in sechs Sprachen veröffentlicht und verteilt wurde.

9.2.1. Das Aufkommen der nationalen Frage: Lenin, Bauer, Stalin und Luxemburg

Aufbauend auf dem von Marx formulierten kategorischen Imperativ, «alle Verhältnisse umzuwerfen, in denen der Mensch ein erniedrigtes, ein geknechtetes, ein verlassenes, ein verächtliches Wesen ist», war für die Arbeiterbewegung die soziale Frage die entscheidende. Die nationale Frage stellten zu jener Zeit andere: die Unabhängigkeitsbewegungen in Mittel- und Osteuropa sowie ab Beginn des 20. Jahrhunderts die antikolo-

330 Eine Tatsache, die ihre heutigen Hauptvertreter:innen konsequent und mit großem Engagement verdrängen.

331 zit. n. Alter 1985: 93

nialen Befreiungsbewegungen. Diese standen in einem Spannungsverhältnis zur marxistischen Theorie. Denn der antikoloniale war ebenso wie der antiabsolutistische Befreiungskampf zuallererst ein nationaler. Der Bezug auf die Nation als kämpfendes und revolutionäres Subjekt stand im Widerspruch zum Marxismus, der dem Proletariat diese Rolle zusprach. Anstelle sich von ihren nationalen und lokalen Schranken zu befreien, betonten die Befreiungsbewegungen selbstbewusst ihre Nationalität in Abgrenzung zu den Kolonialmächten und Monarchien und forderten Souveränität, also das Recht, die Schranken aufrecht zu erhalten und selbst zu bestimmen, worin diese bestehen. Sie kämpften für ihr Vaterland, was sie laut Marx gar nicht hatten, und für ihre Nationalität, die Marx überwinden wollte.

Da der Nationalismus immer breiteren Zuspruch bekam und sich zu einer Massenbewegung entwickelte, konnte sich die organisierte Arbeiterschaft trotz ihres kosmopolitischen Selbstverständnisses diesem Prozess nicht entziehen. Bereits im europäischen Revolutionsjahr 1848 hatten sich große Teile der Arbeiter:innenschaft in Wien und Berlin an nationalen Kämpfen beteiligt. Sie verbanden damit jedoch vorrangig die – schon bald vom Bürgertum zerstörte – Hoffnung, durch ihre Beteiligung an diesen historischen Prozessen auch demokratische und soziale Fortschritte erkämpfen zu können. Zu Ende des 19. Jahrhunderts setzte sich die Überzeugung durch, dass die Beendigung der «Fremdherrschaft» eine Voraussetzung dafür sei, dass sich das Proletariat – sowohl des unterdrückten als auch des unterdrückenden Landes – dem revolutionären Kampf gegen die eigene Kapitalistenklasse widmen könne.

Die 1889 gegründete Zweite Internationale vertrat dementsprechend das «uneingeschränkte Recht aller Nationen auf Selbstbestimmung» und die Arbeiterbewegungen in Polen und Irland begannen, sich in den dortigen nationalen Bewegungen zu engagieren. Jedoch wurde das Selbstbestimmungsrecht noch nicht als naturgegebener Anspruch gesehen, sondern als Instrument im Dienste der fortschreitenden sozialistischen Weltrevolution. Auch Marx und Engels, die angesichts der nationalen Bewegungen in Polen und in Irland begonnen hatten, sich intensiver mit dem Phänomen auseinanderzusetzen, pflegten einen pragmatischen Umgang mit der nationalen Frage. Ihre Beantwortung wurde von dem jeweiligen Nutzen für die Revolution abhängig gemacht.[332] Das Proletariat aber schien bereits aus der bloßen Identifikation mit der Nation einen Nutzen zu ziehen, wie sich nicht erst mit dem Ausbruch des Ersten Weltkrieges zeigen sollte. Die zunehmende Anziehungskraft des Nationalismus auch gerade in der «vaterlandslosen» Arbeiterklasse sowie das Aufkommen der antikolonialen nationalen Befreiungsbewegungen zwang linke Theoretiker:innen zu einer tiefer gehenden und oft kontroversen Auseinandersetzung mit der nationalen Frage. Diese wurde in den ersten zwei Jahrzehnten des 20. Jahrhunderts zu einem der großen Themen der europäischen Arbeiterbewegung. Der Kern der Diskussion lag dabei in dem «Selbstbestimmungsrecht der Völker», das gleichermaßen als universales Prinzip und Triebkraft der nationalen Bewegungen angesehen wurde.[333]

Vor allen anderen prägte Wladimir Iljitsch Lenin die linke Parteinahme für das «Selbstbestimmungsrecht der Völker», das er in die sozialistische Theorie einführte. Anders als heutzutage meist dargestellt, sah er dieses Prinzip aber ebenfalls nicht als Naturrecht an, sondern machte dessen Anwendung davon abhängig, ob es der sozialistischen Weltrevolution dienlich war. Für Lenin war die Unabhängigkeit kein Selbstzweck und die Nation kein Wert an sich. «Das Ziel des Sozialismus», schrieb Lenin 1916 in seinen Thesen über *Die sozialistische Weltrevolution und das Selbstbestimmungsrecht der Nationen*, sei «nicht nur Aufhebung der Kleinstaaterei und jeder Absonderung von Nationen, nicht nur Annäherung der Nationen, sondern auch ihre Verschmelzung». Für Lenin war die nationale Unabhängigkeit eine notwendige Etappe auf dem Weg zur klassenlosen Weltgesellschaft: «Wie die Menschheit zur Abschaffung der Klassen nur durch die Übergangsperiode der Diktatur der unterdrück-

332 Bekannt wurde in diesem Zusammenhang auch Engels Unterscheidung von fortschrittlichen und «geschichtslosen Völkern». Letzteren unterstellte er einen quasi naturgegeben konterrevolutionären Charakter, weshalb sie keine proletarische Solidarität verdient hätten. Engels verfiel dabei bisweilen in chauvinistische und rassistische Argumentationsmuster, wenn er z.B. den «reaktionären Völkern» das Existenzrecht absprach, da sie als «Völkerabfälle» dem geschichtlichen Fortschritt im Weg stünden. Vgl. Traverso 1995

333 Der Unterschied zwischen dem antikolonialen Nationalismus der Befreiungsbewegungen und den Bewegungen in Europa, in denen das mit Romantik und Kultur aufgeladene europäische Nationsverständnis des 19. Jahrhunderts vorherrschte, wurde dabei meist außer Acht gelassen.

ten Klasse kommen kann, so kann sie zur unvermeidlichen Verschmelzung der Nationen nur durch die Übergangsperiode der völligen Befreiung, das heißt Abtrennungsfreiheit aller unterdrückten Nationen kommen.»[334] Seine Solidarität mit nationalen Befreiungsbewegungen gründete sich also nicht auf einer nationalistischen, sondern auf einer antiimperialistischen Motivation. Damit war er nicht weit entfernt von Marx und Engels, die in der irischen und polnischen nationalen Bewegung zuallererst wichtige Kräfte im Kampf gegen das zaristische Russland und die Donaumonarchie sahen. Auch für Lenin war die Befreiung kolonial unterdrückter Gesellschaften hauptsächlich «ein wichtiger Aktivposten für die Weltrevolution»[335]. Zugleich sah er den Nationalismus als notwendigen Hilfsmotor der Revolution an. Nur unter der Einbeziehung «des Kleinbürgertums und der rückständigen Arbeiter» durch eine nationale Ausrichtung der Kämpfe könne die notwendige kritische Masse für eine Revolution erreicht werden: «Wer eine ‹reine› soziale Revolution erwartet, wird sie niemals erleben», so Lenin.[336] Seine Verteidigung des Selbstbestimmungsrechtes ist also auch als Angebot an die vorrangig nationalistisch und nicht revolutionär denkenden Massen zu verstehen, um sie als Hilfstruppen für die Revolution gewinnen zu können.

In Österreich entstand zur Jahrhundertwende mit dem Austromarxismus eine Strömung, die das Konzept der kulturellen bzw. nationalen Autonomie in die Diskussion brachte. Ihre bekanntesten Vertreter waren Otto Bauer und Karl Renner, die sich für eine marxistische Definition der Nation stark machten, die sie als eigenständige Charakter- und Kulturgemeinschaft anerkennt und bewahren will. Bauer veröffentlichte 1907 die Schrift *Die Nationalitätenfrage und die Sozialdemokratie*, die weite Verbreitung fand. Darin bestimmt er Nation einerseits anhand biologistischer Prinzipien als «Naturgemeinschaft»[337], betont aber andererseits Geschichte, Kultur und gemeinsamen Willen als prägende Elemente des «Nationalcharakters». Der Sieg des Sozialismus werde keineswegs das Nationalitätsprinzip verschwinden lassen, sondern bedeute vielmehr seine his-

334 Lenin 1916a: 148

335 Hobsbawm 1991: 175

336 Lenin 1916b: 364

337 Bauer 1907: 77ff. «Die Zugehörigen einer Nation sind also körperlich und geistig einander ähnlich, weil sie von denselben Ahnen abstammen und daher alle jene Eigenschaften ererbt haben [...]». (Ebd.: 86)

torische Durchsetzung. Jedoch nicht im Sinne der Einrichtung unzähliger kleiner Staaten, sondern im sozialistischen Staatenbund, der als «Vielvölkerstaat» allen Nationen ihre kulturelle Autonomie zugestehe. Man könnte also sagen, der Austromarxismus stellte sich aus nationalistischen Motiven gegen das «Selbstbestimmungsrecht der Völker». Zugleich wurde der Zusammenhang von nationaler Befreiung und internationalem Klassenkampf, wie er bis dahin in der Arbeiterbewegung vorherrschte, auf den Kopf gestellt: Nationale Befreiung wurde nicht mehr als bloße Vorbedingung für die globale Revolution angesehen, sondern umgekehrt wurde nationale Befreiung zu einem eigenständigen Ziel, das nur durch den internationalen Kampf der Arbeiterklasse erreicht werden könne. Hierin bestehe der «bewußte Internationalismus» im Gegensatz zum «naiven Kosmopolitismus», wie Bauer schrieb.[338]

Josef Stalin, der spätere «Volkskommissar für Nationalitätenfragen» in der Sowjetunion[339], vertrat ein ähnliches Verständnis von Nation, zog jedoch andere Schlussfolgerungen daraus für die zukünftige sozialistische Ordnung. In seiner 1913 verfassten Schrift *Marxismus und nationale Frage* definiert er Nation als eine «historisch entstandene stabile Gemeinschaft», mit gemeinsamer Sprache, einem gemeinsamen Territorium, einem gemeinsamen Wirtschaftsleben und einer «sich in der Gemeinschaft der Kultur offenbarenden psychischen Wesensart»[340]. Jedoch müsse eine Gemeinschaft all diese Merkmale in sich vereinen, um als Nation zu gelten. Kollektives Nationalbewusstsein sei nicht ausreichend. Sich selbst als Nation bezeichnende Gruppen hätten dementsprechend auch kein Anrecht auf Vereinigung oder Selbstbestimmung, wenn sie innerhalb eines größeren Staatsgebietes lebten. Aus diesem Grund kritisierte er die fehlende Standhaftigkeit der Sozialdemokratie, die sich an nationalen Kämpfen beteiligt habe. Diese Haltung manifestierte sich im russisch-sozialistischen Nationalismus, der kaum kulturelle regionale Eigenständigkeiten duldete, was zur umgangssprachlichen Bezeichnung der Sowjetunion als «Völkergefängnis» führte.

338 Ebd.: 526.
339 Übrigens der wohl einzige Staat der Welt, dessen Name keinen territorialen oder historischen Bezug hat.
340 Zit. n. Alter 1985: 18.

Explizit antinationale Positionen waren rar gesät, aber es gab sie. Eine kurze Zeit war in Deutschland ab 1915 sogar eine Antinationale Sozialisten Partei (ASP) aktiv, in der sich der bekannte deutsche Schriftsteller Carl Zuckmayer sowie der Herausgeber der Zeitung *Die Aktion*, Franz Pfemfert, engagierten.[341] Letzterer hatte bereits 1913 den Internationalismus scharf kritisiert. Dieser sei nur «Humbug, Schwindel, Phrase», die Arbeiterbewegung müsse sich stattdessen antinational positionieren. Die bekannteste Kritikerin von Nationalismus und nationalen Bewegungen war Rosa Luxemburg. Bereits auf dem Kongress der Zweiten Internationale 1896 in London hatte sie die Unabhängigkeitsbestrebungen als «Kette unfruchtbarer nationaler Kämpfe» bezeichnet.[342] Sie lehnte das Selbstbestimmungsrecht vehement ab und widersprach all denjenigen, die es – und sei es aus rein pragmatischen Beweggründen – verteidigten. Das Recht auf Selbstbestimmung sei angesichts der globalen kapitalistischen Vergesellschaftung metaphysisch und abstrakt, der Kampf dafür im besten Falle sinnlos, im schlimmsten Falle konterrevolutionär, so Luxemburg, die sich als Sozialistin aus Polen damit auch gegen das Engagement ihrer Genoss:innen in der polnischen Nationalbewegung stellte. Im Jahr 1908 führte sie unter dem Titel *Nationalitätenfrage und Autonomie* ihre Kritik aus: «In der Klassengesellschaft gibt es eine Nation als homogenes gesellschaftspolitisches Ganzes nicht», daher könne «von einem kollektiven und einheitlichen Willen, von Selbstbestimmung der ‹Nation› keine Rede sein».[343] Angesichts des Ersten Weltkrieges, in dem der «Gedanke des Klassenkampfes» vor dem Nationalismus kapituliert habe, bezeichnete sie 1918 die «Phrase von der Selbstbestimmung und die ganze nationale Bewegung» als die «größte Gefahr für den internationalen Sozialismus».[344] Entgegen der sich in der Arbeiterbewegung durchsetzenden Überzeugung, dass nationale und soziale Befreiung untrennbar miteinander verknüpft seien, betonte Luxemburg den grundlegenden Gegensatz von nationalen Interessen und den Interessen des Proletariats.

341 Ausführlicher zur ASP siehe Kistenmacher 2014.
342 Zit. n. Löwy 1978: 108
343 Zit. n. Bollinger 2009: 69.
344 Luxemburg 1918: 121

9.2.2. «International, nicht antinational» – Die Übernahme der nationalen Denkform

Grundsätzlich war die Arbeiterbewegung *inter*national, und – bis auf wenige Ausnahmen, zu denen neben Rosa Luxemburg auch Anton Pannekoek oder Josef Strasser gehörten – nicht *anti*national. Georg von Vollmer, ein führender bayrischer Sozialdemokrat, betonte dies auf dem Kongress der Sozialistischen Internationale 1907 in Stuttgart: «Es ist nicht wahr, dass international gleich antinational ist. Es ist nicht wahr, dass wir kein Vaterland haben.»[345] Das Ende der Nationen sah er nicht wie Marx als wünschenswertes Ziel, sondern warnte vor der Gefahr des «Unterganges in einen formlosen Völkerbrei». In der deutschen Arbeiterbewegung nahm Nationalismus schon früh großen Raum ein. Bereits zur deutschen Reichsgründung 1871 stand sie der dahinter stehenden Idee der Nation nicht aus Prinzip feindlich gegenüber, sondern fühlte sich vielmehr von ihr ausgeschlossen. Die abstrakte Verteidigung der Nation setzte sich in der Arbeiterbewegung ganz konkret in der Rechtfertigung des deutschen Kolonialismus fort. Das Proletariat bestand also keineswegs nur aus «vaterlandslosen Gesellen», als die sie lange Zeit bezeichnet wurden.

Das Selbstverständnis der Arbeiterklasse in Deutschland als in erster Linie «*deutsche* Arbeiterklasse»[346] fand seinen Ausdruck dann im sogenannten Burgfrieden, in der Zustimmung der deutschen Sozialdemokratie zur Aufnahme von Kriegskrediten zu Beginn des Ersten Weltkrieges. Dieser Kniefall vor dem deutschen Militarismus und Nationalismus, der dem Ersten Weltkrieg den Weg frei machte, gilt historisch als der endgültige Bruch der deutschen Arbeiterbewegung mit ihrem internationalistischen Selbstverständnis, als «Kapitulation der internationalen Sozialdemokratie», wie es Rosa Luxemburg ausdrückte. Auch in anderen europäischen Ländern setzten die sozialistischen Parteien unter Berufung auf das Selbstbestimmungsrecht die Losung «Vaterland oder Tod» – nun abgekoppelt vom ursprünglich damit verbundenen sozialistischen Patriotismus – in die Tat um und leiteten das Ende des proletarischen Internationalismus ein. In der Folge zerbrach die Zweite Internationale.

---

345 Zit. n. Hierlmeier 2002: 20
346 Ebd.: 19

Der Erste Weltkrieg mündete in der Einrichtung der nationalen Weltordnung. Das sogenannte «Erwachen der Völker» zu Beginn des 20. Jahrhunderts, dass seinen völkerrechtlichen Ausdruck in der Wilson'schen Friedensordnung fand, ließ sich mit der marxistischen Theorie schwer erklären und es setzte sich auch in der Arbeiterbewegung die Ansicht durch, dass es sich bei der nationalstaatlichen Ordnung quasi um ein Naturgesetz handeln müsse.[347] Man wollte zudem nicht von der Geschichte abgehängt werden, die im Ersten Weltkrieg gerade erst die Mobilisierungskraft und Opferbereitschaft des Nationalen eindrucksvoll bewiesen hatte. Das «Trauma von 1914» (Tom Nairn) führte in der Linken also nicht zu einer längst überfälligen kritischen Auseinandersetzung mit Nationalismus und ihrer eigenen Beteiligung am nationalistischen Morden im Ersten Weltkrieg, sondern vielmehr zur Akzeptanz seiner Wirkmächtigkeit und zur bedingungslosen Parteinahme für das «Selbstbestimmungsrecht der Völker». Hinzu kam, dass die revolutionären Bewegungen in Europa mit Ausnahme Russlands gescheitert waren. Umso mehr galten nun die antikolonialen Befreiungsbewegungen im asiatischen Raum als wichtige Verbündete.

«Proletarier aller Länder und unterdrückte Völker, vereinigt euch!» hieß die erweiterte Losung der 1919 gegründeten Dritten Internationalen, der Komintern. In seinen *Thesen zur nationalen und kolonialen Frage* beschrieb Lenin auf dem Zweiten Kongress der Komintern 1920 die «nationalen Befreiungsbewegungen der Kolonien und unterdrückten Völker» als revolutionäre Kraft und rief dazu auf, auch bürgerlich-demokratische Bewegungen in den kolonial abhängigen Ländern zu unterstützen. Im Sinne des nationalen Befreiungskampfes wurde die Befreiung des Individuums in eine Reihe mit der Befreiung des nationalen Kollektivs gesetzt und in der Folge dem Letzteren untergeordnet. Joseph Stalin setzte dann mit dem «Sozialismus in einem Lande» ab Mitte der 1920er Jahre seine spezifische Form eines sozialistischen Nationalismus um, der ebenso unbedingte Loyalität forderte wie sein bürgerliches Pendant und zunehmend von Chauvinismus und Antisemitismus durchzogen

347 Auch hier stellte Rosa Luxemburg eine wohltuende Ausnahme dar, die 1918 in *Fragment über Krieg, nationale Frage und Revolution* schrieb: «Von allen Seiten melden sich Nationen und Natiönchen mit ihren Rechten auf Staatenbildung an. Vermoderte Leichen steigen aus hundertjährigen Gräbern, von neuem Lenztrieb erfüllt ... – auf dem nationalistischen Blocksberg ist heute Walpurgisnacht.»

war. Die Kommunistische Partei Deutschlands (KPD) wiederum versuchte sich in der Zwischenkriegszeit als die wahre Interessenvertretung der deutschen Nation darzustellen und verabschiedete 1930 eine «Programmerklärung zur nationalen und sozialen Befreiung des deutschen Volkes».

Der Zweite Weltkrieg löste die historische Verbindung von Internationalismus und Arbeiterbewegung endgültig auf. Das letzte Mal trat ein gelebter proletarischer Internationalismus Mitte der 1930er Jahre im spanischen Bürgerkrieg in Erscheinung, als sich über 40.000 Linke in den Internationalen Brigaden am Kampf gegen den spanischen Faschismus beteiligten. Bisweilen wird auch der antifaschistische Kampf der Alliierten im Zweiten Weltkrieg noch dem Internationalismus zugerechnet. Viele kommunistische Parteien Europas verhielten sich aber widersprüchlich. In Frankreich, Belgien und Großbritannien und anderen Ländern versagten sie anfangs ihren jeweiligen Regierungen – und damit auch der internationalen antifaschistischen Bewegung – die Unterstützung im (Verteidigungs-)Kampf gegen den deutschen Faschismus. Erst als ihr sowjetisches Vaterland von den Deutschen angegriffen wurde, erinnerten sie sich ihrer internationalen Solidarität. Der Kampf gegen den Faschismus förderte weniger den Internationalismus, als vielmehr einen neuen linken Nationalismus. Partisanengruppen bezeichneten sich als nationale Befreiungsbewegungen, der Antifaschismus vermischte sich mit dem nationalistischen Selbstbestimmungsrecht. Diese Situation bot aber zugleich die Möglichkeit, das Konzept der Nation erneut mit demokratischen und emanzipatorischen Inhalten aufzufüllen und gegen die Rechte in Stellung zu bringen, die seit dem 19. Jahrhundert die alleinige Deutungshoheit übernommen hatte. Vielerorts wurde die Verteidigung der Nation mit revolutionären Zielen verbunden und der antifaschistische Kampf auch als sozialer Kampf begriffen. Was die linken nationalistischen Bewegungen aber vor allem einte, war der gemeinsame Feind, weniger das gemeinsame Ziel der sozialen Revolution. Mit dem Sieg der Alliierten über den Faschismus und dem Wegfall des gemeinsamen Feindes löste sich die kurze Verbindung nationaler und sozialer Befreiung in Europa auf.

9.3. Das Ende der Arbeiterbewegung und neuer Internationalismus

Mit dem Zweiten Weltkrieg war nicht nur der proletarische Internationalismus, sondern auch die klassische Arbeiterbewegung selbst an ihr Ende gelangt. Die Zeiten, in denen sich die Arbeiter:innen als gemeinsame Klasse verstanden und solidarisch handelten, waren nun vorbei.[348] Stattdessen entstand ein neues Proletariat, das gelassen «am Mehrwert teilnimmt und gar nicht daran denkt, die bestehende Ordnung zu stören und sich von Ketten zu befreien», wie es Horkheimer 1957 beschrieb[349]. Es gebe kein «Proletariat im Marxschen Sinne» mehr, so Horkheimer zehn Jahre später, «sondern nur noch mehr oder weniger befriedigte und leicht manipulierbare ‹Partner› im Produktionsprozess».[350] Die Arbeiterbewegung wurde zur Interessenvertretung der arbeitenden Bevölkerung eines spezifischen Landes, ihre revolutionäre wie kosmopolitische Herkunft geriet in Vergessenheit. Eine Bewegung – mit einer kollektiven politischen Identität sowie gemeinsamen Forderungen und Zielen, die über die bloße Verbesserung der Arbeitsbedingungen hinausgehen – stellen die Gewerkschaften als institutionalisierte Vertretung der Arbeiter:innen heutzutage kaum mehr dar. Ein internationales Selbstverständnis ist zumindest in Deutschland in der heutigen organisierten Arbeiterschaft mehrheitlich nicht vorhanden.[351]

Der Internationalismus der Nachkriegszeit war fortan kein proletarischer mehr, sondern wurde stattdessen ab den 1960er Jahren unter dem Banner des Antiimperialismus von den Neuen Sozialen Bewegungen, den antikolonialen und revolutionären

348 Ob und wie weit dieses Klassenbewusstsein überhaupt existierte oder ob es vielmehr von linken Intellektuellen in das vermeintlich revolutionäre Subjekt hinein projiziert wurde, ist eine Frage, die hier nicht erörtert werden kann.

349 Horkheimer 1988 [1957]: 273

350 Ebd.: 426

351 Eine Gewerkschaftsstudie aus dem Jahr 2005 stellte fest, dass ein Drittel der Gewerkschaftsmitglieder nationalistische Einstellungen vertritt, was dem nationalistischen Potenzial in der Gesamtbevölkerung entspricht (vgl. Zeuner et al. 2007). Kampagnen der großen Gewerkschaftsbünde bedienen sich mitunter auch der Sprache des Standortnationalismus, wenn zum Beispiel der Deutsche Gewerkschaftsbund (DGB), wie 2009 geschehen, auf einem Plakat zum 1. Mai «1a deutsche Muskelarbeit» gegen den «Lohnpreiskrieg» verteidigen möchte.

Befreiungsbewegungen und den Staaten des sozialistischen Blocks getragen. Die internationale Solidarität mit den vorrangig sozialistisch geprägten Befreiungsbewegungen in Asien, Afrika und später Lateinamerika wurde zu einem wichtigen Themen- und Agitationsfeld der aufkommenden sozialen Bewegungen in Europa und den USA. Man sah sich als Teil einer globalen revolutionären Befreiungsbewegung. Zugleich entstanden in Europa selbst für kurze Zeit zahlreiche regionale nationale Befreiungsbewegungen, die für ein sozialistisches «Europa der Völker» eintraten und die globale soziale Befreiung untrennbar mit der nationalen Befreiung ihrer «unterdrückten Völker» verbunden sahen.[352] «Die nationale Befreiung war zu einem Schlagwort der Linken geworden.»[353]

Eines der wichtigsten Ereignisse dieses neuen Internationalismus in Deutschland war der Vietnam-Kongress im Februar 1968 in West-Berlin, an dem über 5000 Aktivist:innen aus 14 Ländern teilnahmen. Das Konzept der nationalen Befreiung stand dabei nicht zur Debatte, sondern nur die Frage, auf welche Weise der Befreiungskampf unterstützt und in die westlichen Metropolen gebracht werden könne. «Die ‹Propaganda der Schüsse› (Che) in der ‹Dritten Welt› muss durch die ‹Propaganda der Tat› in den Metropolen vervollständigt werden», hatten Rudi Dutschke und Hans-Jürgen Krahl, zwei Theoretiker des Sozialistischen Deutschen Studentenbundes (SDS), bereits 1967 gefordert. Viele sahen in den antiimperialistischen «Volkskriegen» auf der Welt zudem die Hoffnung, dass sich dadurch auch in den imperialistischen Zentren die Konflikte verschärfen und eine handlungsfähige linke Massenbewegung entwickeln würden. Revolutionärer Nationalismus war wieder *en vogue*. «Hitler und die Entkolonisierung hatten das Bündnis des Nationalismus mit der Linken, das vor 1848 so natürlich zu sein schien, wiederhergestellt.»[354]

Die Betonung eines gemeinsamen Kampfes durch die revolutionären Bewegungen des Zentrums einerseits und die nationalen Befreiungsbewegungen der Peripherie andererseits wurde jedoch oftmals eher beidseitig unüberprüft postuliert, als dass inhaltliche Gemeinsamkeiten tatsächlich vorhanden waren. «Auf der einen Seite hat ein reiner Nationalismus Rechtfer-

352 Siehe Kapitel 8.3.
353 Hobsbawm 1991: 176
354 Hobsbawm 1991: 177

tigungen marxistischer Art ausgebeutet, und Apologeten aus marxistischen Kreisen rekrutiert. [...] Andererseits ist die internationale linke Bewegung über rein nationalistische Regimes hergefallen» schrieb der französische Marxist Maxime Rodinson zu Beginn der 1970er Jahre in Bezug auf die arabische Welt.[355] Das Bindeglied zwischen den verschiedenen revolutionären Bewegungen war der Antiimperialismus, inhaltlicher Grundpfeiler des Sozialismus ebenso wie notwendigerweise Bestandteil der konkreten Kämpfe gegen koloniale Unterdrückung. So bestand das verbindende Element oftmals nur in der Überzeugung, gemeinsame Feinde zu haben. Wenn die eigenen machtpolitischen Interessen quer zur Achse der politischen Überzeugungen verliefen, wurden durchaus auch mal Bündnisse mit dem imperialistischen Feind eingegangen. Bereits im Zweiten Weltkrieg hatten sich manche antikolonialen und antiimperialistischen Befreiungsbewegungen auf die Seite der faschistischen Achsenmächte Deutschland und Japan gestellt, da man sich von einem Sieg dieser Staaten gegen die eigenen Kolonialmächte die Unabhängigkeit erhoffte. In anderen Fällen, wenn die Weltmarktkonkurrenz schwerer wog als die internationale Solidarität, bekämpften sich auch sozialistische Staaten untereinander (z.B. im Falle von Vietnam, Kambodscha und China). Die Sowjetunion wiederum «misstraute jeder nationalen Bewegung – auch kommunistisch geführten Ländern –, wenn in der betreffenden Region keine sowjetischen Truppen standen».[356]

9.4. Von internationaler zu kritischer Solidarität

Mit der Auflösung der letzten Kolonien auf dem afrikanischen Kontinent Ende der 1970er Jahre, dem Ende der traditionellen nationalen Befreiungsbewegungen und spätestens seit dem Zusammenbruch des sowjetischen Blocks ist diese antiimperialistische Ära der Linken zu Ende gegangen. Der klassische Internationalismus als Massenbewegung wurde von der globalisierungskritischen Bewegung abgelöst. Anstelle von Arbeitsbrigaden gibt es nun Gipfeltreffen und Sozialforen, statt Klassenkampf steht in der Theorie nun die Subalterne der Hegemonie gegen-

355 Zit. n. Hobsbawm 1978: 76
356 Wallerstein 2000

über, postmoderne Identitätskonstruktionen haben die antikolonialen Einheits- und Volksfronten abgelöst. Zudem hat die «erfolgreiche» nationale Befreiung in vielen Ländern die zuvor damit verbundenen Illusionen zerstört. Einmal an der Macht, hatten die Vertreter (selten Vertreterinnen) ehemals sozialrevolutionärer Bewegungen oftmals autoritäre und korrupte Regime eingerichtet und überzogen nun ihrerseits die Opposition mit Gewalt. «Weil es sich hier allermeist um Projektionen handelte, die die wirklichen Zielsetzungen der Befreiungsbewegungen oft geflissentlich übersahen, ging internationale Solidarität diesen Zuschnitts sozusagen auf Weltreise.»[357] Man wendete sich von dem einen Befreiungskampf ab, und dem nächsten zu – bis nur noch wenige Länder oder Bewegungen übrig waren, auf die man sich als Linke solidarisch beziehen konnte. Dies hatte zur Folge, «dass große Teile derer, die einmal die Solidaritätsbewegung zur Massenbewegung gemacht hatten, nach – mehr oder weniger bewusster und schmerzlicher – Einsicht in die engen Grenzen der vermeintlichen Emanzipation andernorts dem Internationalismus den Rücken kehrten»[358]. Im Kontext der sich verändernden globalen Verhältnisse wurden in Deutschland ab den 1990ern alte Gewissheiten antiimperialistischer und internationaler Solidarität zunehmend in Frage gestellt. Eine kritische Reflexion hatte aber bereits früher begonnen.

9.4.1. Der Bruch: «Gerd Albartus ist tot»

Ein – im Nachhinein – entscheidender Wendepunkt für das internationalistische Selbstverständnis war dabei die Entführung einer von Tel Aviv kommenden Air-France-Maschine nach Entebbe (Uganda) im Juni 1976. Während der Aktion, die von Mitgliedern der Volksfront zur Befreiung Palästinas (PFLP) sowie der Revolutionären Zellen (RZ) durchgeführt wurde, trennten die Entführer:innen israelische und jüdische Reisende von den anderen Geiseln, die daraufhin freigelassen wurden. Diese Aktion führte bereits damals zu Kritik innerhalb der deutschen Linken, es sollten aber noch 15 Jahre vergehen, bis diese auch von den RZ selbst öffentlich formuliert wurde. Nachdem 1987 das ehemalige RZ-Mitglied Gerd Albartus in Palästina von einer «befreundeten» Gruppe des palästinensischen Widerstandes

357 Kößler/Melber 2009: 28
358 Ebd.

hingerichtet wurde, veröffentlichten Teile der RZ im Dezember 1991 den Text *Gerd Albartus ist tot*. Aufbauend auf dem Mord an ihrem Genossen und der Selektion von Juden und Jüdinnen durch deutsche Linke in Entebbe wird darin die oftmals blinde internationale Solidarität mit nationalen Befreiungsbewegungen kritisiert und ein radikaler Bruch mit dem traditionellen antiimperialistischen Weltbild vollzogen:

«Wer von Befreiung träumt, von den Schattenseiten des Befreiungskampfes aber nichts wissen will, hängt naiven Revolutionsvorstellungen nach, die dessen Wirklichkeit nicht standhalten. […] Wem nützen wir damit, wenn wir unter dem Banner des Internationalismus eine falsche Einheit vorgaukeln, während hinter den Kulissen die Gegensätze aufeinanderprallen. […] Die Beendigung der Fremdherrschaft, so dachten wir, sei gleichbedeutend mit dem Beginn der sozialen Revolution. Da die Befreiungsorganisationen das um seine Unabhängigkeit kämpfende Volk repräsentierten, waren sie der direkte Adressat internationaler Solidarität. Daß die Machtübernahme den sozialen Gehalt der Revolution in fast allen Fällen eher zerstörte als entfaltete, daß sich die Führer der Befreiungsbewegungen, kaum hatten sie die Kommandoposten in den jungen Nationalstaaten besetzt, als Protagonisten brutaler Entwicklungsdiktaturen gebärdeten, daß von der frisch gewonnenen Unabhängigkeit vor allem die alten Kader profitierten, während das anhaltende Massenelend einer neuen Erklärung bedurfte, daß sich – kurz gesprochen – die ganze Dialektik von nationaler und sozialer Befreiung vor allem für die neuen Machthaber rechnete und daß dies keine Frage von Verrat oder korrupter Moral war, sondern dem Wesen der Staatsgründung entsprach – all das paßte nicht in unser Bild eines homogenen Befreiungsprozesses und wurde deshalb ausgeblendet. Erst in dem Maße, wie nach vollzogener Nationwerdung neue Kämpfe ausbrachen, wie sich vielfältigste Formen sozialer Gegenmacht artikulierten, deren antagonistischer Kontrahent der Komplex von Gewalt und Verwertung war, den jener Staat verkörperte, waren wir imstande, den Mythos nationaler Unabhängigkeit und den ihm immanenten, alle Differenzen homogenisierenden Volksbegriff zu relativieren.»

Zum Zeitpunkt der Veröffentlichung wurde diese Kritik keineswegs von der Mehrheit der radikalen Linken geteilt. Die Verfasser:innen wurden heftig kritisiert, bis hin zum Vorwurf des Verrats.[359] Die Diskussion führte sich durch die 1990er Jahre fort, hierbei vor allem am Beispiel des Kurdistan-Konfliktes und der Frage der Solidarität mit der 1993 in Deutschland verbotenen PKK. Während sich bei den einen die kompromisslose Unterstützung zur kritischen Solidarität wandelte, bis hin zur Entsolidarisierung mit allen Bewegungen, die sich auf Volk oder Nation bezogen, war die Kritik für andere «auf der ideologischen Ebene der größte Rückschritt, den Teile der Linken gegenwärtig machen», wie die Gruppe *Kein Friede* 1995 in ihrer Flugschrift *Nationaler Befreiungskampf und internationale Solidarität. Zwei Jahre PKK-Verbot* schrieb.

9.4.2. Die Entstehung der antinationalen Linken

In diesem Kontext entstand in Deutschland eine neue Strömung innerhalb der radikalen Linken: die Antinationalen, aus denen später auch die Antideutschen hervorgingen. Der Beginn der antinationalen Linken steht in enger Verbindung mit der sogenannten Wiedervereinigung ab 1989 und der Sorge vor einem wieder erstarkenden großdeutschen Chauvinismus. Die Kampagne *Nie wieder Deutschland* brachte 1990 in Frankfurt am Main über 20.000 Menschen auf die Straße und konnte bis in den linken Flügel der Grünen Unterstützer:innen gewinnen. Am dazugehörigen Kongress der Radikalen Linken in Köln nahmen 1500 Menschen teil. Zu Beginn stellte sich diese Bewegung noch vorrangig gegen den deutschen Nationalismus. Eine allgemeinere und grundsätzlichere Kritik an Nationalismus (und Antisemitismus), unabhängig davon wo und von wem er propagiert wird, entwickelte sich erst in den darauf folgenden Diskussionen. Noch im Aufruf zur *Nie wieder Deutschland*-Demonstration hieß es in Abgrenzung zur deutschen Situation: «Nationale Selbstbestimmung kann nur eine Waffe der kolonisierten und in Abhängigkeit gehaltenen Völker gegen ihre Unterdrücker sein». Joachim Bruhn wies bereits damals in einer (für jene Demonstration geschriebenen, aber dort nicht gehaltenen) Rede auf die darin verborgene Widersprüchlichkeit hin: «Die schöne Parole ‹Nie wieder Deutsch-

---

359 Siehe die Broschüre *Kritik macht uns nur stärker.* Texte zur rz-Diskussion, Berlin 1992.

land› erweist sich als ziemlich geschmäcklerisch im Munde von Leuten, die kaum eine Gelegenheit verpasst haben, den ‹Sieg im Volkskrieg› zu predigen oder vom ‹gerechten Kampf› des kurdischen, persischen oder sonst eines Volkes zu schwärmen.»

Nationalismus wurde zu Beginn der 1990er Jahre aus einem weiteren Grund für einige Jahre zu dem bestimmenden Thema innerlinker Diskussionen. Denn zur gleichen Zeit, als die RZ ihre Selbstkritik veröffentlichte, begannen die ersten Kriege auf dem Balkan, wo nun im Namen des «Selbstbestimmungsrechtes der Völker» blutige Konflikte ausgetragen wurden. Die nationale Befreiung, für die dort auf allen Seiten gekämpft wurde, hatte mit Emanzipation nichts zu tun und gründete sich nur noch auf ethnisch verkleidetem Hass und einem völkischen Homogenitätsideal. Die Linke, noch auf der Suche nach dem richtigen Umgang mit dem überraschenden Ende der Sowjetunion, stand nun zugleich ratlos vor der Tatsache, dass sich die Re-Integration der sozialistischen Länder in den kapitalistischen Weltmarkt gänzlich in den Bahnen des Nationalismus und unter Einsatz brutalster ethnisierter Gewalt vollzog. Die Folge war ein Boom kritischer Publikationen zu Nationalismus und dem spezifischen Verhältnis der Linken zur nationalen Frage.[360]

Die Bücher waren zugleich Ausdruck der bisherigen Vernachlässigung des Themas, welches durch die globalen Umbrüche nun auf die linke Tagesordnung gesetzt wurde. Nicht alle teilten die in der Diskussion mehrheitliche «Tendenz zu nationalem Nihilismus», wie zum Beispiel Helmut Bleiber bemängelte. Er und andere hielten am «Selbstbestimmungsrecht der Völker» fest, trotz des in seinem Namen begangenen Massenmordens auf dem Balkan, und betonten unter Bezug auf Marx die historische Notwendigkeit von Nation und Nationalismus als Teil des bürgerlichen Fortschritts, der die Basis einer kommenden sozialistischen Ordnung darstelle. Die Debatte war jedoch eindeutig von einer Kritik am Nationalismus bestimmt. Dies lag auch an der sich zuspitzenden Situation in Deutschland, wo es in Folge der Vereinigung der beiden deutschen Staaten zur bis dato heftigsten Phase rechten Terrors und offener rassistischer Gewalt kam, die mehrere Jahre anhielt und in tagelangen

360 Lesenswerte Textsammlungen finden sich bei PROKLA 1992 und (ironischerweise) Elsässer et al. 1994. Eine Übersicht der Literatur bietet Bleiber 1996.

Pogromen vor Flüchtlingsunterkünften gipfelte.[361] Die in der *Nie-Wieder-Deutschland*-Kampagne formulierte Warnung vor einem «Vierten Reich» schien nicht mehr gänzlich unbegründet. Verbunden war der neue gesamtdeutsche Nationalismus mit einem Rechtsruck in der Politik, die sich die Forderungen des rassistischen Mobs zu eigen machte und 1993 durch die Einführung der Drittstaaten-Regelung das Grundrecht auf Asyl faktisch abschaffte. All dies gab antinationalen Positionen zusätzlichen Aufschwung. Die antinationale und spätere antideutsche Strömung haben mit ihrer Kritik innerhalb der deutschen radikalen Linken weitreichenden Einfluss gehabt.[362] In gesamtgesellschaftlichen Diskussionen, ebenso wie in der gemäßigten und parteipolitischen Linken, ist sie jedoch eher marginal geblieben.

9.5. Nationalistische Linke und linker Nationalismus

Nationalismus spielte in der deutschen Linken nicht nur als antiimperialistisches Bindeglied zu antikolonialen Bewegungen eine Rolle. Seit den 1968ern gab es auch immer wieder Stimmen von Links, die forderten, die deutsche Nation positiv zu besetzen und das Eintreten für die Nation über politische Differenzen zu stellen. Zwar ist daraus nie eine ernstzunehmende Querfrontbewegung von Linken und Rechten entstanden, aber es ist nicht so, dass es keine Versuche in die Richtung gab.[363] Mitun-

361 Der Verfassungsschutz zählte alleine für das Jahr 1992 insgesamt 722 rechtsextreme Brand- und Sprengstoffanschläge, zwei Anschläge pro Tag. Von 1990 bis 1993 fielen der Amadeu-Antonio-Stiftung zufolge knapp über 60 Menschen dem rechten Terror zum Opfer.

362 Bekanntlich führten die Diskussionen im Laufe der 1990er und insbesondere ab Beginn der 2000er Jahre zu vielfältigen Zerwürfnissen und Spaltungen von linksradikalen Gruppen und Zeitungsredaktionen entlang der Achse «Antiimperialist:innen» vs «Antinationale/Antideutsche».

363 Zu den bekannteren Vetreter:innen jener nationalistischen Querfront gehört der «linke Patriot» Peter Brandt, Sohn von Willy Brandt, Mitglied im Kuratorium des linken *think tank* Institut für Solidarische Moderne sowie im Vorstand der Friedrich-Ebert-Stiftung. Er hat zahlreiche Bücher und Texte zum Thema «Linke und Nationalismus» veröffentlicht, oftmals in Zusammenarbeit mit Vertreter:innen der Neuen Rechten. Beispielhaft ist sein Aufsatz in dem von der *Jungen Freiheit* herausgegebenen Sammelband *Ein Leben für Deutschland*, in Gedenken an

ter haben bereits das auf Deutschland übertragene «Selbstbestimmungsrecht der Völker» sowie der hauptsächlich gegen die USA (und Israel) gerichtete Antiimperialismus ausgereicht, dass sich ganz Links und ganz Rechts darin einig waren: Deutschland sei ein von den Alliierten künstlich geteiltes und zugleich von den USA besetztes Land und daher müsse für die nationale Befreiung des deutschen Volkes gekämpft werden. Stellvertretend für diese Strömung stand Rudi Dutschke, der mit solchen nationalistischen Ansichten in der 68er-Bewegung oftmals für Irritation sorgte. Die Entwicklung, dass manche bekannte Vertreter:innen der linken Außerparlamentarischen Opposition (APO) wie Bernd Rabehl und Horst Mahler später zur extremen Rechten wechselten und sich bei der neonazistischen NPD engagierten, war in Teilen also bereits im Antiimperialismus der 1970er Jahre und der Übertragung antikolonialer Diskurse auf die deutsche Situation angelegt.[364]

Eine weitere Variante eines deutschen Linksnationalismus besteht in der Betonung, dass die Nation noch immer die stärkste Quelle kollektiver Identität und damit notwendiger Bezugspunkt linker Politik sei. Der der Linkspartei nahestehende Politikwissenschaftler Erhard Crome beklagt in diesem Sinne eine «Ignoranz» in der Linken, die schon bei Marx und Engels angelegt gewesen sei, und beschreibt die «Geringschätzung der Nation» als Ausdruck einer «eigenartigen Hilflosigkeit in den entscheidenden Tagen und Wochen 1989/1990».[365] Demgegenüber fordert er die Linke auf, die Nation nicht der Rechten zu überlassen und stattdessen an der Stärkung einer fortschrittlichen nationalen Identität mitzuarbeiten: «Die Freiheit hat nicht nur ihre Zeit, sie muss auch einen Ort haben.»[366] Eine

---

den verstorbenen Wolfgang Venohr, ehemaliges Mitglied der SS-Leibstandarte Adolf Hitler.

364 Rabehl, der bereits 1967 gefordert hatte, dass «die marxistische Linke [...] Ansätze des Nationalismus weiterentwickeln» müsse, betonte 2005 in einem Interview: «In letzter Konsequenz bin ich meinem Denken von damals treu geblieben.» Die absurd anmutende Situation, dass in den 1970er/1980er Jahren in Ausbildungslagern der palästinensischen Befreiungsbewegungen teilweise zeitgleich sowohl Mitglieder der Roten Armee Fraktion (RAF) als auch der neonazistischen Wehrsportgruppe Hoffmann trainiert wurden, verweist ebenfalls auf jene Scharnierfunktion des Antiimperialismus (und des mit ihm eng verbundenen Antizionismus).

365 Crome 2001: 80

366 Ebd.: 4. Den Beleg, dass auch in einem solchen, angeblich progressiven Bezug auf Nation das ausgrenzende Moment bereits angelegt ist, liefert

ähnliche Argumentation findet sich in dem Buch *Überholt wird links. Was kann, was will, was soll die Linkspartei* aus dem Jahr 2005. Unter dem Titel *Links wo die Nation ist* fordert darin Robert Albertz, die Linke sollte «nicht einem abstrakten Europäer oder unbehausten Weltbürger das Wort reden, sondern die Menschen in ihren konkreten ethnisch-kulturellen Beziehungen sehen». Erst wenn der oder die Vorsitzende einer deutschen Linkspartei von der Bühne «Es lebe Deutschland!» rufen könne, seien wieder «normale Zustände» eingekehrt.[367] Auch von Sahra Wagenknecht[368] und ihrem politischen Umfeld in der Linkspartei sind oft nationalistische Positionen zu hören, wenn z.B. der Nationalstaat gegenüber der Forderung nach offenen Grenzen verteidigt wird und gegen «unkontrollierte» Einwanderung oder Migration an sich Stimmung gemacht wird.

Solche Positionen tauchen wiederkehrend in linken (partei-) politischen Debatten auf, jedoch konnten sie nie größeren Einfluss gewinnen oder die Debatte bestimmen. Dass die geforderte Versöhnung der deutschen Linken mit «ihrer» Nation wenig Erfolg hatte, liegt nicht zuletzt in der Geschichte des deutschen Nationalismus begründet. Angefangen bei seinen völkischen und antisemitischen Ursprüngen, über den darauf aufbauenden Nationalsozialismus und den Holocaust, bis hin zur massiven nationalistischen Gewalt im Zuge der sogenannten Wiedervereinigung bietet er nur wenig historisches Material, auf das sich als Linke positiv Bezug nehmen lässt.

Bezüglich der internationalen Solidarität mit anderen «Völkern» und Nationen hingegen zeigen etliche Beispiele, dass die vor über 20 Jahren von den RZ formulierte Kritik noch immer aktuell ist. Die *Rote Fahne*, das Parteiorgan der Marxistisch-Leninistischen Partei Deutschlands (MLPD), veröffentlichte noch 2015 einen Bericht unter dem Titel *Kurdistan: Geschichte eines Jahrtausende alten Kulturvolks* und machte sich damit die ethnische Legitimation zu eigen, welche selbst von der PKK nicht mehr vertreten wird. Global betrachtet ist eine antinationale

---

Crome dann auch gleich mit: «Der Kampf um die Erhaltung des Prinzips der Solidarität der Gemeinschaftsmitglieder muß die Barmherzigkeit mit den Anderen einschließen, wohl wissend, dass die eigene Kasse stets begrenzt ist und nicht alle Probleme, die das Verwertungsprinzip weltweit schafft, im eigenen Land gelöst werden können.»

367 Albertz 2005: 223.

368 Sahra Wagenknecht war von 2010 bis 2014 stellvertretende Parteivorsitzende und von 2015 bis 2019 Fraktionsvorsitzende der Linkspartei.

Grundhaltung unter Linken die große Ausnahme. Die Akzeptanz der nationalen Ordnung und nationale Identifikationen sind bei der Mehrheit der linken Bewegungen feste Bestandteile ihrer Weltanschauung. Sei es im staatsbürgerlichen Sinne bei den Zapatistas, die anerkannte Bürger:innen Mexikos werden wollen oder im sozial-revolutionären Sinne bei den Revolutionären Streitkräften Kolumbiens (FARC), auf deren Logo die kolumbianische Fahne prangt. In Kuba und Venezuela wird der Sozialismus weiterhin mit dem klassischen *patria o muerte* (Vaterland oder Tod) beschworen, mit all den Helden-Sagen und Mythen vom Kampfeswillen des Volkes, der sozialistischen Verpflichtung zum Dienst an der Nation und der Ein- und Unterordnung in die Gemeinschaft. Die noch immer weit verbreitete antiimperialistische Vorstellung einer zweigeteilten Welt, bestehend aus imperialistischen Staaten und «unterdrückten Völkern», zeigt ebenso wie das Festhalten am Internationalismus-Begriff[369]: Der Großteil der Linken geht auch im 21. Jahrhundert von einer Konzeption der Welt aus, die aus verschiedenen «Völkern» besteht, für deren Befreiung und Selbstverwirklichung gekämpft werden müsse.[370] Die Linke ist weiterhin international, und nicht antinational ausgerichtet.

369 Für den Begriff des Internationalismus gilt i.d.R. noch immer, was Josef Strasser bereits 1912 formuliert hatte: «Der Internationalismus ist ihnen die Summe aller Nationalismen. [...] Die beiden gehören zusammen, sie ergänzen einander, einer ist die Korrektur des andern.»

370 Die unterschiedlichen Auffassungen hierzu ließen sich auch am europaweiten Aktionstag gegen die Troika am 1. Juni 2013 beobachten. Dieser wurde länder- und gruppenabhängig sowohl unter dem Motto *Peoples united against the Troika* als auch unter *People against the Troika* beworben. Das sich das eine Mal auf die «Völker» und das andere Mal auf das Volk (im Sinne der gesamteuropäischen Bevölkerung) bezogen wurde, ist weniger sprachlicher Ungenauigkeit geschuldet, sondern vielmehr Ausdruck der weiterhin vorherrschenden Uneinigkeit darüber, ob Menschen oder «Völker» das Subjekt der Befreiung sind.

10. Nationale Befreiung oder Befreiung von der Nation?

Seit mehr als hundert Jahren beklagt die Linke in der ganzen Welt das Dilemma, daß die Arbeiterschaft sich allzu häufig als «Volk» organisiert hat. Dies Dilemma läßt sich jedoch nicht lösen, weil es aus den Widersprüchen des Systems selbst erwächst.
Immanuel Wallerstein

Nationalismus ist die herrschende Ideologie zur Legitimation von Herrschaft und Ausgrenzung, von Imperialismus und Krieg. Er ist Ausdruck des globalisierten Kapitalismus und bildet zusammen mit Rassismus und Sozialchauvinismus die ideologische Trias, mit der die Menschen in modernen Konkurrenzgesellschaften ihren Anspruch auf ein Stück vom Kuchen verteidigen. Als Kategorie der sozialen Grenzziehung schließt das Konzept der Nation die «Anderen» aus, diskriminiert und verfolgt sie. Als Zwangskollektiv homogenisiert und unterwirft es die «Eigenen», fordert von ihnen Anpassung, Loyalität und Opferbereitschaft. Nationale Identität verinnerlicht Herrschaft und verhindert auf diese Weise, dass sich soziale Konflikte zu sozialen Kämpfen entwickeln. So gesehen ist Nationalismus der historische Rivale von «Klassenkampf» und Kosmopolitismus. Aber da gibt es auch noch die andere Geschichtsschreibung des Nationalismus, welche von Fortschritt und Demokratisierung, von Revolution und Emanzipation handelt. In seinem Namen wurden die Feudalherrschaft sowie der Absolutismus abgelöst. Er war die vereinende Kraft, die das Ende des kolonialen Zeitalters herbeigeführt hat. Militärdiktaturen in Lateinamerika wurden von ihm zu Fall gebracht und er motivierte Partisan:innen in ganz Europa, sich den deutschen Faschist:innen und ihrem Vernichtungskrieg entgegenzustellen. Nicht Klassenbewusstsein, sondern Nationalbewusstsein schuf die notwendige Solidarität, durch die sich Menschen kollektiv gegen Unterdrückung und Gewaltherrschaft zur Wehr setzten. Nationalismus war der historische Weggefährte von Befreiung und Revolution.

Wer sich nun hier eine Antwort auf die nationale Frage erhofft hat, muss enttäuscht werden. Dies jedoch liegt an der Frage selbst. Denn die nationale Frage ist keine Frage, sondern eine Antwort, und zwar auf die komplexen Herrschafts- und Abhängigkeitsverhältnisse der globalisierten kapitalistischen Moderne. Nationalismus stellt eine Reaktion auf gesellschaftliche Veränderungen dar. Er ermöglicht eine Verarbeitung der widersprüchlichen Verhältnisse, indem er einfache Erklärungen bietet und Schuldige benennt. Die uneingelösten Versprechen der bürgerlichen Gesellschaft (Freiheit, Gerechtigkeit, Selbstbestimmung) soll er konkret zur Geltung bringen – und führt zugleich von ihrer Durchsetzung weg, indem er die wahren Ursachen sozialer Ungleichheit durch die Ethnisierung gesellschaftlicher Differenz verschleiert. Das Ziel emanzipatorischer Politik sollte daher nicht sein, die nationale Frage von links zu beantworten, sondern zu verhindern, dass soziale Konflikte national und ethnisch übersetzt werden. Und darauf hinzuweisen, dass die Frage bereits falsch gestellt ist.

Der ungebrochene Erfolg des Nationalismus liegt in seiner Fähigkeit, in ganz verschiedenen Situationen für Menschen unterschiedlicher Schichten als Projektionsfläche ihrer Bedürfnisse, Hoffnungen und Ängste sowie als Ausdruck ihrer partikularen Interessen dienen zu können. Die Motivationen, sich mit der Nation zu identifizieren und für sie zu kämpfen, sind selbst innerhalb einer Nation diffus bis gegensätzlich, werden jedoch als ein und dasselbe Interesse, das Interesse der Nation, wahrgenommen. Unter dem Banner der Nation ging die Bauernschaft für ihre Rechte auf die Straße, während das Bürgertum, welches ersteren die Rechte vorenthielt, ebenfalls im Namen der Nation die Herrschaft des Adels brechen wollte. In Katalonien bedeutet nationale Unabhängigkeit für die oberen Schichten in erster Linie Wohlstandssicherung, für Marxist:innen den Beginn einer sozialistischen Republik und der untere Teil der Gesellschaft sieht in ihr den einzigen Ausweg aus der Misere. Man könnte sagen, jede Klasse hat ein eigenes Bild vom «Vaterland». Der Versuch, den bürgerlichen von einem revolutionären Nationalismus abzugrenzen, scheitert an den grundlegenden Gemeinsamkeiten aller Nationalismen. Der bürgerliche Nationalismus war in seiner Anfangszeit zugleich ein revolutionärer Nationalismus und der revolutionäre Befreiungskampf trug von jeher zutiefst bürgerliche Elemente in sich. Die Ambivalenz des Nationalismus besteht also nicht in der Vielfalt seiner Erscheinungsformen, sondern jede dieser Erscheinungsformen ist *in sich* ambivalent. Hierin besteht die Dialektik des Nationalismus. Die innere Widersprüchlichkeit, die Gleichzeitigkeit von Emanzipation und Regression ist grundlegendes Charakteristikum *eines jeden* Nationalismus. Dies «macht seinen ideologischen Charakter als Verschränkung von Richtigem und Falschem aus»[371].

10.1. Die negative Dialektik nationaler Befreiung

Die Unterscheidung von Befreiungsnationalismus und Unterdrückungsnationalismus, auch wenn sie bei konkreten Beispielen historisch gerechtfertigt sein mag, verkennt vor allem ein grundlegendes Problem: Befreiungsnationalismus wird, wenn er «erfolgreich» ist, zwangsläufig regressiv, da die Befreiung im globalisierten Kapitalismus nur eine begrenzte sein kann. Die Menschen sind nach Beendigung der konkreten Unterdrückung nun der abstrakten Herrschaft, dem «stummen Zwang» der Verhältnisse unterworfen. Sobald die Menschen realisieren, dass sie auch nach dem Ende der Unterdrückung (feudaler, diktatorischer oder kolonialer Art) weiterhin weder frei noch gleich sind, gewinnen ideologische Erklärungsmuster an Attraktivität. Schon im 19. Jahrhundert führte die missglückte bürgerliche Emanzipation zu ethnisierten Vorstellungen und Schuldzuschreibungen. Diese Entwicklung lässt sich ebenso an den östlichen Gesellschaften nach dem Zusammenbruch der Sowjetunion aufzeigen wie am postkolonialen Nationalismus in den ehemals abhängigen Ländern. Am peripheren Nationalismus der Nach-Franco-Zeit in Spanien sowie an der ehemaligen DDR, wo sich die gegen die SED-Herrschaft gerichtete Parole «Wir sind *das* Volk» noch während der Wende zur ethnonationalistischen Selbstbehauptung «Wir sind *ein* Volk» transformierte und kurze Zeit später in rassistischen Pogromen mündete. Die Ethnisierung gesellschaftlicher Differenz kompensiert die missglückte Befreiung und stellt die kollektive Verarbeitung des fortwährenden Zwangs in einer vermeintlich freien Gesellschaft dar.

371 Claussen 2011: 180

Der Wandel von revolutionärer zu ethnischer Legitimation nationaler Befreiungskämpfe steht ebenfalls in Verbindung mit der Nichteinlösung des Emanzipationsversprechens, das in der nationalen Befreiung steckte. «Weil die soziale Revolution ganz oder auf halbem Wege stecken blieb, bedurfte sie eines nationalen Kostüms, um wenigstens Reste von Massenloyalität und Legitimität zu behalten.»[372] Fast die gesamte politische Landkarte Afrikas sowie große Teile Süd- und Südostasiens sind Produkte «erfolgreicher» nationaler Befreiungskämpfe – als Bezugspunkte für eine fortschrittliche emanzipatorische Gesellschaftsordnung können diese Staaten aus linker Perspektive kaum gelten. Das politische Nationenkonzept als Instrument des antikolonialen Widerstandes wurde dort längst verdrängt von ethnisierten Grenzziehungen. Statt einer panafrikanischen Identität durchziehen sogenannte ethnische Konflikte große Teile des Kontinents und führen dort in regelmäßigen Abständen zu Gewalt und Vertreibung.[373]

Sicher ist hierfür nicht alleine der nationale Charakter der Befreiung verantwortlich zu machen. Diese Entwicklung muss ebenso im Kontext globaler sozialer Ungleichheit, Macht und Herrschaft gesehen werden. Aber es sollte doch zum kritischen Nachdenken anregen, dass sich nach Ende der Kolonialzeit vielerorts nationale Befreiungsbewegungen gründeten, um gegen genau die Ordnung und Herrschaft zu kämpfen, die zuvor aus nationalen Befreiungskämpfen hervorgegangen war. Die Ursache für das historische Scheitern des Konzeptes nationaler Befreiung liegt in ihm selbst begründet. Nationalismus verschwindet durch die nationale Befreiung nicht, sondern wird zur ausgrenzenden Praxis und chauvinistischen Integrationsideologie. Auf diese Weise reproduziert er die Verhältnisse, die er zu bekämpfen vorgibt. Hierin besteht die «negative Dialektik der Befreiungsbewegungen».[374]

Diese negative Dialektik lässt sich nicht einseitig aufheben, denn sie ergibt sich aus der materiellen Wirklichkeit. Jeder souveräne Staat im globalen Kapitalismus ist von «innerer

372 Lodovico 1992: 203

373 Frantz Fanon (1966: 156) beschrieb diese Entwicklung bereits zu Beginn der 1960er Jahre: «Der Führer, der ‹Afrikanische Einheit› [All-African Union, T.M.] rief […], wacht eines Tages zwischen fünf Stämmen auf, die auch ihre Botschafter und Minister haben wollen.»

374 Uzarewicz/Uzarewicz 1998: 189

Desintegration wie auch äußerer Aggression bedroht»[375] und bedarf notwendigerweise der Ideologie des Nationalismus zur Aufrechterhaltung nationaler Einheit. Es gibt «keine moderne Nation, wie egalitär sie auch sein mag, in der es keine Klassenkonflikte gibt».[376] Nationale Identität deckt die gesellschaftlichen Bruchlinien zu. Die Erkenntnis sozialer Ungleichheit und Ausbeutung als Strukturelemente der bürgerlichen Gesellschaft ist aber Voraussetzung dafür, dass aus sozialen Konflikte auch soziale Kämpfe werden – und zwar nicht gegen einen vermeintlichen äußeren Feind gerichtet, sondern gegen die Grundlagen jener Gesellschaftsordnung selbst. Die Berufung auf nationale Einheit und die Nation als das Subjekt der Befreiung verhindert gerade jene Erkenntnis und leitet die Kritik um. Auf diese Weise wendet sich der Kampf um Befreiung gegen die Befreiung.

10.2. Linksnationalismus und Antiimperialismus: Einfache Erklärungen für eine komplexe Welt

Das grundlegende Problem des linken Nationalismus besteht darin, dass nicht Herrschaft an sich, sondern *Fremd*herrschaft im Fokus der Kritik steht. Da die Ursachen für die fortwährende Unfreiheit und Ungleichheit und das alltägliche Leiden nicht in den Widersprüchen der eigenen Gesellschaftsstruktur gesehen werden, muss jemand anderes dafür verantwortlich sein. An diesem Punkt wird die enge Verbindung von Nationalismus und klassischem Antiimperialismus sichtbar. Das antiimperialistische Weltbild ist streng dichotomisch aufgebaut und quasi per Definition gegen die vermeintlich einzige Weltmacht USA gerichtet. Sie, ebenso wie andere «imperialistische» Staaten[377], werden nicht als Akteure und ausführende Kräfte des Kapitalismus angesehen, sondern mit ihm gleichgesetzt und für die globale soziale Katastrophe, die er verursacht, verantwortlich gemacht. Als vermeintlich antikapitalistische Widerstandshandlung wird sich mit «unterdrückten Völkern» solidarisiert. Der Kampf um nationale Selbstbestimmung sowie das behauptete

375 Wallerstein 1990: 101

376 Balibar 1990: 115

377 Hier stellt sich bereits die Frage, ob nicht alle Staaten notwendigerweise imperialistisch sind.

Imperium USA-Israel als gemeinsamer Feind begründen die antiimperialistische Solidarität mit allen widerständischen Bewegungen, wie regressiv sie auch sein mögen. Noch 2012 forderte ein Aufruf, der auch von Bundestagsmitgliedern der Linkspartei unterzeichnet wurde, die «Solidarität mit den Völkern Irans und Syriens» und die «Nichteinmischung in die inneren Angelegenheiten anderer Staaten», was nichts anderes bedeutet, als aus Respekt vor vermeintlich «unterdrückten Völkern» die dortige Unterdrückung von Frauen, Hinrichtungen von Homosexuellen und Massaker an der Zivilbevölkerung zu akzeptieren. Dieser Antiimperialismus ist jedoch nur ein Zerfallsprodukt, ein Festhalten an der längst nicht mehr existenten Zweiteilung der Welt: «Die konkrete Kritik an gesellschaftlichen Umständen [...] wird aufgegeben zugunsten eines affektiv organisierten antiimperialistischen Gefühlsbreis, der sich zu Unrecht als internationale Solidarität geriert, weil auf das Moment bewußten Erkennens zugunsten einer sicher scheinenden Ideologie verzichtet wird. Aber auch andere, allen voran die Ideologen der spätkapitalistischen Stadtguerilla, leben völlig von diesem abstrakten Antiimperialismus, der – da er ohne sozial organisierte Kritik auskommt – vom umgestülpten Volksgemeinschaftsideal lebt.»[378] Dieses «umgestülpte Volksgemeinschaftsideal» führt im Linksnationalismus – vom Baskenland bis Venezuela – zu der Überzeugung, dass die Verantwortlichen für die Misere nur jenseits der eigenen bzw. unterdrückten Nation stehen können. Außerhalb kolonialer Verhältnisse hat diese dem Antiimperialismus stets innewohnende nationalistische Weltsicht schwerwiegende Folgen. Um den Widerspruch sozialer Ungleichheit innerhalb der Nation aufzuheben, findet in allen linken Nationalismen eine Ethnisierung der sozialen Klassen statt: Die «eigene» Bourgeoisie wird meist früh aus der nationalen Gemeinschaft ausgeschlossen. Ob als Schuldige dann Spanier:innen, US-Amerikaner:innen oder «die Juden» benannt werden, hängt nur noch vom Kontext ab. Die Anknüpfungspunkte für antisemitische Erklärungsmuster sind in der ethnisierten Herrschaftskritik bereits angelegt.

Die im Linksnationalismus angelegte Gewalt richtet sich ebenso nach :innen. Die politische und soziale Befreiung der Einzelnen wird letztendlich verhindert, da sie nur noch als abstrakte Mitglieder des Zwangskollektivs Nation existieren. He-

378 Claussen 2000: 51f.

terogenität, soziale Ungleichheiten, abweichende Verhaltens- und Denkweisen werden gewaltsam zugedeckt und eingeebnet. Jeder Vorstellung nationaler Einheit ist dieses repressive Moment zu eigen. Diese Entindividualisierung betrifft auch die Frage internationaler Solidarität, die letztendlich ihrer Möglichkeiten beraubt wird. Denn Menschen werden im Antiimperialismus vor allem als Angehörige ihrer Nation behandelt, ungefragt zum Teil «unterdrückter Völker» erklärt. Den Einzelnen, die vor Ort um ihre Befreiung gegen hegemoniale repressive Strukturen kämpfen, wird die Solidarität versagt. Das Selbstbestimmungsrecht der Völker steht der Selbstbestimmung des Individuums entgegen. Die Linke muss sich von der Vorstellung lösen, dass die Welt aus Völkern besteht, für deren Befreiung gekämpft werden müsse und sich stattdessen für die konkreten Einzelnen und ihre Emanzipation in einer «freien Assoziation freier Menschen» (Marx) einsetzen, in der sie «ohne Angst verschieden sein können» (Adorno).

Der Einsatz für die Marginalisierten und Unterdrückten verweist zugleich auf das Dilemma emanzipatorischer Politik in einer nationalstaatlich verfassten Welt. Denn noch immer sind es Staaten und ihre Institutionen, die Menschen Rechte verleihen – oder sie ihnen vorenthalten. Kosmopolitische Ansätze in der Linken, wie die Einforderung globaler sozialer Rechte, sind weit davon entfernt konkret zu werden. Ebenso existiert die Idee universaler Menschenrechte, unabhängig staatlicher und nationaler Zugehörigkeiten, bisher nur als hoffnungsvoller Wunsch. Herrschaft ist weiterhin primär nationalstaatlich organisiert. So ist das Argument, dass der Nationalstaat die Arena des «Klassenkampfes» bzw. jeglicher konkreter sozialer Kämpfe im Hier und Jetzt darstelle, nicht ganz von der Hand zu weisen. Auch Marx und Engels betonten im *Kommunistischen Manifest*: «Das Proletariat eines jeden Landes muß natürlich zuerst mit seiner eigenen Bourgeoisie fertig werden.» Aber es ist durchaus möglich, soziale Kämpfe vor Ort zu führen, sich für ausgegrenzte Bevölkerungsgruppen einzusetzen und fehlende demokratische Souveränität anzuklagen, ohne sich dabei nationalistischer Argumente zu bedienen. Dies zeigen die linken Gesellschaftsprojekte des Demokratischen Konföderalismus im kurdischen Rojava sowie der Zapatismus im mexikanischen Chiapas. Mehr noch, die dort entstandenen neuen Formen politischer Partizipation und die Entkoppelung der sozialen und Bürgerrechte von nationalstaatlicher Zugehörigkeit greifen einen der Grundpfeiler der nationalen Weltordnung an, in der Menschen erst als Mitglieder einer Nation zu Rechtssubjekten werden. Der Bezug auf die Nation als Subjekt der Befreiung hingegen neigte schon immer dazu, die kosmopolitische Perspektive aus den Augen zu verlieren. Im linken Nationalismus wird politische Identität zur Identitätspolitik, mit «der Tendenz, Identität zum Ziel und Wert an sich zu machen und damit den ursprünglichen Zusammenhang mit der ‹Befreiung aller› aufzugeben»[379]. Der Kampf um globale Befreiung kann aber nur global geführt werden. Communismus ergibt einzig als kosmopolitisches Projekt Sinn.

Ein pragmatischer Umgang mit der Nation als politische Kampfzone verkennt die eigenständige ideologische Kraft des Nationalen ebenso wie die Rolle der Nationalstaaten in der kapitalistischen Weltordnung. Hier liegen die Ursachen, warum marxistische Bewegungen und Staaten in der Geschichte stets dazu neigten, sich «nicht nur der Form nach national zu organisieren, sondern auch dem Inhalt nach, also nationalistisch zu werden».[380] Dutzende Kriege zwischen sozialistischen Staaten sind hierfür nur ein Beispiel. Jeder Nationalstaat, sei er neu gegründet oder «befreit», konstituiert sich um Formen und Praktiken der Ausgrenzung, auf die Wolfgang Pohrt treffend hingewiesen hat: «Das Recht auf nationale Autonomie und staatliche Souveränität ist nur ein anderer Name für das Unrecht, Leute zu schikanieren, auszuweisen, abzuschieben, mit der Begründung, dass sie den falschen Pass oder die falsche Geburtsurkunde besäßen, und dieses Unrecht ist keine Verfälschung der Nationalstaatsidee, sondern ihr [...] Wesen.»[381] Die Ursache hierfür liegt nicht im bösen Willen einzelner Funktionsträger:innen oder schlechter Regierungen, sondern in der kapitalistisch verfassten Gesellschaft, in der Nationalstaaten eine tragende Funktion erfüllen.

379 Koppert 1997: 98
380 Anderson 1988: 12
381 Pohrt 1984: 16

10.3. «Emancipació impossible»[382]

Die Schaffung eines weiteren Nationalstaates kann weder eine emanzipatorische noch eine antikapitalistische Maßnahme sein, wie es die linken Unabhängigkeitsbewegungen glauben machen wollen. Rosa Luxemburg hatte bereits vor hundert Jahren darauf hingewiesen, dass die Forderung nach Unabhängigkeit nur eine «metaphysische Formel» sei, die mit realen Kämpfen um soziale Befreiung wenig zu tun habe. Durch die politischen und ökonomischen Transformationen der vergangenen hundert Jahre ist Unabhängigkeit mittlerweile vollends zur Illusion geworden. Die reale Macht von Regierungen, seien sie auch noch so emanzipatorisch motiviert, gegenüber dem Markt und seinen Institutionen ist verschwindend gering. Im globalisierten Kapitalismus kann es keine Unabhängigkeit geben. Ein Staat, der nicht an der Weltmarktkonkurrenz teilnimmt, ist nicht überlebensfähig – die Regeln der Teilnahme aber bestimmt nicht er und noch viel weniger seine Bevölkerung. Mit der Forderung nach nationaler Selbstbestimmung wird geflissentlich die Tatsache ignoriert, dass diese noch in keinem Land der Welt die Selbstbestimmung der Menschen bedeutete, sondern (wenn überhaupt) nur die der gerade Herrschenden. Auch wenn linksnationalistische Bewegungen sich aus anderen Gründen für sie einsetzen, schlussendlich zielt die Unabhängigkeitsforderung nur darauf ab, sich ohne fremde Einflüsse am globalen Konkurrenzkampf beteiligen zu dürfen.

Bei ethnonationalistischen Bewegungen wird der Staat nicht als Herrschaftsinstrument, oder auch nur bloße Form der rationalen politischen Organisation wahrgenommen, sondern als der quasi natürliche politisch-juristische Ausdruck eines «Volkes». Die Kritik muss daher denjenigen Stimmen widersprechen, die eine nationalstaatliche Segmentierung entlang ethnischer Kategorien als widerständige, antikapitalistische oder demokratische Praxis verklären. Den Ethnonationalismus des 21. Jahrhunderts, wie er sich in den verschiedenen Regionen Europas als Separatismus manifestiert, als Demokratisierungsbewegung zu bezeichnen, ist bestenfalls ein Missverständnis, schlimmstenfalls eine Relativierung der damit verbundenen Gefahr nationalistischer Gewalt. Denn ethnonationalistische Be-

382 *Befreiung unmöglich*. Doppeldeutige Wandmalerei der linksnationalistischen Gruppe *Maulets* in Barcelona, 2006.

wegungen wollen explizit etwas anderes: ihrem «Volk» ein den ethnischen und kulturellen Bedürfnissen entsprechendes politisches Dach verschaffen. Das ist es, was sie unter Demokratie verstehen. Ein «freies Europa freier Nationen» ist, gleich unter welchen politischen Vorzeichen dies auch gefordert wird, jedoch ein völkisches Prinzip. Es entspricht dem Konzept des Ethnopluralismus, das im Zuge der Transformation des Rassismus zum Neo-Rassismus zur inhaltlichen Grundlage rechtspopulistischer und rassistischer Bewegungen geworden ist.[383] Die Vorstellung, die Welt bestehe aus verschiedenen, kulturell homogenen Völkern mit partikularen nationalen Interessen und diese natürliche Ordnung müsse aufrecht erhalten und verteidigt werden, trägt die Bereitschaft zum Totschlag bereits in sich.

Dass viele Unabhängigkeitsbewegungen nicht mit offenem Rassismus einhergehen und sich z.B. der Linksnationalismus in Katalonien als gesellschaftliche Kraft ausdrückt, die soziale, antirassistische und antifaschistische Kämpfe führt, ist kein Argument dagegen. Die dortige Dominanz fortschrittlicher Elemente des Nationalismus kann historisch und gesellschaftstheoretisch erklärt werden. Wie sich Nationalismus konkret manifestiert, variiert je nach Entstehungskontext sowie den Interessen der jeweiligen Trägerschichten, hängt also von vielen Faktoren ab – die sich aber auch schnell wieder ändern können. Eine Anekdote vom Sozialforum in Paris 2003 veranschaulicht dies eindrucksvoll: Die (mittlerweile illegalisierte) linksnationalistische baskische Partei *Batasuna* forderte an ihrem Stand auf einem Plakat anstelle des aktuellen «Europa des Kapitals» ein «demokratisches Europa der Völker». Auf der dazugehörigen Landkarte waren unter anderem Österreich, Gebiete der Schweiz sowie das französische Elsass Teil eines großdeutschen Reiches. Die Forderung nach einem «Europa der freien Völker» einte

383 Im Ethnopluralismus wird die Menschheit nicht in «Rassen», sondern in «Völker» als ethnokulturelle Gruppen eingeteilt. Diesen wird «eine unverwechselbare ‹kulturelle Identität› zugeschrieben und ein im Kern unveränderliches Wesen (Volkstum) unterstellt. Laut dieser Weltanschauung setzt ‹Völkervielfalt› die staatliche Trennung von ‹Ethnien/Völkern› voraus.» (Globisch 2011: 213). Es wäre durchaus eine eigene Untersuchung wert, dass das Konzept des Ethnopluralismus von der aufkommenden Strömung der Neuen Rechten um Henning Eichberg und Alain de Benoist zur gleichen Zeit entworfen wurde wie die Niederschrift der *Charte de Brest*, in der sich die europäischen nationalen Befreiungsbewegungen für das ethnisch (miss-)verstandene Selbstbestimmungsrecht «ihrer» Völker stark machten.

baskische Kommunist:innen und deutsche Neonazis. Hier geht es nicht um eine Gleichsetzung, aber das Beispiel zeigt, wohin die ethnonationalistische Reise führt. Die Vorstellung einer «freien Welt freier Völker» steht in fundamentalem Gegensatz zur Utopie einer freien Gesellschaft, in der die Zwangskollektive Nationen und ethnische Gruppen aufgelöst sind. Freiheit und Selbstbestimmung werden zu leeren Kategorien, deren politisches Vakuum mit ethnisierten Vorstellungen gefüllt wird. Im nationalistischen Schatten dieser Begriffe steht die Annahme, dass Herrschaft *per se* besser sei, wenn sie von Mitgliedern der selben ethnisch-kulturellen Gruppe ausgeübt werde, also eine ethnische Übereinstimmung von Herrschenden und Beherrschten vorherrsche. Das emanzipatorische Potenzial eines linken Nationalismus ist trotz besten Willens äußerst begrenzt und ständig in Gefahr, regressiv zu werden.

«Kann man in einer unterdrückten Nation Linker sein, ohne Nationalist zu sein?», fragte die katalanische *Esquerra Nacional* (Nationale Linke) 1977 in einem Flugblatt rhetorisch. Ja, man kann – und man muss. Nationale Identität und ethnonationalistische Befreiungskämpfe sind keine Werkzeuge des antikapitalistischen Widerstandes, sondern vielmehr Ausdruck der List des Kapitalismus, «der seine Opfer so programmiert, dass sie sich in einem Kräftefeld, das von Identitätsgräben durchsetzt ist, gegenseitig matt setzen»[384]. Nationalismus, unter welchen Vorzeichen auch immer er formuliert wird, kann nicht gegen die Ordnung gewendet werden, die ihn hervorbringt. Aus diesem Grund rät Hobsbawm allen marxistischen Nationalist:innen, «ihren ideologischen Standort» zu überprüfen, und selbst Lenin rief 1920 den Delegierten auf dem «Kongress der Völker des Ostens» in Baku zu: «Malt den Nationalismus nicht rot an!».[385]

384 Ostendorf 2000: 147

385 Vgl. Hobsbawm 1978.

10.4. Aufgaben der Kritik

Eine Kritik des Nationalismus, wenn sie sich nicht nur als Beitrag zur wissenschaftlichen Fachdiskussion, sondern auch als Teil der geschichtlichen und verändernden Praxis versteht, muss vor allen Dingen zwei Aspekte berücksichtigen. Der erste Aspekt besteht in dem Verweis auf die sozial konstruierte Basis der Nation. Die Herausstellung der historischen Genese der Nation als imaginierte Gemeinschaft vor nicht allzu langer Zeit, auf der sich alle Vorstellungen von dieser als überzeitliche und überindividuelle Gemeinschaft ebenso gründen wie ihre Verdinglichung in Grenzkontrollen und Pässen, zeigt die Veränderbarkeit dieser von den Menschen geschaffenen sozialen Realität auf. Zweitens muss sich eine Kritische Theorie des Nationalismus auf die Suche nach den Ursachen begeben, warum die nationale Denkform unbeeindruckt der Dekonstruktion ihrer Mythen und den globalen Transformationen zweier Jahrhunderte, insbesondere der Migration und der fortschreitenden Globalisierung, ungebrochen fortbesteht. Eine solche Theorie muss die Ambivalenz von Nation und Emanzipation mitdenken und analysieren, aus welchen objektiven Gegebenheiten und historischen Kontexten heraus Nationalismus produziert wurde und reproduziert wird. Sie muss die objektive Notwendigkeit ebenso wie die subjektive Funktionalität nationaler Identifikation in modernen kapitalistischen Gesellschaften berücksichtigen. Dies bedeutet auch, Nationalismus nicht bloß als Vorurteil oder falsche Vorstellung abzutun, sondern als ideologische Bewusstseinsform ernst zu nehmen.

Die Ideologie des Nationalismus generiert Solidarität durch Ausgrenzung, sie verinnerlicht Herrschaft und macht sie dadurch erträglich. Sie ermöglicht die Illusion, als *global player* eine Stimme in der Welt zu haben, wenngleich die Nation in Wahrheit genau das Gegenteil produziert: «Nationale Identität ist das eklatanteste Beispiel individueller Selbstaufgabe und Dementierung individueller Interessen, in der trügerischen Hoffnung in der Gleichheit der Nation aufzugehen und doch als Individuum weiter zu existieren.»[386] Jene Hoffnung entsteht aus der realen Ohnmacht und Vereinzelung, der eine fiktive Gemeinschaft entgegengestellt wird. «Die Religion und der Na-

386 Uzarewicz/Uzarewicz: 1998: 203

tionalismus oder auch irgendeine Sitte oder ein noch so absurder und menschenunwürdiger Glaube sind – wenn sie den einzelnen nur mit anderen verbinden – eine Zuflucht vor dem, was der Mensch am meisten fürchtet: die Isolation», schrieb Erich Fromm.[387] Ohne Kompensation für das, was die ethnische bzw. nationale Identifikation den Menschen gibt, werden die Menschen nicht bereit sein, die nationale Denkform als falsches Bewusstsein abzulegen. Die ideologische Funktion des Nationalismus, die darin besteht, «Rechtfertigung von bestehendem Unrecht und scheinhafte Kompensation für das erlittene Unrecht zu liefern»[388], wird erst obsolet, wenn die Gesellschaft tatsächlich eine freie und gerechte ist, in der Menschen ihr Leben selbstbestimmt führen können. Die Nation ist nichts, was einfach dekonstruiert und dadurch abgeschafft werden könnte, auch wenn dies angesichts der mit ihr verbundenen Ausgrenzung und alltäglichen Gewalt wünschenswert erscheint. Dem steht ihr ideologischer Doppelcharakter als reale Fiktion entgegen.

Darüber hinaus stellt sich die Frage, wohin die Auflösung jeglichen nationalen Gemeinschaftsgefühls führen würde: Wie seinerzeit das Ende der Religion als sinn- und gemeinschaftsstiftender Bezugspunkt würde auch ein Ende der Nation ein Vakuum hinterlassen. Dass die in dieser Leerstelle entstehenden kollektiven Identifikationsmuster fortschrittlicher sein werden als die Idee der Nation, ist in der halbaufgeklärten Moderne erstmal nicht zu erwarten. Die Geschichte hat bereits auf brutale Weise gezeigt, dass es Formen kollektiver Subjektivität geben kann, die noch weit mehr Gewalt produzieren als die moderne Nation. Exemplarisch steht hierfür der Nationalsozialismus, der sich zwar aus dem deutschen Nationalismus speiste, ihn aber zum Völkischen hin auflöste und damit schließlich überwand. Das Konzept der arischen Rasse in Verbindung mit dem Streben nach Weltherrschaft und der Vernichtung von allem, was dem entgegensteht, insbesondere dem jüdischen inneren Feind, hatte die Grenzen des Nationalen weit überschritten. Seine Rassengesetze negierten jedweden gesellschaftlichen Aushandlungsprozess darüber, wer Teil des Kollektivs sein darf. Die Frage der Zugehörigkeit wurde anhand des Blutes und der Schädelform beantwortet. Am religiös-faschistischen Kreuzzug des Islami-

387 Fromm 1998: 20f.
388 Schnädelbach 1969: 77

schen Staates und der von ihm eingerichteten Gesellschaftsform kann man die Brutalität anderer Formen der Vergemeinschaftung ebenfalls deutlich beobachten. Es ist schmerzhaft zu sehen, dass die bisher größte globale antinationale Bewegung der *Daesh* ist. Seine Anhänger:innen haben erfolgreich ihre nationale Identität hinter sich gelassen, eine vergleichbar starke Beteiligung durch ausländische Kampfgefährt:innen an einem Krieg hat es seit dem Spanischen Bürgerkrieg nicht mehr gegeben. Die Internationalen Brigaden der spanischen Republik wiederum bewahren die Erinnerung, dass es auch etwas Besseres als die Nation geben kann, das grenzüberschreitend und kollektiv Menschen im Kampf um Befreiung mobilisiert.

Max Horkheimer sah den Auftrag einer Kritik des Nationalismus darin, ihn «von der Theorie einer guten Gesellschaft aus [...] in seine Schranken zu weisen», und zwar durch die «Überführung einzelner berechtigter Elemente des Nationalismus [...] in den Begriff der richtigen Gesellschaft».[389] Denn trotz aller in seinem Namen begangener Ausgrenzung, Gewalt und Kriege in den letzten zwei Jahrhunderten beinhaltet die Nation als gesellschaftlicher Prozess zumindest theoretisch die Möglichkeit der Transformation und Aushandlung der Grenzen der Zugehörigkeit. Dass die ausgrenzende und repressive Seite dabei stets die Überhand hatte, und warum dies zwangsläufig der Fall ist, wurde auf den vorangehenden Seiten ausführlich behandelt. So erscheint Horkheimers Forderung angesichts der globalen ethnischen und nationalen Erweckungen als äußerst schwieriges, wenn nicht gar hoffnungsloses Unterfangen. Die Transformation vom demokratischen Nationalismus zur ethnischen Ausgrenzungsideologie war kein Zufall oder Resultat einer unglücklichen Abfolge historischer Ereignisse, sondern hat ihre Ursache in den gesellschaftlichen Bedingungen. Seine subjektive Funktion als politische Religion der Moderne, als ideologisches Wahrnehmungs- und Deutungsmuster, kann der Nationalismus nur durch Hinzunahme des ethnischen Abstammungsglaubens erfüllen. Dass sich der Nationalismus vom historisch revolutionären Prinzip zur reaktionären Ausgrenzungsideologie gewandelt hat, liegt ebenso wie die fortdauernde globale Hegemonie des Nationalen in der materiellen Wirklichkeit begründet.

Eine Kritische Theorie des Nationalismus gründet daher auf der Erkenntnis, dass das mit der Nation historisch verbundene

389 Horkheimer 1988: 429

liberale Versprechen von Freiheit und Gleichheit real nie eingelöst wurde und dass die Ursache für dieses Versagen in der Grundstruktur der bürgerlichen Gesellschaft selbst liegt. Die Emanzipation im Namen der Nation ist auf halber Strecke in eine Sackgasse geraten und hat sich dort gegen die Befreiung gewendet. Mit der Idee der Nation betrat das Volk als kollektives politisches Subjekt die Bühne der Geschichte, der Ethnonationalismus heutiger Zeit hingegen bedeutet das Ende politischer Kollektivität. Der Versuch der Rehabilitierung des Begriffs der Nation im Sinne seines fortschrittlichen Ursprungs unterschätzt die integrative Funktion, die der Nationalismus als Ideologie ethnischer Identifikation in einer krisengeplagten und brüchigen Gesellschaft erfüllt. Als Begriff der kritischen Analyse moderner Vergesellschaftung hat die Nation noch einen Nutzen, jedoch nicht als Instrument der Emanzipation und gesellschaftliche Basis für ein Leben, in dem Freiheit und Selbstbestimmung als konkrete Möglichkeit existieren. Statt den historisch eindrucksvoll gescheiterten Versuch zu wiederholen, die Nation von links zu besetzen, sollte die Linke ethnischen Erklärungsmustern und nationalen Ablenkungsmanövern, gerade auch in den eigenen Reihen, entgegentreten und tatkräftig an ihrer Dekonstruktion mitarbeiten – und daran, die Verhältnisse so einzurichten, dass die Notwendigkeit nationaler Identifikation überflüssig wird. Bis dahin ist das Festhalten an einem «zynischen, wurzellosen Standpunkt»[390], wie ihn Rick Blaine in *Casablanca* vertritt, sicher nicht die schlechteste Option, um sich weder von der Macht des Nationalismus, noch von der eigenen Ohnmacht dumm machen zu lassen.

390 Bertolt Brecht – Flüchtlingsgespräche

Staat, Nation, Nationalstaat

Nation ist nicht gleich Staat, und Staat nicht gleich Nationalstaat – auch wenn die Begriffe im Alltagsgebrauch in der Regel gleichbedeutend verwendet werden. Der moderne Staat ist zuallererst eine politisch-rechtliche Institution, die territorial klar abgegrenzt ist und sich durch das Gewaltmonopol auszeichnet. Er stellt die politische Infrastruktur für die gesellschaftliche, kulturelle und wirtschaftliche Organisation der Bevölkerung im Rahmen des kapitalistischen Produktionsprozesses. Bereits vor Einrichtung der nationalen Weltordnung existierten Staaten oder Gebiete mit quasi staatlichen Strukturen.[391] Jedoch sahen weder die Herrschenden ihre Untergebenen als Nation, noch definierte sich die Bevölkerung selbst als solche. Erst seit der Etablierung moderner (National-)Staaten ab dem 18. Jahrhundert wird die Bevölkerung eines Staates allgemeinhin als Nation bezeichnet.[392] Hier aber beginnt gleich schon das Problem der begrifflichen Unschärfe, das der Diskussion über Nation stets innewohnt. Denn Nation bezieht sich nicht nur auf das Staatsvolk, sondern wird in den meisten Fällen entlang kultureller und ethnischer Grenzziehungen bestimmt. Diese Bestimmungen orientieren sich zwar wiederum oft an bestehenden Grenzen des Nationalstaates, werden aber auch in Kritik an ihnen formuliert; wenn sich zum Beispiel an alten Grenzverläufen orientiert wird oder *communities* von Angehörigen der eigenen Nation als sogenannte ethnische Minderheit im Gebiet eines anderen Staates ansässig sind.

Die Frage, wann nun ein Staat als *National*staat bezeichnet werden kann, ist daher ein alter Streitpunkt. Viele Autor:innen lehnen z.B. die Bezeichnung Nationalstaat ab, wenn ein Staat aus

391 In diesem Sinne wird in der Forschung auch zwischen *state building* und *nation building* unterschieden.

392 Bis zur Dekolonisation unterlag dieses Prinzip noch einer Einschränkung, da in den kolonialisierten Ländern die antikolonialen Bewegungen eben gerade dafür kämpften, den Status einer Nation zu erlangen.

mehreren Nationen bzw. Völkern zusammengesetzt sei. Stattdessen wird dann vom «Vielvölkerstaat» oder «multinationalen Staat» gesprochen, so zum Beispiel bezüglich des ehemaligen Jugoslawiens oder auch in der Diskussion zu Spanien und den dortigen separatistischen Bestrebungen. In diesem Sinne wird auch im *Politiklexikon* der Nationalstaat – fälschlicherweise – als «seit der Französischen Revolution [...] idealistische Vorstellung einer (weitgehenden) Übereinstimmung von ethnischer Gemeinschaft (Nation, Volk) und territorial-rechtlicher Herrschaft (Staat)»[393] charakterisiert. Das französisch-republikanische Konzept der Nation beruhte aber ja gerade nicht auf ethnischer Gemeinsamkeit, sondern im Gegenteil war «der Nationalstaat ein Synonym für den demokratischen Verfassungsstaat»[394].

Welche Charakteristika gegeben sein müssen, um einen Staat als Nationalstaat bezeichnen zu können, hängt also maßgeblich davon ab, welches Verständnis von Nation – politisch oder ethnisch – zugrunde gelegt wird. Es gibt aber auch aus einem politischen Nationenverständnis heraus Kritik daran, alle Staaten als Nationalstaaten zu bezeichnen. Denn wenn sich in einem Staat die Bevölkerung nicht als Nation konstituiert hätte, d.h. sich in ihrer Gesamtheit nicht mit dem Nationalstaat identifiziere oder große Teile von der politischen Partizipation ausgeschlossen seien, könne von Nationalstaat im Sinne eines demokratischen Verfassungsstaates keine Rede sein. Diesbezüglich wird man jedoch oft eine Diskrepanz zwischen außenstehenden Beschreibungen, dem Anspruch der Regierenden sowie der Einstellung der Bevölkerung feststellen können. Die unbestreitbare Tatsache, dass in vielen Staaten Herrschaft nicht von der Mehrheit der Bevölkerung ausgeübt wird, ist zudem ein grundlegendes demokratietheoretisches Problem und ändert nichts an der formellen Existenz des Nationalstaates.

Am Beispiel des absolutistischen und islamistischen Königreiches Saudi-Arabien wird die Unmöglichkeit einer genauen Trennung von Staat, Nation und Nationalstaat offenbar: Die Bezeichnung Nationalstaat im demokratischen Sinne trifft dort sicher nicht zu. Ebenso ist die Bevölkerung kulturell überaus stark differenziert, wichtigste Bezugspunkte der Identität und Loyalität sind religiöse und familiäre Zugehörigkeiten. Hinzu kommt ein (rechtlich nicht gleichgestellter) migrantischer Bevölkerungs-

393 Schubert/Klein 2006: 205
394 Alter 1985: 97

anteil von über 30 Prozent. Es gibt dort also weder «ethnische» Homogenität noch konnte sich eine säkulare nationale Identität durchsetzen. Eine Nationalhymne ebenso wie eine Nationalgarde (*Saudi Arabian National Guard*) gibt es in dem Land jedoch trotzdem, dem darüber hinaus als Gründungsmitglied der Vereinten Nationen wohl niemand den Status als Nation absprechen würde.

Bereits an der begrifflichen Gleichsetzung von Nationen und Staaten in den Vereinten Nationen, zeigt sich, dass alle Staaten als Vertretung einer Nation angesehen werden – unabhängig ihrer gesellschaftlichen Zusammensetzung und wie repressiv und autoritär die Regierungen gegen die eigene Bevölkerung vorgehen, also unabhängig vom Grad der Volkssouveränität. Zugleich zeigen immer wiederkehrende Diskussionen, dass nach Ansicht der UN nicht nur Staatsnationen, sondern offenbar auch Nationen ohne Staaten existieren (die Gewährung des Beobachterstatus für die palästinensische Autonomiebehörde 2012 ist ein Beispiel dafür). Nation ist also nicht zwingend gleichbedeutend mit Staat, bezieht sich aber stets auf ihn, sei es als bereits existierendes Gebilde oder als politische Forderung.

Zur Abkürzung der Diskussion lässt sich festhalten: Zumindest formell werden heutzutage alle anerkannten Staaten zugleich als Nationalstaaten angesehen. Sowohl ihre Legitimation als auch ihre Legitimität als Akteure in der Weltpolitik beruht auf dem Anspruch, eine – wie auch immer definierte – Nation zu vertreten. Fast alle Nationalstaaten, von denen die meisten gerade mal sechzig Jahre alt sind, beanspruchen zudem eine hundert- oder gar tausendjährige Geschichte ihrer Nation.

Ethnie und Ethnizität

Im allgemeinen Sprachgebrauch scheint der Unterschied zwischen Ethnie und Nation klar: Eine Nation ist ein «Volk» mit Staat, eine Ethnie ein «Volk» ohne Staat. In diesem Sinne werden Nationen bisweilen auch als «politisch erfolgreiche Ethnien» bezeichnet, Nation gilt als die nächsthöhere Entwicklungsstufe einer Ethnie. Dies zeigt sich auch daran, dass dem Begriff Ethnie etwas Archaisches anhängt: Assoziationen von Ursprünglichkeit, «Eingeborenen», Indigenen schwingen hier mit. Kaum ein Mitglied einer europäischen Nation würde seine Gemeinschaft als Ethnie bezeichnen; diese Bezeichnung ist «Stämmen», kleinen vermeintlich traditionellen Einheiten – zumeist außerhalb Europas – und sogenannten ethnischen Minderheiten vorbehalten. Im Verhältnis zum Staat liegt der grundlegende Unterschied zwischen Nation und Ethnie: Eine Nation bezieht sich auf einen Staat, entweder als Forderung oder als bereits existierender Nationalstaat, und kann so – zumindest theoretisch – auch als bloße politische Einheit (Staatsnation) verstanden werden. Ethnie wiederum wird in der Regel in Abgrenzung zu einem Staat bzw. zu einer Mehrheitsgesellschaft als Minderheit konstruiert.[395] Sie kann als Kategorie nie rein politischer Natur sein, sondern bezeichnet per Definition eine vermeintlich durch gemeinsame Kultur, Sprache, Herkunft usw. verbundene Gruppe.

Die Gemeinsamkeiten von Ethnie und Nation sind aber weitaus größer als ihre Unterschiede. Ethnien sind wie Nationen vorgestellte Gemeinschaften, deren Grundlage im subjektiven Glauben an eine Abstammungsgemeinschaft liegt und die sich auf eine vermeintliche kulturelle und ethnische Homogenität beziehen.[396] Ebenso wenig wie die Nation stellt auch die Ethnie «nicht das selbstverständliche Grundmuster menschlicher Gesellschaften dar»[397], sondern sie entstanden bzw. entstehen im Prozess moderner Vergesellschaftung. Sie sind soziale Konstruktionen und Kategorien sozialer Grenzziehung, die mit einer Naturalisierung kultureller und gesellschaftlicher Praktiken einhergehen und der Einteilung von Menschen in vermeintlich naturgegebene Gruppen dienen. Die Konstruktion von Ethnizität bzw. ethnischer Identität ist ein fortlaufender Prozess, der in spezifischen sozialen und politischen Kontexten, insbesondere von Macht- und Herrschaftsverhältnissen, stattfindet. Ethnische Gruppenbildung und Zugehörigkeit sind das Resultat gesellschaftlicher Aushandlungsprozesse.[398]

Dies alles trifft im Großen und Ganzen auch auf Nationalismus zu. Jedoch mit dem Unterschied, dass bei der nationalen Zugehörigkeit tatsächlich ein objektives Kriterium der Zugehö-

395 Würde diese Gruppe selber die Mehrheitsgesellschaft stellen, wäre zumindest die Selbstbezeichnung als Ethnie obsolet – denn dann wäre sie die Nation.

396 Da rein politische, nicht ethnisch aufgeladene Nationenvorstellungen die Ausnahme darstellen, werden sie hier nicht näher behandelt. Siehe dazu Kapitel 4.2.

397 Elwert: 1989: 445

398 Vgl. Elwert 1989; Dittrich/Radtke 1990, Brubaker 2007

rigkeit vorliegt – nämlich die Staatsangehörigkeit.[399] Ebenso besitzt die Nation durch (staatliche) Institutionen, offiziell anerkannte Symbolik und ihre Rolle als globale Akteurin weitaus mehr reale Elemente als die Ethnie. Nicht zuletzt spielt hier der Rechtsanspruch eine wichtige Rolle: mit dem Status als Nation sind gewisse Kollektivrechte (bis hin zum Anspruch auf einen eigenen Staat) verbunden, die «ethnischen Gruppen» nicht oder nur teilweise zugestanden werden.

Eine strikte Trennung der beiden Kategorien Ethnie und Nation, insbesondere bezüglich der auf ihnen aufbauenden gesellschaftlichen Praktiken, erscheint nicht nur schwierig, sondern zugleich wenig sinnvoll, da sich die Begriffe gegenseitig bedingen.[400] Ethnizität, also ethnische Identifikationsmuster und Zuschreibungen, stellt einen der wichtigsten Bausteine moderner Nationsvorstellungen dar.[401] Das «Denken in ethnischen Kategorien» war von Beginn an eine «Begleiterscheinung von Nationalisierungsprozessen»[402], die Etablierung der Nation und die «Erfindung der Ethnie» (Georg Elwert) fielen zeitlich zusammen. Richard Jenkins beschreibt in diesem Sinne Nationalismus als «Ideologie ethnischer Identifikation».[403]

Das Volk und die Völker

Der Begriff des Volkes hat in der Regel zwei Definitionen, die sich überschneiden und ergänzen. Ursprünglich bedeutet Volk einfach nur «viele». Daraus entstand zum einen der politische Volksbegriff, unter dem in Abgrenzung zu den herrschenden Schichten aus Klerus und Adel die Masse der Bevölkerung verstanden wurde, die sich im Zuge der Revolutionen im 18. Jahrhundert durch ihre Konstitution als Nation zum Souverän im Staat erhob.[404] Hier liegt bis heute der ursprünglich demokra-

399 Auch wenn sich Mitglieder einer Nation bei der Bestimmung ihrer nationalen Gemeinschaft keineswegs hauptsächlich an der Staatsbürgerschaft orientieren.

400 Vgl. hierzu Kapitel 5.8.

401 Vgl. hierzu Kapitel 4.2.

402 Stender 2000: 73

403 Jenkins 1997

404 Versinnbildlicht wurde dies in der Französischen Revolution durch die Berufung auf den Dritten Stand, zu dem alle gesellschaftlichen Schichten außer dem Klerus und dem Adel gehörten. Der Dritte Stand machte 98 Prozent der Bevölkerung aus, war zugleich aber in sich sehr hetero-

tische Sinn des Begriffs der Volkssouveränität vergraben, der sich bisweilen in Umschreibungen wie «einfaches Volk» noch finden lässt.

Aber «Volk» war von Beginn an zugleich auch eine ethnisch-kulturelle Beschreibung differenzierter Bevölkerungsgruppen. «Völker» wurden anhand von Sprache, Aussehen, Sitten und Gebräuchen, Charakterzügen und «Mentalität» unterschieden. Im sogenannten Völkerfrühling Mitte des 19. Jahrhunderts flossen beide Bedeutungen ineinander über: der romantische Volksbegriff, der das «Erwachen der Völker» und ihre Bewusstwerdung als angeblich hundert- oder tausendjährige ethnisch-kulturelle Gemeinschaft begleitete, verband sich mit dem demokratischen Volksbegriff, der sich auf die zu jener Zeit kollektiv aufgestellten revolutionären Forderungen nach Bürgerrechten und Demokratie bezog.

Der Begriff des Volks beinhaltet also die gleiche Problematik wie der Begriff der Nation: er kann inhaltlich auf verschiedene Arten – insbesondere politisch oder ethnisch – gefüllt werden. Er kann gesellschaftlich deskriptiv als Staatsvolk oder in einem demokratischen bis herrschaftskritischen Sinne benutzt werden (*dēmos*), oder aber eben ethnisierend oder gar völkisch (*éthnos*), zur Beschreibung einer «ethnischen» Gruppe. Ein Indiz dafür, ob die ethnische oder die politische Bedeutung gemeint ist, stellt die Form dar, in der er Verwendung findet: Denn im Plural macht der Begriff nur Sinn, wenn von der Existenz verschiedener «Völker» ausgegangen wird.[405]

Wie schwierig eine genaue Bestimmung des Bedeutungsinhaltes ist, kann in Deutschland an der Parole «Wir sind das Volk» veranschaulicht werden. Einerseits als demokratische Forderung nach Volkssouveränität an die Verantwortlichen in der Politik verwendet, dient sie andererseits zur gleichen Zeit als Abgrenzung gegenüber Nicht-Deutschen, um zu zeigen, dass

---

gen und keineswegs ökonomisch und sozial gleich aufgestellt. Das Bürgertum z.B. sah sich als Teil des Dritten Standes und damit der Nation, legte aber zugleich großen Wert auf Abgrenzung gegenüber dem einfachen Volk, dem «Pöbel», und sprach ihm oftmals die nötige Reife zur politischen Partizipation ab.

405 Die Kommunistische Partei Griechenlands (KKE) hängte im Mai 2010 aus Protest gegen die Sparpolitik der Troika an der Akropolis ein riesiges Transparent auf: «Peoples of Europe: Rise up». Hätte dort «People» (im Singular) gestanden, wäre der Aufruf zum Aufstand an die Menschen, und nicht an die «Völker» gerichtet gewesen.

jene eben nicht zum «Volk» gehören (sollen).[406] Noch schwieriger wird die Begriffsbestimmung, wenn man verschiedene Sprachen betrachtet. Von revolutionären Bewegungen im Trikont ausgerufene «Volkskriege» haben trotz begrifflicher Nähe wenig mit der nationalsozialistischen Idee der «Volksgemeinschaft» zu tun. Auch der im Spanischen weit verbreitete Begriff *popular* findet keine angemessene deutsche Übersetzung. Mit diesem Adjektiv wird sich i.d.R. auf das Volk im basisdemokratischen Sinne bzw. oftmals noch konkreter auf die Arbeiterklasse im marxistischen Sinne bezogen, während es den Anschein erweckt, dass «Volk» in Deutschland nur völkisch zu denken ist.[407] Die Mehrdeutigkeit des Volksbegriffs verweist auf die Ambivalenz des Nationalismus. Ebenso wie bei Nation steckt in «Volk» gleichermaßen ein demokratisches, integratives wie auch ein ausgrenzendes, gewalttätiges Prinzip.

406 Diese Mehrdeutigkeit war bei den rassistischen Pogromen im Zuge der sogenannten Wiedervereinigung Anfang der 1990er Jahre ebenso zu beobachten wie bei den Protesten gegen Geflüchtete Mitte der 2010er Jahre.

407 Im «jungen Politik-Lexikon» der Bundeszentrale für politische Bildung von 2013 wird die gesellschaftspolitische Bedeutungsebene komplett ausgespart und der Begriff folgendermaßen definiert: «Ein Volk ist eine große Gruppe von Menschen mit gemeinsamer Abstammung. […] Ein Volk hat eine gemeinsame Herkunft, Geschichte, Kultur.»

Literatur

Adamczak, Bini (2020): Zur Zukunft der Welt. Die Versprechen der Gegenwart, in: FAZ, 2019. https://www.faz.net/aktuell/politik/inland/zur-zukunft-der-welt-die-versprechen-der-gegenwart-16003603.html

Adorno, Theodor W. (1954): Beitrag zur Ideologienlehre. Gesammelte Schriften Band 8, Soziologische Schriften I, Frankfurt/Main [2003], S. 457–477.

Adorno, Theodor W. (1959): Was bedeutet: Aufarbeitung der Vergangenheit. Gesammelte Schriften Band 10.2. Frankfurt/Main [1977], S. 555–572.

Adorno, Theodor W. (1964a): Zur Lehre von der Geschichte und von der Freiheit (1964/65). Frankfurt/Main [2001].

Adorno, Theodor W. (1964b): Jargon der Eigentlichkeit. Zur deutschen Ideologie. Frankfurt/Main.

Adorno, Theodor W. (1966): Erziehung nach Auschwitz. Erziehung zur Mündigkeit. Vorträge und Gespräche mit Hellmut Becker 1959–1969. Frankfurt/Main [1971], S. 92–109.

Adorno, Theodor W. (1968): Anmerkungen zum sozialen Konflikt heute. Gesammelte Schriften, Band 8: Soziologische Schriften I. Frankfurt/Main [2003], S. 177–195.

Albertz, Robert (2005): Links wo die Nation ist. In: Maurer, Ulrich / Modrow, Hans (Hrsg.): Überholt wird links. Was kann, was will, was soll die Linkspartei. Berlin, S. 201–230.

Alonso, Fernando (2004): ¿Por qué luchamos los vascos? Tafalla.

Alter, Peter (1985): Nationalismus. Frankfurt/Main.

Anderson, Benedict (1988): Die Erfindung der Nation. Zur Karriere eines folgenreichen Konzepts. Frankfurt/Main, New York.

Anderson, Perry (2002): Internationalism: A Breviary. In: New Left Review, Nr. 14 (March/April 2002), S. 5–25. http://newleftreview.org/II/14/perry-anderson-internationalism-a-breviary

Ansprenger, Franz (2000a): Befreiungsbewegungen. In: Wichard Woyke (Hrsg.): Handwörterbuch internationale Politik. Opladen, S. 37–42.

Ansprenger, Franz (2000b): Entkolonialisierung. In: Wichard Woyke (Hrsg.): Handwörterbuch internationale Politik. Opladen, S. 63–68.

Arendt, Hannah (1955): Elemente und Ursprünge totaler Herrschaft. München/Zürich [1998].

Auernheimer, Georg (2000): Kulturelle Identität – ein gegenaufklärerischer Mythos? In: Nora Räthzel (Hrsg.): Theorien über Rassismus. Hamburg, S. 248–263.

Autor*innenkollektiv Fe.In (Hrsg.) (2019): Frauen*Rechte und Frauen*Hass. Antifeminismus und die Ethnisierung von Gewalt. Berlin.

Ayboğa, Ercan; Flach, Anja; Knapp, Michael (2015): Revolution in Rojava. Frauenbewegung und Kommunalismus zwischen Krieg und Embargo. Hamburg.

Balfour, Sebastián (2009): La izquierda y los nacionalismos desde la transición. http://www.upo.es/proyectos/export/sites/proyectos/nacionalismo_esp/carpetadescar/S.Balfour.pdf
Balibar, Étienne; Wallerstein, Immanuel (Hrsg.) (1990): Rasse – Klasse – Nation. Ambivalente Identitäten. Hamburg, Berlin.
Bauer, Otto (1907): Die Nationalitätenfrage und die Sozialdemokratie. In: Werkausgabe, Band 1. Wien [1975], S. 49–622.
Berger, Peter L. (1988): Zur Dialektik von Religion und Gesellschaft. Elemente einer soziologischen Theorie. Frankfurt/Main.
Berghoff, Peter (1997): Der Tod des politischen Kollektivs. Politische Religion und das Sterben und Töten für Volk, Nation und Rasse. Berlin.
Bieber, Florian (2022): Global Nationalism in Times of COVID-19 Pandemic. In: Nationalist Papers (2022), 50:1, S.13–25.
Billig, Michael (1995): Banal nationalism. London.
Blaschke, Jochen (1989): Der Regionalismus in Westeuropa als Problem ethnisch-politischer Mobilisierung. In: Peter Waldmann und Georg Elwert (Hrsg.): Ethnizität im Wandel. Saarbrücken, Fort Lauderdale, S. 237–258.
Bleiber, Helmut (1996): Neun Anmerkungen zum Problem des Nationalen. Sitzungsberichte der Leibniz-Sozietät 11 (1996) 3, S. 107–132. Online: http://leibnizsozietaet.de/wp-content/uploads/2012/10/04_bleiber.pdf
Bollinger, Stefan (Hrsg.) (2009): Linke und Nation. Klassische Texte zu einer brisanten Frage. Wien.
Breuer, Stefan (2005): Nationalismus und Faschismus. Frankreich, Italien und Deutschland im Vergleich. Darmstadt.
Brubaker, Rogers (2007): Ethnizität ohne Gruppen. Hamburg.
Büschges, Christian; Pfaff-Czarnecka, Joanna (2007): Die Ethnisierung des Politischen. Identitätspolitiken in Lateinamerika, Asien und den USA. Frankfurt/Main, New York.
Butterwege, Christoph (1993): Deutschnationalismus in der Bundesrepublik – Eurochauvinismus im Binnenmarkt? In: Z. Zeitschrift Marxistische Erneuerung, Nr. 14 (Juni 1993), S. 75–81.
Butterwegge, Christoph (1998): Marktradikalismus, Standortnationalismus und Wohlstandschauvinismus – die Sinnkrise des Sozialen als Nährboden der extremen Rechten. In: Christoph Butterwegge, Rudolf Hickel und Ralf Ptak (Hrsg.): Sozialstaat und neoliberale Hegemonie. Standortnationalismus als Gefahr für die Demokratie. Berlin, S. 121–159.
Butterwegge, Christoph (2011): Zwischen neoliberaler Standortlogik und rechtspopulistischem Sarrazynismus. Die turbokapitalistische Hochleistungs- und Konkurrenzgesellschaft in der Sinnkrise. In: Sebastian Friedrich (Hrsg.): Rassismus in der Leistungsgesellschaft. Analysen und kritische Perspektiven zu den rassistischen Normalisierungsprozessen der «Sarrazindebatte». Münster, S. 200–214.
Chatterjee, Partha (1993): The nation and its fragments. Colonial and postcolonial histories. Princeton, N.J.
Claussen, Detlev (2000a): Aspekte der Alltagsreligion. Ideologiekritik unter veränderten gesellschaftlichen Verhältnissen. Frankfurt/Main.
Claussen, Detlev (2000b): Das Verschwinden des Sozialismus. Zur ethninationalistischen Auflösung des Sowjetsystems. In: Detlev

Claussen, Oskar Negt und Michael Werz (Hrsg.): Kritik des Ethnonationalismus. Frankfurt/Main, S. 16–41.
Claussen, Detlev (2002): Tradition der Traditionslosigkeit. In: Moshe Zuckermann (Hrsg.): Ethnizität, Moderne und Enttraditionalisierung. Göttingen, S. 25–36.
Claussen, Detlev (2011): Ist der Antisemitismus eine Ideologie? Einige klärende Bemerkungen. In: Claudia Globisch, Agnieszka Pufelska und Volker Weiß (Hrsg.): Die Dynamik der europäischen Rechten. Geschichte, Kontinuitäten und Wandel. Wiesbaden, S. 175–186.
Claussen, Detlev; Negt, Oskar; Werz, Michael (Hrsg.) (2000): Kritik des Ethnonationalismus. Frankfurt/Main.
C.L.R. James (1938): Die schwarzen Jakobiner. Toussaint Louverture und die Haitianische Revolution. Deutsche Neuausgabe herausgegeben von Philipp Dorestal und Çiğdem Inan. Berlin [2021].
Crome, Erhard (2001): Die Linke und ihr Verhältnis zu Nation und Nationalstaat. Die Nation zwischen Europäischer Union und Regionen. Berlin.
Decker, Oliver; Brähler, Elmar (2018): Flucht ins Autoritäre. Rechtsextreme Dynamiken in der Mitte der Gesellschaft. Gießen.
Demirović, Alex (1996): Kritische Theorie und Nationalismus. In: Österreichische Zeitschrift für Politikwissenschaft (2/1996), S. 223–234.
Demirović, Alex (1997): Demokratie und Herrschaft. Aspekte kritischer Gesellschaftstheorie. Münster.
Demirović, Alex (2004): Der Zeitkern der Wahrheit. Zur Forschungslogik kritischer Gesellschaftstheorie. In: Joachim Beerhorst, Alex Demirović, Michael Guggemos (Hrsg.): Kritische Theorie im gesellschaftlichen Strukturwandel. Frankfurt/Main.
Dittrich, Eckhard J.; Radtke, Frank-Olaf (Hg.) (1990): Ethnizität. Wissenschaft und Minderheiten. Opladen.
Eagleton, Terry (1993): Ideologie. Eine Einführung. Stuttgart, Weimar.
Eickelpasch, Rolf; Rademacher, Claudia (2004): Identität. Bielefeld.
Elsässer, Jürgen et al. (1994): Krisenherd Europa. Nationalismus, Regionalismus, Krieg. Göttingen.
Elwert, Georg (1989): Nationalismus und Ethnizität. Über die Bildung von Wir-Gruppen. In: Kölner Zeitschrift für Soziologie und Sozialpsychologie (41/1989), S. 440–464.
Eser, Patrick (2013): Fragmentierte Nation – globalisierte Region? Der baskische und katalanische Nationalismus im Kontext von Globalisierung und europäischer Integration. Bielefeld.
Fanon, Frantz (1966): Die Verdammten dieser Erde. Frankfurt/Main [1981].
Fischer, Gero; Wölflingseder, Maria (Hrsg.) (1995): Biologismus, Rassismus, Nationalismus. Rechte Ideologien im Vormarsch. Wien.
Foitzik, Andreas; Marvakis, Athanasios (Hrsg.) (1997): Tarzan – was nun? Internationale Solidarität im Dschungel der Widersprüche. Hamburg.
Foltin, Robert (2000): Nationalismus und Antiimperialismus. Online verfügbar unter http://www.grundrisse.net/texte_2/texte_2_antiimperialismus.htm, (05.09.2013).
Forum für Kritische Rechtsextremismusforschung (Hrsg.) (2007): Diffusionen. Der kleine Grenzverkehr zwischen Neuer Rechter, Mitte und Extremen. Dresden.

Fritz Bauer Institut (Hrsg.) (2002): Grenzenlose Vorurteile. Antisemitismus, Nationalismus und ethnische Konflikte in verschiedenen Kulturen. Frankfurt, New York.
Fromm, Erich (1998): Die Furcht vor der Freiheit. München.
Gellner, Ernest (1964): Thought and Change. Chicago.
Gellner, Ernest (1991): Nationalismus und Moderne. Berlin.
Geulen, Christian (2004): Wahlverwandte. Rassendiskurs und Nationalismus im späten 19. Jahrhundert. Hamburg.
Globisch, Claudia; Pufelska, Agnieszka; Weiß, Volker (Hrsg.) (2011): Die Dynamik der europäischen Rechten. Geschichte, Kontinuitäten und Wandel. Wiesbaden.
Gürses, Hakan: (2004) The Nation Complex in a Post-National Era. In: Katalog Re:Location 1–7 Shake. Bozen/Wien, S. 20–26
Deutsche Fassung des Textes unter: http://www.hakanguerses.at/texte/nation_komplex.pdf
Groenemeyer, Axel; Mansel, Jürgen (Hrsg.) (2003): Die Ethnisierung von Alltagskonflikten. Opladen.
Gruppe Demontage (1998): Postfordistische Guerilla. Vom Mythos nationaler Befreiung. Münster.
Hall, Stuart (Hrsg.) (1994): Rassismus und kulturelle Identität. Hamburg.
Hall, Stuart (2000): Rassismus als ideologischer Diskurs. In: Nora Räthzel (Hrsg.): Theorien über Rassismus. Hamburg, S. 7–16.
Hauck, Gerhard (1992): Einführung in die Ideologiekritik. Bürgerliches Bewußtsein in Klassik, Moderne und Postmoderne. Hamburg.
Haury, Thomas (2002): Antisemitismus von links. Kommunistische Ideologie, Nationalismus und Antizionismus in der frühen DDR. Hamburg. Auszug zu Volk, Nation und Nationalismus unter:
http://www.rote-ruhr-uni.com/cms/IMG/pdf/aus_Haury_Antisemitismus.pdf
Heckmann, Friedrich (1998): Ethnos, Demos und Nation, oder: Woher stammt die Intoleranz des Nationalstaats gegenüber ethnischen Minderheiten? In: Ulrich Bielefeld (Hrsg.): Das Eigene und das Fremde. Neuer Rassismus in der Alten Welt? Hamburg, S. 51–78.
Heitmeyer, Wilhelm (2018): Autoritäre Versuchungen. Berlin.
Helmerich, Antje (2004): Ethnonationalismus und das politische Potenzial nationalistischer Bewegungen. In: Aus Politik und Zeitgeschichte (39/2004), S. 19–24.
Herkommer, Sebastian (1999): Ideologie und Ideologien im nachideologischen Zeitalter. Supplement der Zeitschrift Sozialismus (4/1999). Hamburg. Online:
http://www.rote-ruhr-uni.com/cms/IMG/pdf/Herkommer_Ideologie.pdf
Herrmann, Melanie (2020): Antimoderner Abwehrkampf – zum Zusammenhang von Antisemitismus und Antifeminismus. In: Institut für Demokratie und Zivilgesellschaft (Hrsg.): Wissen schafft Demokratie, Schwerpunkt Kontinuitäten, Band 7/2020, S.26–35.
Hierlmeier, Josef (2002): Internationalismus. Eine Einführung in die Ideengeschichte – von Vietnam bis Genua. Stuttgart.
Hirsch, Joachim (1995): Der nationale Wettbewerbsstaat. Staat, Demokratie und Politik im globalen Kapitalismus. Berlin.

Hobsbawm, Eric (1978): Bemerkungen zu Tom Nairns «Modern Janus». In: Tom Nairn, Eric Hobsbawm, Régis Debray und Michael Löwy (Hrsg.): Nationalismus und Marxismus. Anstoß zu einer notwendigen Debatte. Berlin, S. 45–77.

Hobsbawm, Eric (1991): Nationen und Nationalismus. Mythos und Realität seit 1780. Frankfurt/Main.

Hobsbawm, Eric (1992a): Nationalismus und Ethnizität. In: Neue Gesellschaft, Frankfurter Hefte 39 (1992) (7), S. 612–619.

Hobsbawm, Eric (1992b): The Crisis of Today's Ideologies. In: New Left Review 192 (March/April 1992), S. 55–64.

Hobsbawm, E. J. (1996): The age of revolution. Europe, 1789–1848. New York.

Hobsbawm, Eric J. (2009): Globalisierung, Demokratie und Terrorismus. München.

Hobsbawm, Eric John; Ranger, Terence (1983): The invention of tradition. Cambridge.

Holz, Klaus (2001): Nationaler Antisemitismus. Wissenssoziologie einer Weltanschauung. Hamburg.

Horkheimer, Max (1937): Traditionelle und kritische Theorie. Vier Aufsätze. Frankfurt/M, Hamburg [1968].

Horkheimer, Max (1988): Späne. Notizen über Gespräche mit Max Horkheimer, in unverbindlicher Formulierung aufgeschrieben von Friedrich Pollock, Gesammelte Schriften, Bd. 14. Frankfurt/Main.

Horkheimer, Max; Adorno, Theodor W. (1944): Dialektik der Aufklärung. Philosophische Fragmente. Frankfurt/Main [2003].

Hormel, Ulrike; Scherr, Albert (2003): Was heißt «Ethnien» und «ethnische Konflikte» in der modernen Gesellschaft? In: Axel Groenemeyer und Jürgen Mansel (Hrsg.): Die Ethnisierung von Alltagskonflikten. Opladen, S. 47–68.

Hroch, Miroslav (2005): Das Europa der Nationen. Die moderne Nationsbildung im europäischen Vergleich. Göttingen.

Hund, Wulf D. (2002): Rassismus im Kontext. Geschlecht, Klasse, Nation, Kultur und Rasse. In: Fritz Bauer Institut (Hrsg.): Grenzenlose Vorurteile. Antisemitismus, Nationalismus und ethnische Konflikte in verschiedenen Kulturen. Frankfurt, New York, S. 17–40.

Jansen, Christian; Zepp, Marianne (Hrsg.) (2021): Kann es demokratischen Nationalismus geben? Über den Zusammenhang zwischen Nationalismus, Zugehörigkeit und Gleichheit in Europa von 1789 bis heute. Darmstadt.

Jeismann, Michael; Ritter, Henning (Hrsg.) (1993): Grenzfälle. Über neuen und alten Nationalismus. Leipzig.

Kistenmacher, Olaf (2014): Die Gründung der Antinationalen Sozialisten Partei. Über die Krise der Sozialdemokratie und der Arbeiterbewegung zu Beginn des 20. Jahrhunderts. In: Phase 2. Zeitschrift gegen die Realität, Nr. 48 (Frühjahr 2014). http://phase-zwei.org/hefte/artikel/die-gruendung-der-antinationalen-sozialisten-partei-464

König, Hans-Joachim (2006): Kleine Geschichte Lateinamerikas. Stuttgart.

Koppert, Claudia (1997): Identität und Befreiung. Die Widersprüche des kollektiven Wir am Beispiel feministischer Politik. In: Andreas Foitzik und Athanasios Marvakis (Hrsg.): Tarzan – was nun? Internationale Solidarität im Dschungel der Widersprüche. Hamburg, S. 95–108.

Kößler, Reinhart; Melber, Henning (2009): «Hoch die ...». Zur Geschichte, Aktualität und Problematik internationaler Solidarität. In: Olaf Gerlach et al. (Hrsg.): Globale Solidarität und linke Politik in Lateinamerika. Berlin.

Kröll, Friedhelm (1995): Der Zauber des Nationalen. Notiz zur politischen Mythologie der Moderne. In: Gero Fischer und Maria Wölflingseder (Hrsg.): Biologismus, Rassismus, Nationalismus. Rechte Ideologien im Vormarsch. Wien, S. 162–173.

Kurz, Robert (1993): Der Letzte macht das Licht aus. Zur Krise von Demokratie und Marktwirtschaft. Berlin.

Küpeli, Ismail (Hrsg.) (2015): Kampf um Kobanê. Kampf um die Zukunft des Nahen Ostens. Münster. Online unter: https://www.edition-assemblage.de/wp-content/uploads/Ismail-Kuepeli-Hg.-Kampf-um-Kobane.pdf

Lenin, Wladimir I. (1916a): Die sozialistische Revolution und das Selbstbestimmungsrecht der Nationen. Werke, Band 22. Berlin [1960], S. 144–159.

Lenin, Wladimir I. (1916b): Die Ergebnisse der Diskussion über die Selbstbestimmung. Werke, Band 22. Berlin [1960], S. 326–368.

Loch, Dietmar; Heitmeyer, Wilhelm (Hrsg.) (2001): Schattenseiten der Globalisierung. Rechtsradikalismus, Rechtspopulismus und separatistischer Regionalismus in westlichen Demokratien. Frankfurt/Main.

Lodovico, Ludi (1992): Wem das Posthorn bläst – zur Konstruktion und Konjunktur des Nationalen. In: PROKLA – Zeitschrift für kritische Sozialwissenschaft, Nr. 87, S. 189–206.

Lohoff, Ernst (1995): Weltmarkt und Nationalstaat. Zur politischen Ökonomie des Neonationalismus. In: Gero Fischer und Maria Wölflingseder (Hrsg.): Biologismus, Rassismus, Nationalismus. Rechte Ideologien im Vormarsch. Wien, S. 200–207.

Löwy, Michael (1978): Die Nationale Frage und die Klassiker des Marxismus. In: Tom Nairn, Eric Hobsbawm, Régis Debray und Michael Löwy (Hrsg.): Nationalismus und Marxismus. Anstoß zu einer notwendigen Debatte. Berlin, S. 102–126.

Löwy, Michael; Traverso, Enzo (1999): Internationalismus und Nationalismus. Kritische Essays zu Marxismus und «nationaler Frage». Köln.

Luxemburg, Rosa (1918): Zur Russischen Revolution. Politische Schriften, Band 3. Frankfurt/Main [1968], S. 106–141.

Marx, Karl (1867): Das Kapital. Zur Kritik der politischen Ökonomie. Band I. MEW 23.

Marx, Karl (1894): Das Kapital. Zur Kritik der politischen Ökonomie. Band III. MEW 25.

Marx, Karl; Engels, Friedrich (1846): Die deutsche Ideologie. MEW 3. Berlin [1969], S. 5–530.

Marx, Karl; Engels, Friedrich (1848): Manifest der Kommunistischen Partei. MEW 4. Berlin [1972], S. 459–493.

Mense, Thorsten (2016): Nationalismus als Ideologie ethnischer Identifikation. Peripherer Nationalismus und nationale Befreiungsbewegungen in Spanien. Dissertation 2016. On-

line einsehbar: https://www.repo.uni-hannover.de/bitstream/handle/123456789/8792/863098967.pdf
Mense, Thorsten (2017): Germanomania. Entstehen und Werden der deutschen Nation. In: Ansgar Drücker, Sebastian Seng (Hrsg.): Made in Germany. Zur Kritik des Nationalismus. IDA e.V. Düsseldorf, S. 6–14.
Mense, Thorsten (2021): Nationalismus als Ideologie ethnischer Identifikation. Peripherer Nationalismus und nationale Befreiungsbewegungen in Spanien. In: Jansen, Christian; Zepp, Marianne (Hrsg.): Kann es demokratischen Nationalismus geben? Über den Zusammenhang zwischen Nationalismus, Zugehörigkeit und Gleichheit in Europa von 1789 bis heute. Darmstadt.
Meyer, Christoph (2007): Definitionen der Nationalismen. Problemaufriss, Theorie und Entwicklungen in geschichtswissenschaftlicher Perspektive. In: Forum für Kritische Rechtsextremismusforschung (Hrsg.): Diffusionen. Der kleine Grenzverkehr zwischen Neuer Rechter, Mitte und Extremen. Dresden, S. 70–85.
Miles, Robert (1992): Rassismus. Einführung in die Geschichte und Theorie eines Begriffs. Hamburg.
Mylonas, Harri; Whalley, Ned (2022): Pandemic Nationalism. In: Nationalist Papers (2022), 50:1, S.1–12.
Nairn, Tom (1978): Der moderne Janus. In: Tom Nairn, Eric Hobsbawm, Régis Debray und Michael Löwy (Hrsg.): Nationalismus und Marxismus. Anstoß zu einer notwendigen Debatte. Berlin, S. 7–44.
Nairn, Tom; Hobsbawm, Eric; Debray, Régis; Löwy, Michael (Hrsg.) (1978): Nationalismus und Marxismus. Anstoß zu einer notwendigen Debatte. Berlin.
Öcalan, Abdullah (2010): Jenseits von Staat, Macht und Gewalt. Neuss.
Öcalan, Abdullah (2012): Demokratischer Konföderalismus. Online unter: http://www.freeocalan.org/books/downloads/demokratischer-konfoederalismus.pdf
Öner, Özgür (2002): Nation, Nationalismus und Globalisierung. Eine Bilanz theoretischer Erklärungsansätze. Köln.
Ostendorf, Bernd (2000): Blowing up the White House. Nationale Identität im Zeitalter der Globalisierung. In: Detlev Claussen, Oskar Negt und Michael Werz (Hrsg.): Kritik des Ethnonationalismus. Frankfurt/Main, S. 127–160.
O.V. (1992): Kritik macht uns nur stärker. Texte zur rz-Diskussion.
Petersen, Ulf: Die Rojava-Revolution zwischen kurdischer Selbstbestimmung und sozialer Utopie. In: Küpeli, Ismail (Hrsg.) (2015): Kampf um Kobanê. Kampf um die Zukunft des Nahen Ostens. Münster, S. 27–37.
Pohrt, Wolfgang (1984): Kreisverkehr, Wendepunkt. Über die Wechseljahre der Nation und die Linke im Widerstreit der Gefühle: Pamphlete und Glossen. Berlin.
PROKLA (1992): Nationalismus am Ende des 20. Jahrhunderts. Zeitschrift für kritische Sozialwissenschaft, Nr. 87. Berlin. http://www.prokla.de/wp/wp-content/uploads/1992/Prokla87.pdf
Radkau García, Verena; Pérez Siller, Javier (Hrsg.) (1998): Identitäten – Mythen – Rituale. Beispiele zum Umgang mit der Nation aus Lateinamerika und Spanien. Hannover.

Radtke, Frank-Olaf (1991): Lob der Gleich-Gültigkeit. Probleme der Konstruktion des Fremden im Diskurs des Multikulturalismus, in: Ulrich Bielefeld (Hrsg.): Das Eigene und das Fremde. Neuer Rassismus in der Alten Welt?, Hamburg, S. 79–96

Räthzel, Nora (Hrsg.) (2000): Theorien über Rassismus. Hamburg.

Renan, Ernst (1882): Was ist eine Nation? Vortrag in der Sorbonne am 11. März 1882. In: Michael Jeismann und Henning Ritter (Hrsg.): Grenzfälle. Über neuen und alten Nationalismus. Leipzig [1993], S. 290–310.

Rommelspacher, Birgit (1992): Nationale Identität und Größenwahn. In: Bruno Schoch (Hrsg.): Deutschlands Einheit und Europas Zukunft. Frankfurt/Main, S. 97–119.

Salzborn, Samuel (2006): Ethnizität und ethnische Identität. Ein ideologiekritischer Versuch. In: Zeitschrift für kritische Theorie (22–33/2006), S. 99–119.
http://salzborn.de/txt/zkt06.pdf

Salzborn, Samuel (2010): Antisemitismus und Nation. Zur historischen Genese der sozialwissenschaftlichen Theoriebildung. In: Österreichische Zeitschrift für Politikwissenschaft 39 (4/2010), S. 393–407.
http://salzborn.de/txt/oezp2010.pdf

Salzborn, Samuel (2011): Ethnizität als Fundament der Nation? Zur Kritik des ethnischen Gemeinsamkeitsglaubens. In: Samuel Salzborn (Hrsg.): Staat und Nation. Die Theorien der Nationalismusforschung in der Diskussion. Stuttgart, S. 149–164.

Sanders, Eike (2019): Normen im Ausnahmezustand. Geschlechtlich konnotierte Identitätsangebote und Feindbilder im Rechtsterrorismus. In: Institut für Demokratie und Zivilgesellschaft (Hrsg.): Wissen schafft Demokratie, Schwerpunkt Rechtsterrorismus, Band 6/2019, S. 119––31.

Schandl, Franz (1995): Nation. Überlegungen zur Kategorisierung eines Begriffs. In: Gero Fischer und Maria Wölflingseder (Hrsg.): Biologismus, Rassismus, Nationalismus. Rechte Ideologien im Vormarsch. Wien, S. 175–183.

Scherrer, Christian P. (1996): Ethno-Nationalismus im Weltsystem. Prävention, Konfliktbearbeitung und die Rolle der internationalen Gemeinschaft : ein Handbuch zu Ethnizität und Staat. Münster.

Schmidinger, Thomas (2017): Krieg und Revolution in Syrisch-Kurdistan. Analysen und Stimmen aus Rojava. Wien.

Schnädelbach, Herbert (1969): Was ist Ideologie? In: Das Argument 1969 (50), S. 71–92.

Schubert, Klaus; Klein, Martina (2006): Das Politiklexikon. Bonn.

Smith, Anthony D. (2010): Nationalism. Cambridge.

Spehr, Christoph (1999): Die Aliens sind unter uns! Herrschaft und Befreiung im demokratischen Zeitalter. München.

Stender, Wolfram (2000): Ethnische Erweckungen. Zum Funktionswandel von Ethnizität in modernen Gesellschaften. In: Mittelweg 36, Zeitschrift des Hamburger Instituts für Sozialforschung (4), S. 65–82.

Stender, Wolfram (2002): Vom völkischen Nationalismus zum Ethnonationalismus – Ideologieproduktion in Deutschland. In: Moshe Zuckermann (Hrsg.): Ethnizität, Moderne und Enttraditionalisierung. Göttingen, S. 50–66.

Sternhell, Zeev (2011): Von der Gegenaufklärung zu Faschismus und Nazismus. Gedanken zur europäischen Katastrophe des 20. Jahrhunderts. In: Claudia Globisch, Agnieszka Pufelska und Volker Weiß (Hrsg.): Die Dynamik der europäischen Rechten. Geschichte, Kontinuitäten und Wandel. Wiesbaden, S. 19–40.
Stögner, Karin; Schmidinger, Thomas (2010): Antisemitismus und die Transformation des Nationalen. In: Österreichische Zeitschrift für Politikwissenschaft 39 (4/2010), S. 387–392. https://homepage.univie.ac.at/thomas.schmidinger/php/texte/antisemitismus_oezp.pdf
Stögner, Karin (2014): Antisemitismus und Sexismus. Historisch-gesellschaftliche Konstellationen. Baden-Baden.
Studer, Brigitte: Familialisierung und Individualisierung: Zur Struktur der Geschlechterordnung in der bürgerlichen Gesellschaft. In: L' homme: Zeitschrift für feministische Geschichtswissenschaft, Jg. 11 (2000) Nr. 1, 83–104.
Tacke, Charlotte (1996): Nation und Geschlechtscharaktere. In: «Frauen & Geschichte Baden-Württemberg» (Hrsg.): Frauen und Nation, Tübingen, S. 35–48.
Tacke, Charlotte (2000): Geschlecht und Nation. In: Kemlein, Sophia (Hg.): Geschlecht und Nationalismus in Mittel- und Osteuropa 1848-1918, Osnabrück 2000, S. 15–32.
Traverso, Enzo (1995): Friedrich Engels und die nationale Frage, In: Utopie kreativ, Heft 62 (Dezember 1995), S. 47–57.
Uzarewicz, Charlotte; Uzarewicz, Michael (1998): Kollektive Identität und Tod. Zur Bedeutung ethnischer und nationaler Konstruktionen. Frankfurt/Main.
Wallerstein, Immanuel (1990): Die Konstruktion von Völkern. Rassismus, Nationalismus, Ethnizität. In: Étienne Balibar und Immanuel Wallerstein (Hrsg.): Rasse – Klasse – Nation. Ambivalente Identitäten. Hamburg, Berlin, S. 87–106.
Wallerstein, Immanuel (2000): Auf abschüssiger Strecke mit defekten Bremsen. In: Le Monde Diplomatique. https://monde-diplomatique.de/artikel/!1218190
Weber, Max (1922): Wirtschaft und Gesellschaft. Grundriß der verstehenden Soziologie. Tübingen [1985].
Werz, Michael (2000a): Grenzen der Säkularisierung. Zur Entstehung der Ideologiekritik. Frankfurt/Main.
Werz, Michael (2000b): Verkehrte Welt des short century. Zur Einleitung. In: Detlev Claussen, Oskar Negt und Michael Werz (Hrsg.): Kritik des Ethnonationalismus. Frankfurt/Main, S. 6–15.
Werz, Michael (2002): Ethnizität als moderne Ideologie – Ein gesellschaftlicher Begriff im geographischen Kontext. In: Moshe Zuckermann (Hrsg.): Ethnizität, Moderne und Enttraditionalisierung. Göttingen, S. 13–24.
Wieland, Carsten (2000): Ethno-Nationalismus im modernen Europa.
http://www.carsten-wieland.de/mediapool/74/746018/data/nationalism_conflicts/Ethno-Nationalismus_im_modernen_Europa_dpa-Hintergrund_March_2001.pdf
Wolter, Udo (2002): Frantz Fanon – Antikolonialismus und Postkolonialismus. Vortrag in Bochum am 30.11.2002. Online: http://www.rote-ruhr-uni.com/cms/IMG/pdf/wolter_-_fanon.pdf

Yuval-Davis, Nira (1997): Gender and Nation. London, New Delhi.
Zeuner, Bodo et al. (Hrsg.) (2007): Gewerkschaften und Rechtsextremismus. Anregungen für die Bildungsarbeit und die politische Selbstverständigung der deutschen Gewerkschaften. Münster.
Zuckermann, Moshe (Hrsg.) (2002): Ethnizität, Moderne und Enttraditionalisierung. Göttingen.

Ulrike Marz

Kritik des Rassismus
Eine Einführung

Reihe theorie.org, 240 Seiten, kartoniert,
12,00 EUR, ISBN 3-89657-699-2

Jenseits von allem identitären oder milieubehafteten zeitgeistigen Duktus beschreibt Ulrike Marz die historische Entwicklung rassistischen Denkens seit der ersten Formulierung von Rassetheorien in der Kolonialzeit bis in die Gegenwart. Von ökonomie- und ideologiekritischen Ansätzen über Diskurstheorie bis zu postkolonialen Ansätzen gibt sie dabei eine Einführung in verschiedene Denkmuster, mit denen sich das Phänomen Rassismus erklären lässt.

Andreas Peham:

Kritik des Antisemitismus

Reihe theorie.org, 240 Seiten, kartoniert,
12,00 EUR, ISBN 3-89657-689-5

Diese Einführung zeigt Geschichte, Formen, Inhalte und Bilder des Antisemitismus auf, angefangen von der Antike, über Christentum und Mittelalter sowie die bürgerliche Gesellschaft bis hin zu Nationalssozialismus und dem «Neuen Antisemitismus» der Postmoderne. Sie interessiert sich für Funktionen und Wirkungsweisen des Antisemitismus, der seine aktuellen Motive vor allem aus einer spezifischen Bearbeitung des Nationalsozialismus und des Nahostkonfliktes bezieht, zeigt dabei gängige Theorien auf und setzt sich mit Israelfeindschaft, Antizionismus, islamischem Antisemitismus sowie dem Verhältnis Geschlecht/Sexismus und Antisemitismus auseinander.

Schließlich werden Ansätze und Konzepte zur Bekämpfung des Antisemitismus sowie Grundzüge antisemitistischer Arbeit in unterschiedlichen Bereichen kritisch beleuchtet.

schmetterling verlag

Kritisch bleiben!

Linke Politik monatlich auf 36 Seiten & digital

Wir informieren, analysieren und debattieren über und gegen den Kapitalismus.

Unsere Spezialität:
Hintergründe aufzeigen -
Zusammenhänge herstellen!

Seit 50 Jahren.

www.akweb.de/abo